浦山
うらやま

浦山ダム

駆除で射止めた鹿（川俣）

川俣

悪魔祓いへ向かう人

浦山の獅子舞

太田部
おおたぶ

ひと休み（写真提供：高岸忠敏氏）

下久保ダム

旧道

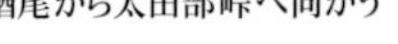

楢尾から太田部峠へ向かう

楢尾から上区を望む

雪の段々畑（写真提供：高岸忠敏氏）

麦の収穫（写真提供：高岸忠敏氏）

大滝
おおたき

最盛期の日窒鉱山

三峯神社参道

通行禁止の吊橋（川又）

滝沢ダム

栃本

天空の限界集落

秩父［浦山・太田部・大滝］に生きる人びと

山口美智子

一葉社

はじめに

過疎とはいずれかの事情で、その地域の人口が減少してしまい、その土地で暮らす人々の生活や生産状況等が困難となってしまったことをいい、そうした地域が「過疎地域」といわれているようである。

過疎の問題は秩父地域だけの問題ではなく、全国各地に起こりえている問題であり、現在全国では、千七百十八市町村のうち、八百二十団体が過疎地域に指定されているという。（二〇二二年一月総務省統計）

すでに全国の地方に於いても年々増加の一途をたどり、これらの要因は、まず一九五〇年代から一九七〇年代までの「高度経済成長期」の時代が、過疎化原因の一つであるともいわれている。

それは日本の急速な経済成長とともに地方から都市部へ数多くの若者が流出した事で、あとに残された地方では少子高齢化が進み、こうした事態が過疎化現象の原因として挙げられているようである。

このような状況を考えたとき、私が生活している秩父地域での過疎問題は、現在どのような状況になっているであろうか……。

それはまさに秩父地域に於いても現在過疎問題は深刻な問題であり、そうした集落が秩父の各所に浮上していることは明らかであった。

私は兄と妹の三人兄妹で、両親は戦前都会生活を送っていたが、一九四四（昭和十九）年秋、激戦の混乱期のなか私は母のお腹で秩父へ疎開してきた。

その後、一九四九（昭和二十四）年春には妹が誕生。

物資不足と金銭に乏しい家庭で育った私たちではあったが、父は僅かな楽しみを見出だしてくれ、ある日「浦山へハンゴー炊飯に行こう」と私がまだ小学生だった一九五五（昭和三十）年頃でもあったろうか、盛夏の頃、父は家族を浦山川原へ連れ出してくれた。

この日は朝から快晴で日差しが強く、大きな麦わら帽子をそれぞれ被り、「大野原駅」（秩父鉄道／現在・秩父市）から電車に乗り、「三峰口駅」方面へ向かって二十分。「浦山口駅」（現在・秩父市）下車。そこから徒歩で浦山川沿いの細い県道の砂利道を蛇行しながら暫く歩くと、右手下には小さな発電所が在った。

その場から更に十五分ほど進むと人家が見え、そこは浦山村（現在・秩父市）最初の耕地（集落）「道明（みちあかし）」で、県道を挟み家並が数軒建ち並んだだけの小さな集落だった。

その地を後にもう少し歩いた所に、目的地であった浦山川原へ私たちはやっと辿り着いた。浦山口駅から目的地まで、子供の足で一時間半は掛かったであろうか……。

川原の河床には大小様々な岩石が立ち並び、川の流れは急で水は冷たく、家族はその周辺で水遊びをしたりハンゴーで御飯を炊き、楽しかった思い出が蘇ってくる。

あの日から四十年近くが経過した一九九八（平成十）年十一月、浦山地区の玄関口には大きな「浦山ダム」が完成した。

ダム建設にともない浦山地区の集落では、湖底に沈んだり道路となったりして、小さな耕地は大きく切り裂かれた。かつての森林は広範囲に伐採されて無残な姿をさらし、いつか家族と遊んだ浦山川原や「道明集落」はすでに湖底の一部となり、山紫水明を誇った浦山渓谷は、時代と共に大きく変貌していった。


浦山川原の思い出から十年ほど後、一九六四（昭和三十九）年夏――私は十九歳になっていた。話には聞いていた大滝村（現在・秩父市）の「日窒鉱業（株）」へ、私は知人と二人で定期バスに乗り、はじめて日窒の鉱山へ出向いてみたのだった。

「日窒鉱業」は大滝村の「小倉沢」という山奥に存在し、秩父の市街地から西へおよそ四十五キロ離れ、狭い砂利道を幾重にもカーブしての走行だった。

バスは更に山間地へと進み、谷間を縫って走る車窓の景色は徐々に変化し、渓谷の狭間からは真っ白に装ったヤマユリが所々に咲き乱れ、まるで私たちを出迎えてくれるようであった。

バスに乗車して一時間ほど進むと、道はV字に大きく分かれ左へ進めば中津川集落へ……。

バスは「出合」のトンネルを右へ大きくカーブし、更に小さなトンネルを幾つか抜けると、そこには「日窒鉱業所前」という小さな停留所がポツンと見えた。

バスの所要時間はおよそ一時間半。

私たちはそこでバスを降り、まず目に入ったのは幾棟も立ち並ぶ「日窒鉱業」の建物で、中でもひときわ大きい工場の煙突からは、もくもくと灰色の煙が立ち昇っていた。

その場から少し離れた所には「小倉沢小・中学校」の建物が見え、更にその場を進むと、「日窒鉱業」の社宅があちこちに点在していた。

その晩は知人の親戚である社宅へ泊めて頂き、翌日私たちは鉱山通りを散策してみた。

そこには私が想像していた以上の繁華街が存在し、かつて九州や北海道で栄えた炭坑街のようでもあった。

鉱山の繁華街には数軒の店が立ち並び、食料品から日用雑貨・衣料品に至るまで様々な商品が品揃えされ、更に床屋にパーマ屋、無料の大浴場に鉱山診療所……。

他にも郵便局や駐在所まで配置され、小規模ではあったが映画館も併設されたこの一帯は、まさに「鉱山タウン」そのものがそこに存在していた。

それは、「日窒鉱業（株）」という大きな企業が其処に顕在していたからである。最盛期には従業員が七百人位居たと言われ、家族まで入れると二千人以上の人々が生活していたという。

しかしそれほどまでに栄えた「日窒鉱業」ではあったが、その後は大気汚染防止装置の設置など選鉱コストが上昇したため事業の合理化が迫られ、一九七三（昭和四十八）年、磁鉄鉱の採掘、亜鉛の出鉱等を中止し親会社から独立して、新たに「日窒鉱山（株）」となった。

現在稼働しているものの、採掘は石灰岩と珪砂のみと聞き、一九八九（平成元）年には「（株）ニッチツ」と社名変更し、現在従業員はすべて他所からの通勤に替わり、夜ともなるとまったくの無人となる。これまで夜も休みなくこうこうと灯が輝き、眠ることのなかった「鉱山タウン」は、かつて人家も無かったあの時代（とき）へ、導かれてゆくようである……。


秩父の北に位置する「太田部（おおたぶ）」。

この地は埼玉県秩父市の領域ではあっても群馬県に近く、橋ひとつ隔てた北東側は群馬県で、このような地形に存在する太田部では、ずっと以前から生活物資や医療に至るまで、ほとんど群馬県との交流で賄われてきた。

太田部とはこうした地域性もあり、秩父市民とはいえ秩父市街地との交流は皆無に等しく、秩父市の必要性すら求めない住人が多くを占めていたのではないだろうか……。

私がはじめて太田部へ足を踏み入れたのはたしか一九七〇年代も後半の頃で、私がまだ三十代に入ったばかりの頃と記憶する。

それは以前、私は小型映像カメラ（8ミリ）でドキュメンタリー作品を制作していた時期があり、取材の傍ら太田部へ立ち寄ったのが最初であった。

秩父市内から太田部への道のりは幾通りかあるが、いずれにしても峠を越えなければその地へ足を踏み入れる事は不可能である。

秩父市街地から北へおよそ三十五キロの道のりを車で約一時間。たしかに、太田部は秩父市であっても遠かった。

秩父市吉田石間から入る太田部峠への通行は、以前から人車の往来は少なく、舗装されてはいるものの道は悪路で時々小動物に出くわしたり、ときには吉田郵便局員に出会う機会もあったが、二〇二〇（令和二）年三月より配達区域が変更となり、現在、太田部地区への配達は「万場郵便局」（群馬県多野郡神流町）に変更された。そのため太田部峠の通行は益々激減し、電波も通じぬ峠の往来は厳しい条件下にあった。

今回の取材で再び、私は太田部峠への往来を試みる事にした。

しかし、太田部峠への挑戦は非常に心細くもあったが、自分を信じて車のハンドルを握りしめ、薄暗い木立の中を左右に走行しての通行は、常に緊張感の中にあった。

峠の頂上から二十分ほど下るとやがて視界が開け、右手奥には十軒ほどの人家が見え、この地は太田部の「楢尾」という集落である。

太田部地区は、太田部川を境に左右に大きく分かれ、太田部峠を下った秩父側の「楢尾地区」と、耕地を見下ろす「塚山」（九五三メートル）のすそ野には、上区から「簗場地区」までの集落が連なり、私がはじめてこの地を踏んだ昭和五十年代（一九七五〜八四年）前半の太田部では、畑地のあちこちに農夫の姿を見る事ができ、道を行きかう子連れの人影もそこには存在していた。

私は、以前読んだ民俗学者宮本常一氏の『庶民の発見』（講談社学術文庫）という本の中で、「日本の農山村は昔から貧しかったように思う」と記された文章を記憶している。

秩父地方はまさにその言葉通りである。

秩父は盆地で、面積はおよそ千平方キロ位あるとされ、埼玉県の四分の一の面積を占めてはいるものの、人家の全くない山岳地帯がその半分を占めているとも言われている。

こうして周りを高い山々に囲まれた秩父盆地は、平坦地が極端に少なくまるで鍋底のような地形であり、しかも痩せ地が多く、狭くて急斜面の区切られた土地を隅々まで丁寧に耕し、かつての山間地では、殆どの家庭で自給自足の生活を余儀なくされてきたのであった。

しかし秩父は山国とは言っても多少の平坦地もあり、そうした土地を持てた人々は田畑を耕す事ができたのである。

こうした時代は長年続いてきたが、やがて時代も移り変わり昭和三十年代（一九五五〜六四年）後半頃になると、日本はかつて経験の無い高度経済成長期の時代へと入り、ここ秩父盆地でもそうした影響を徐々に受け生活様式が一変し、秩父の若者たちも定職に就く機会が与えられた。

しかし秩父は平坦地が少なく道路条件の悪さ等を併せ持つ地域性があり、大企業の誘致は難しく、職に就けても地元から離れるケースが多く、一度秩父を離れた若者たちはその期を境に、郷里へ戻ってくる者は少なかった。

その頃から「核家族」という言葉が生まれ、時代と共に家族のあり方や方向性にもズレが生じ、更にデジタル化社会へと移行していった現在、これまでの三世代同居生活形態はすでに崩壊していったのである。

近年、秩父にも近代化の波が押し寄せてはきたものの、ここ半世紀に渡り人口は減少の一途を辿ってきたのであった。

このような問題は秩父だけに限った事ではないが、まず秩父地域全体を考えてみた時、やはり思い当たる要因のひとつは、ダム建設が挙げられるのではないだろうか。

これまで秩父には幾つかのダムが建設されてきたが、急速に人口減少に関連した「ダム」を敢えて挙げてみる。それは「浦山ダム」（現在・秩父市）であり、「下久保ダム」（現在・群馬県藤岡市）であり、「滝沢ダム」（現在・秩父市）の三ダムではないだろうか。

この三ダムの地形は秩父の南西北端に位置し、秩父市の中心地から南に「浦山ダム」（一九九八年完成）。北側には太田部地区隣接地に建設した「下久保ダム」（一九六八年完成）。そして秩父の西側大滝地区には「滝沢ダム」（二〇〇八年完成）が建設された。

こうしたダム関連地域では、その期を境に大きく人口減少が加速し、更にその後も歯止めの掛からないのが現状であり、それはいうまでもなく「浦山」「太田部」「大滝」地区であり、その地域こそが、現在秩父盆地の中で最も過疎化が進行し、危機的状況の中にあるといわれている。

秩父盆地という地形は、周りを高い山々に囲まれた閉鎖的な地域だけに、およそ三十もの峠があったといわれ、盆地のなかには、地図に載っていないその土地の人だけしか知られていない小さな峠が幾つもあって、その峠は村と村、集落と集落とを結ぶ大きな役割を果たしていたのであった。

（『山の貌』井出孫六著、新樹社）

こうした土地柄ゆえに、長い歴史と特異な文化を持つ地域性もあり、厳しい風土の中で生まれた文化や歴史は、そこに暮らしてきた人々の心までも大きく育ててきたのではないだろうか……。

しかし半世紀前に起きた高度経済成長期を境に、秩父の歴史や民俗行事等が数多く消失してしまった事を耳にし、後に復活した行事もあったが、まだ沢山残されているであろう地域の歴史や民俗行事等を、今後どのようなかたちで存続してゆくかが大きな課題ではないだろうか……。

こうした課題を考えてみた時、一個人の力ではどうする事もできないのは当然ではあるが、いまの自分に何か出来る事はないだろうか……。

それは、これまで自身が積み重ねてきた「聞き書き」という手法を用いて、できる範囲の事に取り組むことしかできないのである。――これこそが今の私にできる唯一の方法であり、その地に残る人間ドラマの民衆史であった。

こうして二〇一七（平成二十九）年秋、私はすでに七十二歳という年齢に達していたが、そこから新たな挑戦がはじまったのである。

いつかあの日あの時からすでに半世紀。

時の流れの中から見えてきたものは、まずもって「生活リズムが大きく変化してしまった」という事に尽きたのである。

半世紀以前の集落では、どこからともなく大きな歓声を耳にし、活気あった人々の営みが至る所ににじみ出ていた。

しかし現在、盆地の谷間からは以前の姿はかき消され、すでに子供たちの姿は無く、幾つもの学校は廃校となり、何世代もの人々が暮らしてきた家屋に人影はなく、畑地は荒廃し、あの活気に満ち溢れた光景は、いま何処へ去ってしまったのだろうか……。

かつてはその地に何百年も続いてきたであろう伝統文化や年中行事等を受け継ぐ話者も伝承者も、激減していったのである。

私はまずこうした事を鑑み、この三地域に住み続けてきた人々の生活状況や伝統、文化、信仰、民話、類似点、相違点、収入源、婚姻関係等の営みのなかで、一人の人間が地域の中でどう関わり、どんな生活を営み、自身の生き方をどう貫いてきたのか。――今回このような事を軸に、焦点を絞って取材をさせて頂きました。

しかし過疎問題はダムのみに関連した事ではなく、仕事の少ない秩父谷の若者たちは、否応なく他地域へ流出してしまっている事も大きな要因の一つであり、現在もこの状況は続いているのである。

この度の取材は本来、もう少し多くの方々の聞き取りを試みたかったのですが、三年前より世界中を震撼させたパンデミックの「コロナ禍」により、取材は断念せざるを得ませんでした。

しかし今回二十四名の貴重なお話を聞き取ることができ、これまで時代という波に翻弄されながらも幾度も立ち上がり、前向きに生き抜いて来た人々の真の証を聞き取ることができたのです。

それは、「大正」「昭和」「平成」「令和」という四時代の中、秩父盆地を懸命に走り抜けてきた二十四名の生きた証言なのです。

どうか一人でも多くの方がお手に取って頁を開いて下さることを心より願っております。

二〇二三年七月

山口美智子

埼玉県全図

羽生市
熊谷市
行田市
加須市
滑川町
鴻巣市
久喜市
幸手市
吉見町
杉戸町
東松山市
北本市
白岡市
宮代町
桶川市
伊奈町
蓮田市
山町
川島町
坂戸市
上尾市
春日部市
岩槻区
北区
見沼区
松伏町
鶴ヶ島市
さいたま市
川越市
西区
大宮区
吉川市
高市
越谷市
中央区
浦和区
緑区
ふじみ野市
狭山市
草加市
桜区
富士見市
八潮市
三郷市
南区
志木市
三芳町
蕨市
川口市
入間市
朝霞市
戸田市
所沢市
和光市
新座市

上里町
本庄市
神川町
美里町
深
群馬県
長瀞町
寄居町
太田部
皆野町
東秩父村
小鹿野町
ときが
横瀬町
長野県
大滝
秩父市
浦山
飯能市
東京都
山梨県

天空の限界集落
——秩父［浦山・太田部・大滝］に生きる人びと

目次

浦山

太田部

大滝

装　丁／松谷　剛
写真提供／高岸忠敏
山口秀明
＊断り書きのない写真はすべて著者
（カバー表の写真は「三百年の老木」）

浦　山

浦山谷（『浦山——秩父市浦山地区総合調査報告書』より）

昌安寺の六地蔵

悪魔祓いの先導を行く獅子

浦山地区全図

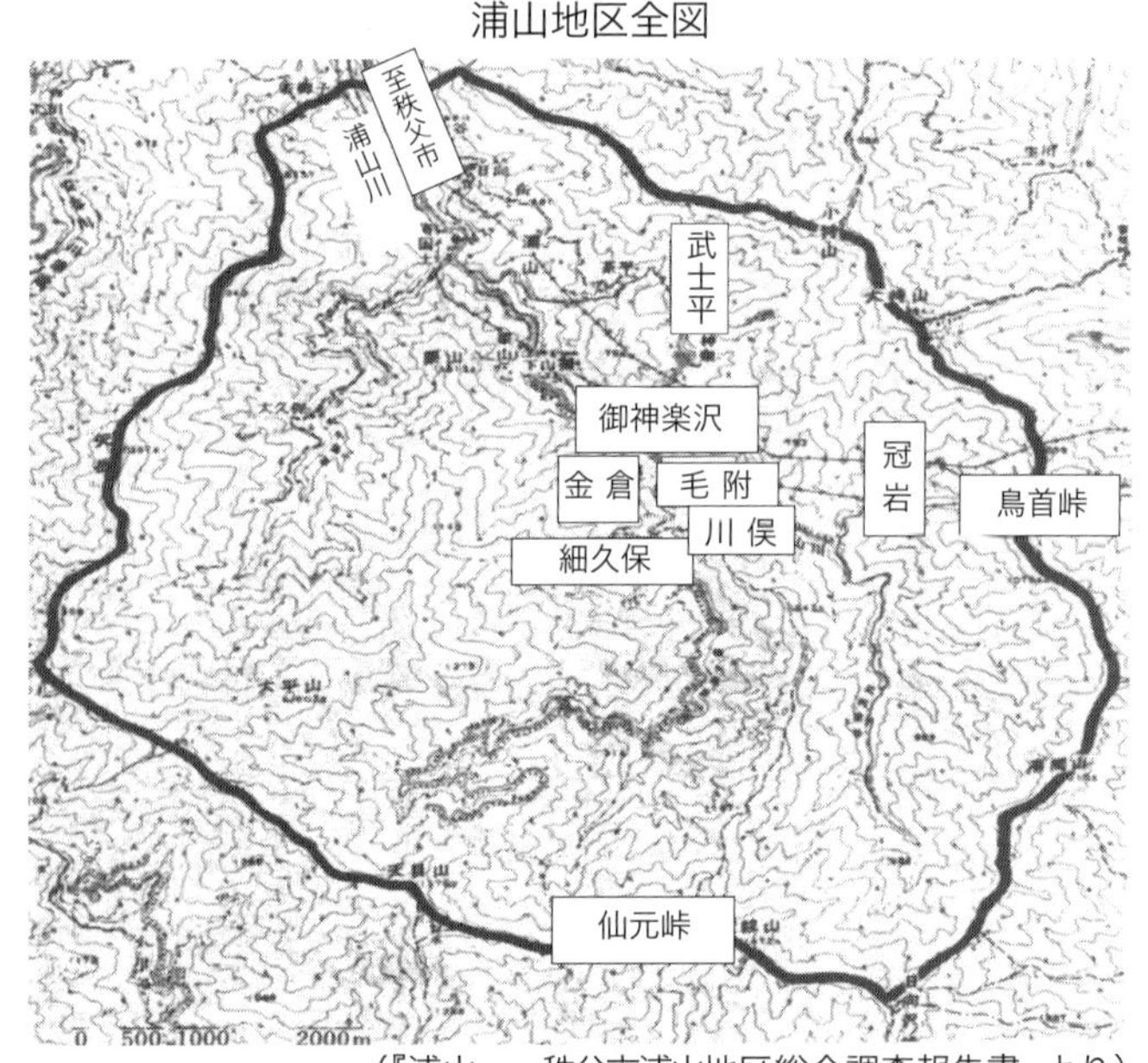

(『浦山――秩父市浦山地区総合調査報告書』より)

浦山地区の人口・戸数変動表

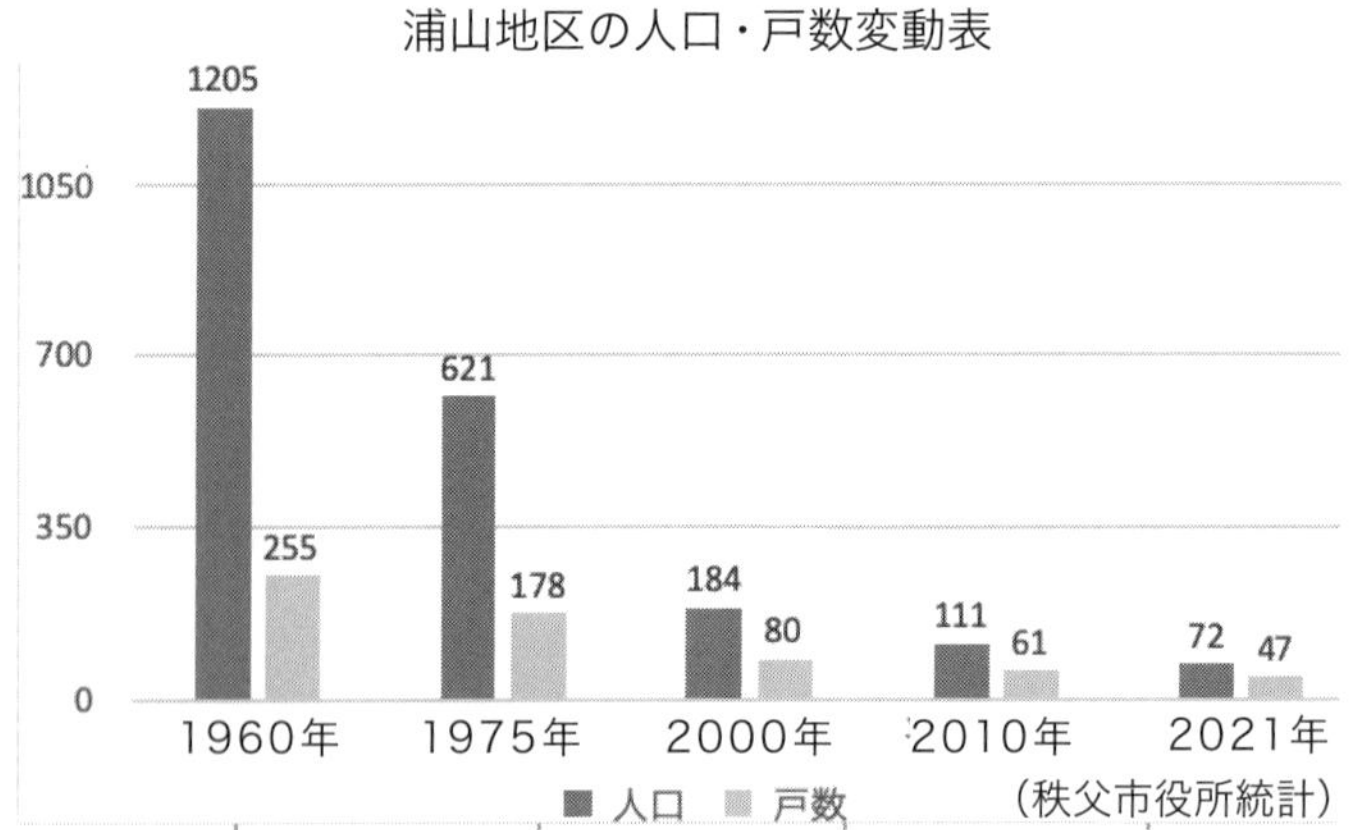

(秩父市役所統計)

■浦山について

「浦山」は秩父市街地の南側に位置し、「武甲山」を背に秩父盆地の平坦な地形に比べると、とても峻険な地形であると言えるだろう……。

更に浦山の周囲は一、〇〇〇メートルもの山々が回りを取り囲み、九割以上の山林に対し平地は僅かで、残されたゆるやかな勾配を利用して畑地を耕し農業を営み、多くの住民は現金に繋がる林業に携わってきた。

こうした厳しい条件を持つ浦山の地形は、いつ頃どのようにして形成されたのであろうか……。

浦山をつくっている地層は「秩父古生層」といわれるもので、これはおよそ三億～二億年前にこの地域が海底であった時代に、一億年ほどかかり多量の土砂を体積させて、その後もちあげられ陸となり現在に至ったとされている……。

（『浦山――秩父市浦山地区総合調査報告書』より）

ここ浦山の中央部には、浦山川が南北に蛇行しながら貫流しているが、この源は仙元峠（海抜一四四〇メートル）に発し、大久保谷や細久保谷、そして広河原谷などが合流し支流を集めながら渓谷を削り、浦山川は旧荒川村（現在・秩父市）に接して本流の一級河川荒川へと合流する。

水元でもある仙元峠の南西には東京都西多摩に連なり、東南に位置する鳥首峠は入間郡名栗村（現在・飯能市）に接している。

浦山はかつて林業（炭焼きも併せて）と農業で生計を立ててきたが、昭和五十年代（一九七五～八四年）に入ると林業は外材に押され価格が下落、更に木炭はプロパンガスの普及と共に需要が減少し、こうして林業に携わる者は激減していった。

一方浦山について養蚕は、畑地が少なく食糧の収穫を優先し、畑地に桑を植えるほどの余裕はなく、蚕を飼育していた農家は僅かだったようである。

こうしたなか、浦山の生活基盤であった林業が衰退してゆくと同時に、浦山の若者たちは仕事を求め、都会へ流出して行ったのが現状である。

現在浦山では六十五歳以上の高齢者が八割以上を占めてはいるが、一九六〇（昭和三十五）年頃の浦山地区の人口は千二百五十五人、戸数は二百五十五戸あったのに対し、一九七五（昭和五十）年になると六百二十一人、百七十八戸と、わずか十五年の間に人口は半数まで減少、その後も更に減少し続けていった。

この人口減少要因のひとつは、太田部や大滝でも共通する事であり、これはダム建設に関係した移転の問題で、道路整備に嵩上げ、さらに湖底への犠牲に関連した多くの対象者が地区外移転を余儀なくし、こうした結果が人口減少数値をもろに表している事に間違いないだろう。

したがって、一九九八（平成十）年「浦山ダム」完成に伴い、それ以前の十数年前に遡った当初より移転者が続出、こうして人口減少に拍車が掛かってしまったのである。

浦山という地形はこれまでもこれからも平坦地の少ない山間地域であり、ただ険阻といわれる山々が周囲を囲み、山の谷間を貫流する渓谷のみが浦山のすべてであって、そこが住民たちの基盤であり生活の場なのである。

こんな山ん中に住んでいても、いまは野菜が全然取れねんさあ。だって獣がみんな食っちゃうんだから……

秩父市浦山・御神楽沢／昭和四（一九二九）年生　浅見ヨシヱ

浅見ヨシヱさん

私は浦山の「御神楽沢（おかぐらざわ）」で生まれたんだけど、一人っ子だったから何処にも出ねえで、親には大事に育てられたんですよ。

父は山仕事をしたり土方に出たり暇な時は少しあった畑を耕し、新身上（あらしんじょう）（新しく世帯をもつこと）だったから一生懸命働いて、山や畑を少しずつ増やしていったんだいねえ。

父親は明治の中頃、浦山村（現在・秩父市）の「上山掴（かみやまつかみ）」という山の上の集落で生まれ、昭和のはじめ頃、御神楽沢へ下りて来て所帯を持ったんだそうですよ。

「山掴」という所は、御神楽沢から下へ十五分ほど下り、右上の山の上へ向かって五十分ほど登った所に開けた場所があり、そこに

昭和30年代ごろの浦山の住宅
(『秩父市浦山民俗調査報告書』より)

「上山掴」と「下山掴」という二つの集落が在ったんです。

私が小学生だった頃、上山掴は十三軒在って、下山掴が十二軒だったと思うから、あんな山の天辺でも昔は三十軒近く家があり、結構大勢の人が住んで居たんだいねえ。

だけど山掴は、山の上だったから水場が無くって、山掴へ登って行く途中に湧水が出ていたから其処へ囲いをして水を貯め、どこの家でも毎日何往復も水汲みに下りて来たんだそうですよ。

水汲みは女衆（おんなし）と子供たちの仕事で、二つのでかい木桶に水をいっぱい汲み、天秤棒の前と後には「シュロ」で作った縄で木桶を吊るし、肩で担いで家まで運んだんだから、まあ、容易なもんじゃあなかったと思うし、子供は重てえから木桶に半分ぐれえ水を入れて運んだんだいねえ。だから風呂なんかは一回水を張れば払わねえで入る前に水を足し、沸かし返しで週に一度入れればいい方だったんだそうですよ。

私がまだ小学生の頃の事だったけど、上山掴ではでっかい地滑りがあってなあ、家が土砂で押し潰されたり傾いたりしちゃった事があったんですよ。

その時、上山掴に住んでいた家は殆ど住めない状態になっちゃったんだけど、父親の実家は地滑りがあった幾年か前に、秩父の影森（現在・秩父市）へ越して出て居たから助かったけど、実家には畑が在って、その畑を私の父親が耕していたんだけど、その畑も地割れしたり埋まったりしたから、その時にうちじゃあ上山掴の畑は止めたんだそうですよ。

それでも地滑りの前までは、そこの畑で色んな物を作っていたから、肥料でも畑道具でも御神楽沢の家から一時間近く掛けて畑まで背負い上げ、取れた物はみんな背負い下ろして来たんだから、両親は大変な思いをして野菜作りをしていたんだいねえ。

私は地滑りがあった後、両親に連れられて山掴へ登った事があったけど、あの時上山掴に在った殆どの家が傾いたり土砂に埋まったり、床下にはひびが入り小屋は潰れ、畑には段差が出来たり土砂で埋まったりで……。子供心にも「はあ、こんな場には住めねえなあ」と思ったったよ。

その後は下山掴へ小屋を建てる人や、御神楽沢の上に「川掴（かわつかみ）」という所があるんだけど、そこまで下りて来て、丸太小屋を作って住んで居た人も居たんです。

だけど幾年かしたら下山掴の人たちも全戸下へ降りて来ちゃったから、終戦を境に山掴には誰も人が住まなくなったけど、山掴だって何百年も人が住んで居たんだんべえから、色んな歴史や祭りがあったと思うけど、山掴という集落は七十五年以上前に終わったんだいねえ。

だけど住んでいた家は殆ど壊さねえでそのままにして出た家が殆どだったそうだから、はあ、みんな朽ち果てて潰れちゃったんべえなあ……。

今じゃあ動物の住処になっているかしんねえけど、最近は熊や猪や鹿に猿の大群まで出るから、はあ（もう）、誰も登って見る者はいねえよ。

私は「浦山小学校・川俣分校」という分校を出たんだけど、本校は「日向」つう所にあって、運動会の時だけ、本校でやったり分校へ来てやったり、一年交代でやっていたんだいねえ。

当時はどこの家でも子沢山だったから、私の同級生は二十人近く居たったけど、小学校を出ると女っ子の半分以上は機屋へ奉公に出たり、男っ子は小僧に行ったんだけど、私は高等科まで出してもらったから、高等科は分校の近くに在った「昌安寺」というお寺の本堂で勉強をやっていたんです。

まあ、そこはまるで寺子屋のような場所だったよ。

昭和十九(一九四四)年頃になると戦争が激しくなり、「若い者が家に居ると徴用に取られるから……」なんていう噂が流れたもんだから、丁度その頃「横瀬村(現在・秩父郡横瀬町)に在る航空会社で人を募集しているそうだ」という話を聞き、私はその会社へ住み込みで入ったんです。

そこは元機屋だったそうだけど「若林航空会社」という会社で、当時会社では戦闘機の部品を作っていたんだいねえ。その会社には学徒動員として行ったから、私は十四、五歳ぐれえだったと思うけど、大滝とか芦ヶ久保の方からも来ていたったよ。

寮での食事は、芋飯とかモロコシのお粥なんかが出されていたいねえ。

私の父親は昭和十九年に召集令状がきたからその後戦地へ行ったんだけど、浦山でも兵隊さんは幾人も出たんですよ。

父親が出征する時は近所の人が大勢「忠魂碑」の所へ集まってくれ、一緒に出た兵隊さんも軍服に襷を掛け、みんなで「浦山口駅」(秩父鉄道)まで二時間掛け歩いて見送りに行ったんだよ。駅に着くと全員で軍歌を歌い万歳をして兵隊さんを送り出したんだけど、いまでもあの時の事はよく覚えていますよ。

その後実家では母親が一人になっちゃったから、私は航空会社を半年で辞め家に戻って来たんです。戦後航空会社の跡地には、昭和四十（一九六五）年頃になってから「秩父自動車学校」という学校が出来たようだけど、今でも自動車学校はやっていらいねえ。

戦時中はどこの家でも食糧難だったから、当時は「物っこ」といい、物の物々交換をして食糧を手に入れていた時代でしたよ。

それでも浦山辺りじゃあ、物を交換するたって「炭」ぐれえしか無かったし、その炭だって私の家じゃあ焼いて無かったから、炭焼きから炭を譲ってもらい、母親はその炭を背負って浦山口駅から電車に乗り寄居の先の武川まで炭と食糧の交換に出掛けて行ったんです。そんな思いをしながら、母親は私に煮たり焼いたりして食わせてくれていたんですよ。

私も一度、親戚の叔母さんと一緒に「武川」まで買い出しに行った事があったけど、その時持って行った炭は「さつまの種芋」と交換して来たったよ。

その後種芋は家の近くへ囲いを作り、その中へ落ち葉を敷き詰め苗床を作って、苗床の中へ種芋を入れて暫く置くと芋からツルが伸びてきたから、そのツルを切って畑に差し、さつま芋を作った事があったけど、あの頃はまだ動物が里へ下りて来なかったから、さつま芋は結構取れたんです。

私が子供の頃は御神楽沢にも店が一軒あって、その店は浅見八重治さんつう家だったけど、腰の曲がったお婆さんが駄菓子なんかを売っていたったよ。

その頃うちの近所には従妹が二、三人居たから、そのてえ（人達）と私はよく遊んだから、夏場なんかは浦山川が近くにあったから、麦藁を束にしてそれを浮き輪がわりに淵で泳いだり遊んだりしたったけど、川は上流だから水が冷たくって、長くは遊んじゃあいられなかったいねえ。

冬場になると焚き木拾いもよくやったったけど、子供の頃はお風呂でも囲炉裏でもみんな木を使ったんだから、燃し木はえら（たくさん）使ったんだいねえ。

水は湧き水を沢から引き、太い竹を半分に割ってそれを途中で繋ぎでっかい樽に溜めて置き、飲んだり風呂水や洗い物にも使っていたんだよ。

それでも今は私の家でも水道になったけど、今でも山から湧き水を引いているから、大根でも芋でも泥の付いている物は外の水場で洗うんさあ。

裏の水は冬でも湯気が出るほど温ったかいし、夏場は水道より冷たいから水が美味いんだよ。

電気が引けたんは戦後だったんべえなあ。私が子供の頃はランプで、その後カンテラになりガス灯になったんだけど、ガス灯は前きり明るくなく燃料はみんな買ったんだから、夜は夕飯が済み一休みしたらみんな床に就いたんさあ。

それでも母親は夜なべ仕事をする事もあったから、そんな時は囲炉裏で火を燃やし、燃えてる明かりで縄を編んだり炭俵を作っていたったけど、その萱の中に三本縄を編み込んで作っていたから、炭俵作りは縄も必要だったんだいねえ。

炭俵を作るのはどこの家でも女衆（おんなし）の仕事だったから母親は俵に使う萱を山へ刈りに行き、それを束ねて背板で背負い下ろして来たんだけど、萱の丈が長いから横えびのようにして背負って来たんさあ。

作った俵は全部炭焼きに売ったけど、売った炭俵は現金で貰ったり炭を渡されたりで、なかなかすぐ現金にはならなかったんだいねえ。

昭和三十年代（一九五五～六四年）頃まではどこの家にも囲炉裏があって、殆どの家では囲炉裏で煮炊きをしていたんだよ。うちにも囲炉裏があったから、家の梁に長い鉄の鉤を引っ掛けて吊るし、その鉤の先に鍋を吊るして、飯でも煮物でも何でも鍋で作っていたったよ。家によっては飯だけ竈で炊いていた家もあったけど、たいていの家では囲炉裏で煮炊きをしていたんだいねえ。

うちじゃあ上山掴の畑が駄目になってからは、父親が近くの山を開墾して畑を作っていたから、麦とか蕎麦とか大豆にジャガイモなんかいろいろ野菜を作っていたったけど、小麦が取れる頃になると、父親は小麦を持って秩父の上町に在った精米所へ行き、小麦と干しうどんで交換してもらって来たから、毎晩干しうどんを食っていたんさあ。

大豆は、豆腐屋が来ると豆腐や油揚げと交換したんだけど、大豆のねえ家は現金で買っていたんだいねえ。

それに子供の頃は、浦山にもいろんな行商が登って来たんですよ。魚屋とか衣料品屋に小間物屋に研ぎ屋とかなあ。

私が小いせえ頃に登って来た魚屋は、荷物を背板に背負って売りに来たんだけど、魚は殆ど干物で、影森（現在・秩父市）から「若狭屋」という魚屋がよく来たったいねえ。そのうちその魚屋は自転車になり、その後オート三輪車で来るようになったけど、まあ、目玉が赤くなったような魚が多かったから、母親はそうした魚は鍋でよく煮詰めて出してくれたったよ。

それに衣料品屋もよく登って来たいなあ。

衣料品屋は、男の人も女の人も別々に登って来たったけど、女の人は足に脚絆を巻き付け一反風呂敷に洋服を包んで背負ったり両手に下げたりして来たんだけど、持って来た物は、すこし時代遅れで売れ残ったような服が多かったけど、当時はなかなか浦山辺りから秩父の街まで買い物には出られなかったから、そんな服でもみんな喜んで買っていたんだいねえ。だけど私が子供の頃はまだ着物だったから、着物の下は股引さあ……。

戦前父親は、リヤカーを引いて炭を秩父の「矢尾」とか「武甲酒造」へ運ぶ仕事をしていた事があったんです。

炭は炭焼き専門の人が焼き、焼いた炭は炭俵に詰め「広河原」の集荷所まで運んで在ったから、その炭を街まで専門に運搬する人が何人か居て、うちでもその炭の一部を預かり、母親が集荷所から二表ずつ背板で家まで運んで来て貯めて置き、その炭を父親が二十表ずつリヤカーに積み込んで秩父の街へ運んでいたんですよ。

父親は行く時には炭を運び、帰りは「上げ荷」といい、近所の人から頼まれた品物を、あっちこっちで買い揃えて帰って来たんです。

たとえば、米、砂糖、味噌、醤油、塩、油、干しうどんとか、まあ出掛けたついでに色々な物を頼まれたんだいねえ。

帰りは殆ど登り道だったから、上げ荷の多い時は母さんが私を連れて途中まで父さんを迎えに行ったんだけど、途中からリヤカー引きの手伝いをして帰って来た事もありましたよ。

それでも上げ荷は、頼まれた人から僅かでも手間賃を貰っていたんだから、少しは金にもなったんだいねえ。

それに私は一人っ子だったから、父親は上げ荷の帰りによく菓子を買って来てくれたんです。だから当時の子供としては菓子をふっきに（たくさん）食う事が出来たから、私は人一倍虫歯が多かったし、近所の従妹たちも私の家にくれば菓子がいろいろ有ったから、よく遊びに来て食っていたいねえ。

ダムで貯水した浦山川

私の旦那は大滝の人だったけど、人に世話をされ昭和二十九（一九五四）年に私が二十五歳で旦那は二十三の時、うちへ婿に来てくれたんですよ。だけど旦那さまは昭和四十七（一九七二）年の秋、四十二歳の時事故で亡くなっちゃったんさあ……。

旦那は大工だったけど、台風の日も村内へ仕事に出掛けたんだいねえ。ところがその帰り道、川へ落っこちて死んじゃったんだよ。

旦那は職人だったから酒が好きでなあ、その日も仕事帰りに一杯御馳走になり、大雨の中大工道具を担ぎ、傘をかぶって山道を歩いて出たんだとさあ。だけど酒を飲んでいたから途中でよろけて崖から川へ転げ落っこちたらしいんだよ。

その後、警察とか消防団や大勢の人が見付けに出てくれたんだけど、大工道具の一部だけは川から見付かったけど、旦那さまはそれっきりなんだよ……。

こんな事があってからというもの、私は神経を病んじゃってなあ、一時は頭がおかしくなるようだったよ。それでも私には子供が三人居たから泣いてべえ（ばかり）いる訳にもいがねえから、歯を食いしばって必至で頑張ってきたんさあ。

でも私は旦那が事故で亡くなる前から子供を母親に頼み、影森（秩父市）の「小池製材所」へ勤めに出ていたから、精神的にも金銭的にも随分助かりましたよ。

その頃はまだ私の両親も元気で、父親も一生懸命働いてくれ、母親は学校から帰って来た子供たちの面倒を良くみてくれたりお勝手もやってくれたんだから、私は安心して仕事に出ていられたんですよ。だからみんなには随分助けられたんです。

昔は浦山でも、夏祭りは賑やかにやっていたんだいねえ。嶽（たけ）の「十二社神社」は山の上にあって、そこから神輿を「大久保橋」の下まで担ぎ下ろし、橋の下にはいい淵があったからそこで神輿をひと揉みしたんだよ。

山掴にもお堂があってなあ、そのお堂の中には小っちぇー神輿が置いてあったんだけど、毎年八月四日には上山掴と下山掴が合同でお祭りをやっていたんです。あんな山の上でも、結構賑やかにやっていたったよ。

祭りの当日は、この下の「不動滝」まで神輿を担ぎ下し、ひと揉みしてから山掴のお堂まで神輿を担いで登ったんだから、まあ、大変な事だったんべえなあ。いまでもお堂はあると思うけど、はあ、七十年以上誰も住んでいねえし、誰も登ってもみねえから、屋根も腐って惨めなもんになっていると思うよ……。

昔は何の楽しみも無かったから、地域の祭りなんかがなんともの楽しみだったんだいねえ。

十二社神社祭
（『浦山――秩父市浦山地区総合調査報告書』より）

浦山は山ん中だから特別これという楽しみも無く、男衆（おとこし）は祭りの時なんかに酒を飲んで、みんなで講釈をして楽しんでいたぐらいでしたよ。

それに以前は夏になると盆踊りも盛んで、「昌安寺」下の河原には櫓を建て、みんなで歌ったり踊ったりしたんだけど、幾年か前には、歌手で影森（秩父市）出身の「冠二郎」を呼んだ事もあったいねえ。

こんな山ん中に住んで居ても今は野菜が全然取れねんさあ。だって獣が来てみんな食っちゃうんだから……。畑も駄目、玄関先の植木鉢の物だって鹿や猿に食われちゃうから、何にも作物は取れねんさあ。

自然の物だってそうだよ。春になり蕗が出てもたらっぺだってみんな食われちゃうし、茗荷も葱もみんな取られちゃうんだから……。

今うちじゃあ、畑に杉や檜を植えちゃったけど、またその木を管理するのが大変な事で、昔のように材木は高値で売れねえし、今じゃあ二束三文だから返って山なんかねえ方がいいんだよ……。

うちの子供たちはみんな下の方へ出て働いてもらっているから、私は今一人暮らしなんだけど、それでも、大正琴をやったり料理教室にも行ったり、みんなでゲートボールをして楽しんでいるから、それなりに楽しくやっているんです。

私は八十年も前にここの浦山の山ん中で生まれ育ち、一口に八十年とは言っても、まあ、色んな事があったいねえ。

「住めば都」と人はよく言うけど、やっぱりここが一番だよ。

今じゃあ家の前には外灯も付けてもらってあるからさあ。

（二〇一六年十月）

俺は生まれも育ちも川俣で、生粋の浦山人ですよ。親父は戦死して……まあ戦争なんかするもんじゃあねえんだよ。

秩父市浦山・川俣／昭和十二（一九三七）年生　中山登喜夫

中山登喜夫さん

俺は一月一日生まれだから一生お目出たい日で、誰でも一度聞けば忘れねえし、生まれも育ちも川俣（かわまた）で、生粋の浦山人ですよ。姉弟は四人いて男は俺が一人だったです。

親父は俺が小さい頃太平洋戦争へ行って昭和十九（一九四四）年に戦死したんだけど、親父はその前にも一度兵役で戦地へ行き、二度目に行って死んじゃったんだから、運が悪いと言えば運が悪いんだよ……。

それでも俺がまだ五歳頃、お袋に連れられて「江の島」（神奈川県）まで親父の面会へ行った事があったけど、あの時はちっと会ったぐれえだから顔なんか殆ど覚えちゃあいねえし、その後戦死しちゃったんだから、まあ戦争なんかするもんじゃあねえんだよ。

何の罪もねえ、争いもしたくねえ人間同士が殺し合い、最後に自分まで死んじゃうんだからなあ。残された家族がどれほど辛く苦しい思いをして生きてきたか、という事ですよ。

仕事も何にもねえ時代、お袋はずっと一人で俺たち四人を育ててくれたんだから、今でもお袋には本当に感謝しているんです。うちは分家だったから畑すら一枚も無く、春になるとお袋は山菜摘みなんかをして野菜の足しにしたり、近所の家へ手伝いにも行っていたんです。

まあ、終戦前後は何処の家でも大変な時代だったけど、親父の居ねえ俺の家じゃあ、話になんねえほどひもじい思いをして生き抜いて来たんですよ。

それでも俺がまだ四歳ぐれえの時だったたと思うけど、秩父の方から引き売りが「バナナ」っつう物を持って来た事があったんだいねえ。そうしたらお袋がその「バナナ」を買ってくれたんだいなあ。その時俺ら姉弟は生まれて初めて「バナナ」という物を食ってみたけど、「まあ、世の中にこんなうめえ物があるんだあ」と、つくづく思いましたねえ。

あの時食った「バナナ」の味は今でも忘れねえよ。

親父がまだ兵隊へ行く前の昭和の初め頃、うちじゃあ、ちっとんべえな商いをやっていたそうで、その店は駄菓子に薬コップ酒なんかを売っていたらしく、当時店で使っていた陳列棚や台なんかが家に置いてあったのを覚えていますよ。

そでも川俣辺りでは戦後になってから店が幾軒も出来て、駄菓子屋が五軒に一杯飲み屋が二、三軒もあったんだから、俺が子供の頃は川俣だって結構賑やかな処だったんだいねえ。

戦前から川俣には浦山小学校の分校があったから、俺は昭和十八（一九四三）年に「浦山小学校・川俣分校」へ入学したんです。入学当時同級生は二十三人居たんだけど、卒業する頃になったら十七人になっちゃったから、途中で学校へ来なくなった子が五、六人は居たんだいねえ。だから家が貧しくって通いきれねえ子供が幾人もいたんだいなあ。

俺が小学生の頃は、給食なんつう物は無かったから、昼になると俺はいつも家へ帰り、昼飯を食ってから分校へ戻ったんだけど、家から五分で分校へ行けたんだから、鐘の音を聞いてから走っていけば、十分授業には間に合ったんだよ。

分校とは言っても当時全校生徒は八十人位居たんだから、運動会だって校庭が狭くなるほど人が集まり、まあ盛大にやっていたんですよ。

授業は複式授業で、一応校長先生と教頭先生が居て全部で先生方は五人居たんだけど、教員は殆ど代用教員で近所の人が教えたんだから、当時は先生だって簡単になれたんだいなあ。

俺が小学三年生頃、戦争は終わったんです。

戦後はどこの家でも燃料不足になり、俺は学校から帰ると山へ木拾いには結構行かされたったけど、近所の子供だってボヤ拾いをしたり、畑のある家は畑の手伝いをやっていたんだから、子供も遊んじゃあいられなかった時代でしたよ。

戦後プロパンガスが普及する前の昭和三十年代（一九五五～六四年）頃までは、薪がなんともの燃料だったから、街の燃料屋へ薪を売る仕事をしていた人が川俣には居て、俺は小学生の頃から中学生に掛けて、山で束ねた薪をその人の家まで運搬する、というアルバイトを長くやっていた事があったんです。

それは少しでも家計を助ける為にやっていた仕事だったけど……。

その頃お袋は山で萱を刈り、その萱で夜なべに炭俵を編み、炭俵が何十枚か纏まると炭焼に俵を買ってもらい、金は現金ではなく焼いた炭を渡されたんだいなあ。

だからお袋はその炭を食糧に換える為、炭を背負って夜が明ける前の午前四時頃家を出て、二時間近く歩いて「浦山口駅」（秩父鉄道）まで行き、そこから電車に乗って寄居の先の「大麻生」とか「武川」の方まで行き、物々交換で炭を食糧に交換してもらい帰って来たんです。

そういう事は闇屋なんだけど、終戦直後は何もねえ時代だったから、多くの人が闇屋をやって食い繋いできたんだいねえ。

当時はそんな事でもしなけりゃあ食ってはいけない時代でしたよ。

それでも電車の中で警察に摘発されれば全部没収ですから、まあ酷い話ですよ。炭と交換できた荷物は背中に背負って電車を降り、駅から登り道をとぼとぼ三時間近く掛けてやっと家にたどり着く頃にはもうすっかり陽が落ち、真っ暗になってからお袋は帰って来たんです。

だから俺は子供心に「お袋は容易じゃあねえなあ」と、つくづく思いましたねえ。戦後はそうした困難を何年も潜り抜けながら生き抜いてきた、という大変な時代でしたよ。

　俺が中学に入った時は、「昌安寺」というお寺の本堂に代わり、教室は本堂の畳を全部上げ、そこへ机と椅子を持ち込み授業をやっていたんです。中学でも複式授業で一、二年が一緒にやり、三年生は別だったけど、中学になっても校長先生と教頭が居て、あとは担任の先生が二人居たんだけど、職員室はお寺じゃあなく小学校の「川俣分校」にあったから、先生方は一度小学校へ出勤してから、歩いて十分ほどのお寺の中学へ通って来ていたんだいねえ。

　それでも俺が中学を卒業して一年後には、新しい「浦山中学校」が「下木影（しもこかげ）」という所に出来たから、俺より一年下の生徒からは新しい中学校へ通ったんだけど、そこは川俣から少し下の方へ下った所へ建てたから、川俣のてえ（人々）は、歩いて四十分位は掛かったと思いますよ。

現在の昌安寺

　俺は昭和二十七（一九五二）年に中学を卒業すると直ぐに県造林の仕事に就き、六十五歳で退職するまで五十年間勤めてきたんです。その仕事は埼玉県の日雇いだったから、給金は日当でボーナスも出なかったよ。だから「そんなことじゃあしょうがねえ」と俺は考え、俺が発起人となり昭和四十年代（一九六五～七四年）頃、「造林組合」という組合組織を作ったんです。

　当時組合に入った人は百人位いて、その後は厚生年金や社会保険にも加入してもらい、六十五歳まで働けるよう定年制も作り、みんなが貰う給料の中から負担金を出していたんです。

だから六十五歳で退職した人は僅かであっても退職金が貰えたし、今では「多少なりとも厚生年金が貰えるから良かったよ」と、言っている人が結構いるんですよ。

俺も六十五歳で辞めたんだけど、その後組合は解散しちゃったいねえ。

結局その頃になると外材に押され、山仕事が激減したという事なんだから、俺はいい時期に山仕事ができたんです。

昭和三十年代（一九五五～六四年）に入ると、浦山もやっと車一台通れるだけの道は出来たんだけど、それも道幅が狭く対向車が来るとすれ違いできねえような道だったから、広い場所までバックして交換した、という状況でしたよ。

それから十年後の昭和四十年代（一九六五～七四年）に入ってから、「東電」では「安曇幹線（あずみかんせん）」というでっかい鉄塔を幾つも建てたから、その頃になるとやっと道幅が少し広がり、その後秩父市では補助金を出し「秩父鉄道」の小型バスが浦山の「寄国土（ゆすくど）」まで入って来るようになったんです。

そのうちバスは「金倉橋（かなくらばし）」まで来るようになったけど、川俣までバスが入るようになったんは、それから十年も経った昭和五十年代（一九七五～八四年）年代になってからだから、いまから四十年前頃川俣へバスが入って来るようになったんです。

ところがそのバスは今から十年前に廃止となり、現在は秩父市の運営で「ぬくもり号」というマイクロバスが川俣まで来ているんだけど、そのバスは午前三回、午後二回、一日に五往復しているし、浦山管内であれば停留所でなくても、手さえ挙げれば何処でも停まってくれるから、結構助かっている人が多いんですよ。

昔は豚肉なんか買って食えねえ時代だったいなあ。それでも最近じゃあ、この辺でも鹿や猪を捕って食っているようだけど、子供の頃はまだ猟をする人は少なかったから、そんな物だってなかなか口にする事は出来なかったんだよ。

だから飯のおかずは「おなめ」にしょっぺえ味噌漬ぐれえなもんで、たまに煮物なんかを出して貰った事もあったけど、干しうどんの「ずり上げ」（秩父地方の郷土料理）なんかはよく食ったいなあ。それに「てんぷら」なんつう物はご馳走だったから、年に二、三回きり食えなかったし、俺の家は親父が居なかったから、特に貧しかったかんなあ……。

昔は気象条件が厳しく冬は寒かったから、鹿でも山鳥でも兎でも、子供が出来たってなかなか越冬出来なかったから、三頭生まれても一頭ぐれえしか育たなかったんです。

だから山にある餌だけで十分足りていたんだけど、最近は温暖化が進み、冬でも気温が高いから動物の生存率があがり、結局動物が増えた事で山では餌不足となり、まあ簡単に餌を取れる民家の方まで領域を広げてきたという訳なんだいねえ。春先になると山の新芽はあらかた食われ、里では畑に植えた作物が食い荒らされ、こんな山ん中の浦山だって、今じゃあ囲いがなければ、野菜は一切収穫出来ない状況ですよ。

それに昔は「熊が人間を襲った」なんつう話はめったに聞いた事はなかったけど、最近はいろんな地域で「熊の被害に遭った」というニュースを耳にする事がありますけど、山に餌が少なくなったという事だんべえなあ。

この辺りでも四年くらい前には、栗やドングリの実があまり生らなかった年があったけど、それでもその年に家の近くにあったでかいイチョウの木に「銀杏」がえら（たくさん）生ったんだいなあ。

そうしたら熊がその銀杏の実を取るためにイチョウの太い幹を幾本も引っくじいちゃって、あらかた銀杏を食っちゃったんだよ。俺はこれまで毎年銀杏を結構拾ったんだけど、幹を折られてからそのイチョウには実があまり生らなくなっちゃったんだいなあ。


うちの右上を三十分ほど登った所に「細久保」という集落が在ったんだけど、そこには以前、家が十二、三軒あって子供も結構居たんだから、五十人位は人が住んで居て、人一人歩くだけの道幅しか無かったから車は勿論入れねえし、まあ不便な所で、現在、家は残っていても誰も住んでは居ないんですよ。

うちの本家も、以前は細久保に住んで居たんだけど、戦後になってから早くに下の方へ出たんだいねえ。

それでも細久保という所は見晴のいい場所で、東京の日原や飯能の名栗に隣接していて、少し登った所には峠が二つあるんだけど、それは「仙元峠」（一説には浅間峠とも言われている）と「鳥首峠」という峠で、戦国時代にはその辺りで「狼煙を上げたんじゃあないか」とも言われているんだいねえ。

寄居町の外れに「鉢形城」という城跡があるんだけど、昔は鉢形城の出城が、秩父郡横瀬村（現在・秩父郡横瀬町）に「根古屋城」という城があって、その出城の管轄が浦山にあったらしいんですよ。

だから戦国時代には、根古屋城から浦山辺りへ何らかの伝達が入り、それを受け取った者が、浦山の栗山から大谷（おおがい）へ伝達し、大谷から他方へ連絡を取っていたんじゃあないか、とも考えられている説があるようです。

それとも山岳信仰の場として細久保とか冠岩（かんむりいわ）に人が住み着いたのか、それは定かではないけど、飯能側の名栗に隣接する冠岩も山奥で、五軒ほどの家が固まって在り、その五軒は昔から絆が強く協力し合って住んで居たようですけど、もっと大昔は十軒在ったという説もあったようですが定かではなく、五軒での生活が永く続いてきたようです。それでもすでに冠岩は半世紀以上前から誰も住んでは居ないですよ。

いまから五、六十年前は、山に住んで居た者が病気になっても、直ぐ医者には診てもらうわけにはいかねえから、山間部の浦山ではいろいろな信仰があったんです。

たとえば川俣辺りでは、「庚申様」とか「二十三夜様」それに「聖徳太子」とか、集落の入り口辺りには疫病を防ぐための神仏像をあちこちへ建て、人間の躰は信仰に頼り、困った時の神頼みをみんなでやっていたんです。

だからそうした信仰を拠り所としてその本体を祭り、各耕地事にいろいろなお日待ちをやり、当日は当番の家にみんなが集まり、飲んだり食ったりお喋りしながら社交場としてもみんなで楽しんでやっていたんですよ。

それにこの近所じゃあ、四月十七日に「産泰様（さんたいさま）」のお日待ちをやったんです。これはお産の神様だから女衆（おんなし）の神様ではあっても、川俣辺りでは男衆（おとこし）も一緒になって参加し賑やかにやっていたんだけど、その頃飲んでいた酒はいい酒じゃあなく、「合成酒」（アルコールに糖類・有機酸、アミノ酸などを加えて清酒のような風味にしたアルコール）が多かったから、その酒を飲んで体を壊しちゃった人が何人か出たんです。今のように酒が豊富な時代じゃあなかったから、そんな酒でも楽しんで飲んでいたんだいねえ。こんな山ん中じゃあ何の楽しみもなかったかんなあ。

浦山は「大日様（だいにちさま）」のお祭りが有名だけど、この祭りは今から四百年近く前に「昌安寺」の別当として「大日堂」が建立され、その後、付け祭りとして獅子舞が奉納されるようになったらしいですよ。

以前この祭りは毎年十月十四・十五日の二日間やっていたんだけど、最近は十月の第四土曜・日曜日の二日間に変更になったんです。それというのは浦山も過疎化が進み若者が殆ど他所へ出てしまったから、残された者だけではとても祭りを運営する事が出来なくなり、それでも川俣周辺で生まれ育った子供たちは、小さい頃から獅子舞に関する所作を習ってきたから、祭りの前日息子たちが帰郷すれば直ぐに獅子舞や笛や太鼓に参加する事が出来るから、という事で、土曜・日曜日に変更したという訳なんですよ。

以前は旧暦の八月二十五、二十六日にやっていたらしいですねえ。

大日様の祭りで太鼓を打つ中山登喜夫氏

大日様の獅子頭は三百五十年位前の物らしく、刀も真剣で古い物なんですよ。獅子舞の練習は、大日様の縁日の前日にやったり、お盆様とかお諏訪様や十五夜の日にやり、俺は太鼓打ちを長く担当していたんだけど、今は息子が太鼓打ちでお世話になっているんです。

太鼓は破れると張り替えをするから、張り替えた太鼓は皮を慣らすために「打ち込み」というのを結構やらなければ使えるようにはならないんですよ。

送り盆の灯籠（写真提供：上林二三男氏）

それに笛の担当は昔から笛の音符が無かったから、子供の頃から耳にした音色を耳で覚え、その音を辿りながら笛の練習を重ね、何度も何度も繰り返しながら覚えてきたようです。

それでもいまから二十年位前、「影森中学校」（現在・秩父市）の先生が笛の音符を作ってくれたから、いまは生徒が部活動として音符を見ながら習っているようだけど、笛は四年間習ってもきちんと吹けるようになったのは一人きりでしたね。

「昌安寺」はいまでも盆の十六日には夕方から川施餓鬼（かわせがき）があり、それは一年間にこの近辺で亡くなった人の霊を川へ送り出すという行事なんです。

当日は昌安寺の氏子たちが朝から十二灯の行燈を作り、浦山川の流れ際には、一メートル四方の石で積み上げた墓を作って置き、

中山登喜夫氏作の天狗のオブジェ

その日の夕方になると「昌安寺」の境内では笛や太鼓のリズムで獅子を舞い、朝作った十二灯の行燈に火を灯し、その行燈を担いで「昌安寺」から下の河原まで笛や太鼓で賑やかに霊を送り出すんです。

河原に着くと行燈は、石積みの墓の脇へ安置して火を消し、墓に見立てた石積の前で「昌安寺」の方丈様が読経を上げ霊を送り出す、という行事なんですよ。

この行事は川俣近辺の家に帰郷した家族が参加してやっているんだけど、昔は五耕地の人たちでやっていたから盛大に出来たけど、今は人が少なくなり三耕地で、それでも継続してやっているんです。

俺はいま八十になり年金生活だけど、彫刻が好きでいろいろな物を彫っているんですよ。たとえば獅子頭を彫ったり、天狗や鳥や動物とか……。こうした作業をしている時が俺は一番好きな時間で、この時だけは何も考えず作品に没頭できるから心がリラックス出来るんですよ。

俺は多趣味というか写真も旅行も好きだし、オブジェ的な手工芸品が好きなんです。

いまこの周辺の林業は外材に押され山仕事は殆ど無くなり、秩父セメントも無くなってしまったから、俺らが若い頃には想像すら出来なかった事だいねえ。

人によっては「秩父セメントは埃になるから……」なんて言っていた人もいたったけど、秩父ではなんたって一番の企業でしたから。そうした所へ勤めることが出来なくなった現在、秩父の住人にとってはいかに重要な企業だったかという事ですよ。

俺は生まれてこの方ずっと「浦山」で過ごし、ほかに住んだ事がねえから此処が一番いいんだよ。だいいち、隣近所の事から行事の事まで全てが分かるんだから安心して住んで居られるし、えら（たくさん）争い事もねえし、変な他所者も登って来ねえかんなあ。

俺はいま、でかい囲いを作って野菜作りをしているけど、囲いが無ければ野菜はみんな動物に食われちゃうんだよ……。

それでも最近は道路が広くなり全面舗装になったから、浦山だって車で三十分も走れば、秩父の街へ出られるんだから、まあ昔で思えば夢のような話ですよ。

（二〇一六年十月）

私は他所者(よそもの)でしょう。父親は秩父の大野原で生まれ、母は群馬の人だったから……だから姑は、生粋の「浦山人」で無い私を貰いたくなかったんさあ。

秩父市浦山・川俣／昭和三(一九二八)年生　中山道子

中山道子さん

私は浦山の「川俣」で生まれました。兄妹は四人だったけど、小さい頃に一人亡くなっているから三人で育ったんです。

父親は大野原(現在・秩父市)の生まれで、大尽家の息子だったらしいけど、若い頃は仕事が無く、長男じゃあなかったから大正の中頃、「埼玉県でやってる砂防工事の仕事が浦山にあるらしいよ」という話を父は聞き、父はその仕事に就くため大正時代に浦山村へ入って来たんだそうですよ。

それでも父親は読み書きが出来たから、現場ではなく「帳付け」(事務)の仕事に就いたらしいけど、結局その仕事は長く続いた訳じゃあなかったから、その後は遊んでいる訳にはいかず、父は炭を

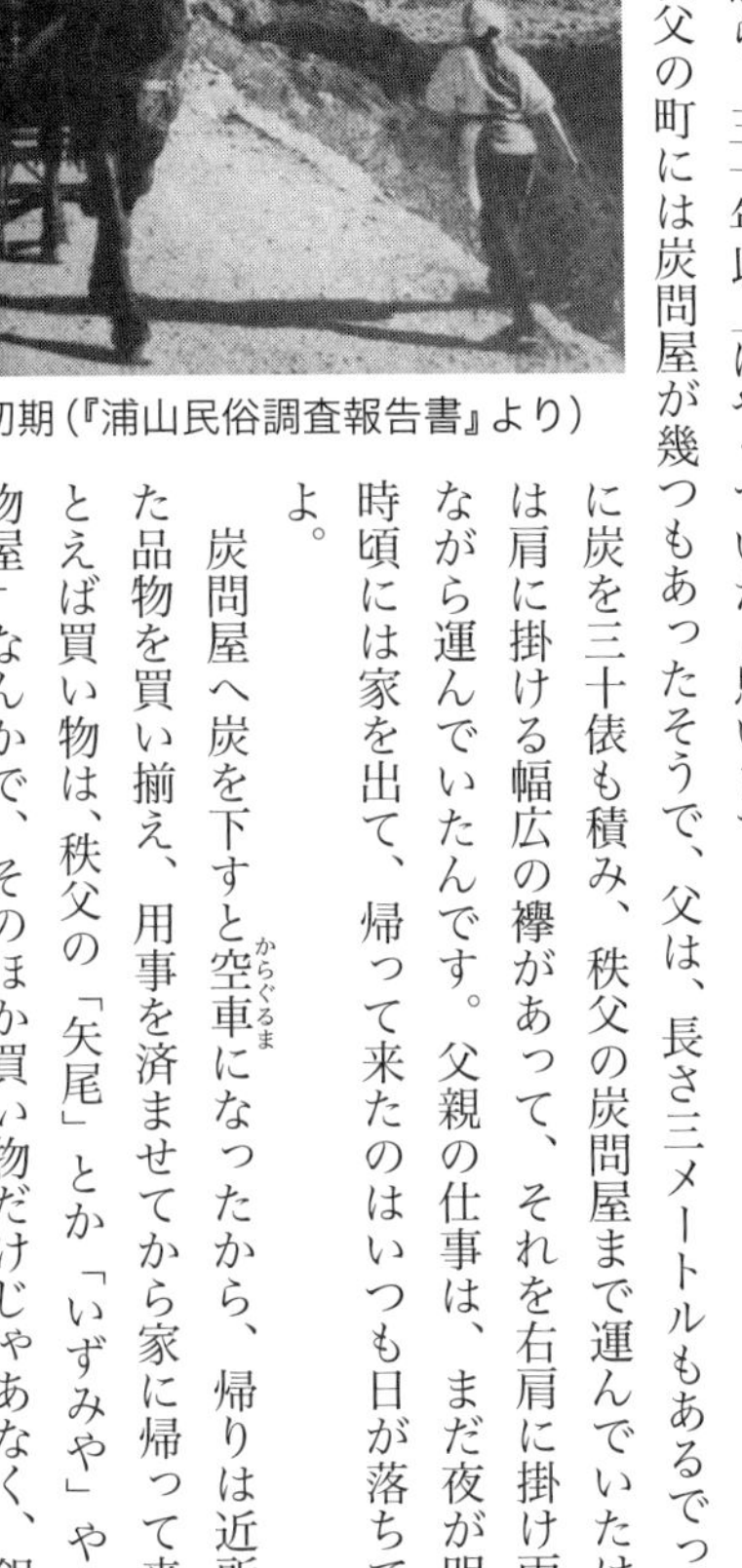
炭の搬出・昭和初期（『浦山民俗調査報告書』より）

運ぶ仕事に替えたんだいねぇ。浦山という所は山べえ（ばかり）な所だから、金が稼げたのは炭焼きぐれえなもんで、当時浦山では、炭焼きで生計を立てて居た家が幾軒もあったんですよ。

父親が炭運びの仕事に就いたのは大正時代の頃だったそうだけど、それから戦後に掛けてもやっていたんだから、三十年以上はやっていたと思います。

当時、秩父の町には炭問屋が幾つもあったそうで、父は、長さ三メートルもあるでっかい「大八車」に炭を三十俵も積み、秩父の炭問屋まで運んでいたけど、大八車には肩に掛ける幅広の襷があって、それを右肩に掛け両手で舵を取りながら運んでいたんです。父親の仕事は、まだ夜が明けねえ午前三時頃には家を出て、帰って来たのはいつも日が落ちてっからでしたよ。

炭問屋へ炭を下すと空車（からぐるま）になったから、帰りは近所の人に頼まれた品物を買い揃え、用事を済ませてから家に帰って来たんです。たとえば買い物は、秩父の「矢尾」とか「いずみや」や「宮前」や「金物屋」なんかで、そのほか買い物だけじゃあなく、銀行へ寄ったり、警察にも頼まれて行った事があったそうですよ。

銀行へ行く時も、父親は作業ズボンに地下足袋姿で寄ったもんだから、はじめの頃は銀行でも嫌な顔をされたそうだけど、何度か行くうちに顔を覚えてもらい、嫌な顔をされなくなったと言っていたいねえ。当時だって銀行へ行く人は、みんなきちんとした格好をして行きましたから。

だから私が育った頃の父親は、すでに大八車で炭の運搬仕事をしていたから、まあ、便利屋のような仕事だったんです。

当時浦山には炭を運ぶ専門の人が幾人も居たから、「車力組合」という組合を作っていたんだそうですよ。そのうち大八車からだんだんリヤカーに代わってきたんです。


私の母親は明治生まれで、母が小さい頃に父親が群馬でえら（たくさん）借金をしたから、夜逃げ同然で、父親は母だけ連れ明治時代に当時の浦山村へ入って来たんだと聞いていました。

母の父親は「木挽き」だったそうだから、浦山へ入って来てからもでっかい木を切り出し、その木を板にして他所へ出していたんだそうですよ。

明治の頃までは、学校へ行ってても行かなくてもよかったらしく、私の母親は学校を出ていなかったから、母は読み書きが全然できなかったんだいねえ。

それでも母は十四、五歳頃になってから、秩父の「片山医院」という病院へ女中に行っていたそうだけど、その頃母は秩父で髪結いの仕事も覚え、大正から昭和の始めに掛けて「丸髷」という髪を結っていたらしく、その後母は浦山へ帰って来てからも、自分の家で髪結いの仕事をしていたんだいねえ。

そんな頃、母は浦山に住んで居た私の父親と知り合い、大正時代に結婚したらしいけど、母は結婚してからも、川俣の家で髪結いの仕事をやっていたから、私は母の仕事姿を覚えていますよ。その後は「ハイカラ」という髪型が流行ってきたから、母は戦前で髪結いは止めてしまったんだけど、それでも頼まれると、そこの家まで出向いて髪を結ってやっていましたよ。

だから両親とも生え抜きの「浦山人」じゃあなかったんです。

私は浦山小学校の「川俣分校」を出たんですけど、家が分校の近くにあったから、小さい頃は学校の庭でよく遊びましたよ。

授業は複式で、高等科になると家から十分ほど離れた「昌安寺」の本堂で勉強をやったんだけど、高等科まで出た子は少なかったいねえ。

私は昭和十七（一九四二）年に高等科を卒業してから二年ぐれえは家に居たんだけど、その後は、野上（現在・長瀞町）にあった「永田医院」へ看護婦の見習いとして入ったんです。

ほかの同級生は、上尾の「東洋時計」とか、熊谷に在った「理研」の軍需工場へ行った子が幾人もいたようでした。

私が「永田医院」へ勤めて居た頃は、午前中だけ看護婦の見習いをして、午後になると昼を食べてから、寄居に在った看護学校へ「野上駅」（秩父鉄道）から電車に乗って通ったんです。当時秩父方面からは、長瀞の岩田（現在・長瀞町）から二人、金沢（現在・皆野町）から一人通っていましたから、私を入れて四人で通っていたんです。

それでも間もなく「永田医院」の先生に召集令状がきたから、先生の奥さんが「自分の実家が秩父の街中で『坂上（さかうえ）』という米屋をやっているから其処へ行ってみたら……」と世話をされ、私はその後米屋へ仕事として行ったんだけど、そこでは子守りや女中のような仕事だけだったから、私は一年も居ねえで、浦山の実家へ帰って来たんです。

その後は「浦山郵便局」で来てほしいと言われ、「寄国土」にあった郵便局へ勤める事にしたんだけど、局までは、歩いて片道一時間位は掛かりましたよ。

川俣には昔から家は二十軒ぐらい在ったけど、戦後になってから一杯飲み屋が五、六軒も出来たから、戸数の割には飲み屋が多かったいねえ。

それは保健所の許可を取ってきちんとした店を構えていた訳じゃあなく、出入り口の土間に机を並べて一杯飲ませる、という店や、普通の民家でも酒を出していた家があって、こうした飲み屋へ通っていた人たちは、炭焼きの人とか、山仕事の飯場に居た人とかそんな人達が一日の仕事を終え一息つけるような、そうした場所だったんだいねえ。

諸国を巡礼していた瞽女（『大滝村誌』より）

だから店じゃあ、コップ酒に漬物のつまみが出たぐれえだったけど、一時は結構繁盛したらしいですよ。

私が娘の頃の事だったけど、毎年十月十四、十五日の二日間は「大日様」のお祭りがあったんだけど、その祭りが近づくと、嵐山(らんざん)の先の坂戸（現在・埼玉県坂戸市）から、「瞽女(ごぜ)」が五、六人、毎年川俣へやって来たんだいねえ。

その人たちはみんな目が不自由で、風呂敷包みを首に縛り付け、三味線は背中へ横に背負い、少し目の見えるような手引きが先導して瞽女を連れて来たったよ。だから瞽女は手引きの着物に捉まり、その後からは続いて着物を掴み、ぞろぞろぞろぞろ四、五人で歩いて来たんです。

「瞽女」が来ると川俣にあった飲み屋で、「都々逸(どどいつ)」や流行歌なんかを三味線に合わせて客と一緒に唄ったり、騒ぎもしていたったけど、瞽女は三味線も唄もうまかったよ……。

川俣には特別「瞽女宿」というのは無かったけど、芸をやった飲み屋の二階へ泊めてもらっていたようでした。

大日様の祭りが終わると、「瞽女」は川俣の家を一軒ずつ門付けしてまわり、お金や物を少し貰って帰って行ったんだけど、それもまあ、昭和三十（一九五五）年頃まででしたよ。

瞽女歌

越後しばたの雪降る中に　アヤメ咲くとはしおらしや
浮世はなれて奥山住まい　恋も悋気も忘れていたが　鹿の鳴く声きけば　昔が恋してならぬ
雨は天からたてには降れど　風の吹きようじゃ　わたしゃあなたの心まかせになる身じゃないか

（『大滝村誌』より抜粋）

川俣にあった飲み屋は特別店の名前が付いていたわけじゃあなく、殆ど自分家の名字でやっていたったから、「山口」とか「小沢」とか「中山」とかねえ。タバコ屋でも飲み屋をやっていたから、そのまま「タバコ屋」と言っていたったよ。

それに「昌安寺」の下でも「児玉」とか「浅見」とか、普通の家でもやっていたし、大日様のお祭りの日だけ、酒を売って商売していた家もありましたよ。そうした店も、昭和四十年代（一九六五～七四年）頃になると二軒だけになっちゃったいねえ。

私は昭和二十四（一九四九）年、二十一歳の時に三歳年上で浦山の「官林（かんりん）」に住んで居た旦那様と結婚したんです。

旦那は川俣から四キロほど山奥へ入った営林署の官舎に住んで居たんだけど、その辺りの事をこの辺では官林と言い、当時官林までは車が入れるだけの道は無く、そこには五、六軒家があり生活していたんです。私が嫁に行った頃は、主人と姑と小姑の三人で暮らしていましたよ。

私が結婚した頃は、殆ど自分の家で結婚式をやっていたから、私もそうでした。その頃になると、私の母親はすでに髪結いが出来なくなっていたから、私は結婚式の前日、高島田を結ってもらう為に、秩父の街まで髪結いに行って来たんです。だからその日は朝早く家を出て、二時間掛け「浦山口駅」（秩父鉄道）まで歩いて行き、そこから電車に乗って秩父の街へ出たんです。

その晩は懇意な家に泊めてもらい、翌日美容院で「高島田」を結い、そのままの髪型で電車に乗って、また「浦山口駅」から三時間近く掛け、やっと家に辿り着いたんさあ。

その晩は「高島田」が崩れないように高枕を使って寝床に就いたんだけど、まあいろいろな事が心配でよく眠れなかったたいねえ。

結婚式の当日は母親に黒の江戸褄（えどづま）を着せてもらい、私は文金高島田に嫁御着物を着て、川俣の自宅から親族が揃い、山道をぞろぞろぞろぞろ一時間近く掛け、一里（四キロ）の山道を歩いて官林まで行列で行ったんさあ。だからまるで童話に出てくる狐の嫁入りのようだったたいねえ。

まあ前日の髪結いから当日の嫁支度で疲れきっていたのに、当日官林へ着いてからは、夜中までどんちゃん騒ぎだったから、私は幾ら若くもへとへとで倒れそうだったたよ。

それに翌朝は新婚生活どころじゃねえ、ゆっくり寝てなんかいられず、まだ夜が明けねえうちにたき起こされ、飯炊きをさせられたさあ。新婚だなんてポーっとなんかしている暇もなく、まあよくこき使われましたよ。

それでねえ、官林は原生林の中だから、夜になると山鳩が鳴くんですよ。「ポーポー」とねえ。あの鳴き声はとても寂しかったですよ……。

私が嫁に行った時はすでに男舅は亡くなっていて、小姑とまだ五十代の元気な姑様だったから結構虐められ、私はとても苦労をしてきたんです。

あんな山奥で親にも反対されたんだけど、私は「恋愛で好きになり嫁に来たんだから我慢しよう」と心に決め、必死になって頑張ってやってきたんです。

だけど私は、ほね、おったよう。いまでも当時のことを考えるとあまりに辛かったから、涙が出てくるんだよ。

それで私は他所者でしょう。

私の父親は秩父の大野原で生まれ、母は群馬の人だったから、生え抜きの「浦山人」じゃあなかったから、どこの馬の骨だか分からねえような、そんな事を言われた時代でしたよ。

だから姑は、生粋の「浦山人」で無い私を貰いたくなかったんさあ。

嫁ぎ先は営林署の官舎だったけど、その近くには炭焼きをしていた家族が五、六軒在って、それぞれ仕事を持って生活していたんです。

だけどまあ、姑さまは私を貰いたくなかったから苛めた、苛めた……。それでも私はまだ世間の事を何も知らない二十一歳で嫁に来たんだから、まだまだ純情で「嫁というものはこういうものなんだ」と自分に言い聞かせ頑張ってきたんですよ。

それに主人は軍隊あがりでしょう。だから最初から私に対しても厳しくスパルタ式だったから、主人に愚痴を溢す事もできず、本当に我慢に我慢を重ねてきたんだから……。

主人は十七歳の時に志願で兵隊へ出たんだそうですけど、私はまだその頃、主人のことは全然知りませんでした。兵隊になってから中国へ行ったそうですけど、まあ、兵隊は厳しかったらしく、当時上官には、「お前は志願で来たんだから一歩前に出ろ」と言われ、なにも悪い事もしてないのに、顔が腫れるほど叩かれたんだそうですよ。

その後主人は、伍長とか曹長とか偉くなったらしく、今度は自分が威張って部下にいろいろ命令したらしく、たとえば自分のゲートルを巻かせたり、「お茶！」と言えばすぐにお茶が飲めるように出させたり、至れり尽くせりで凄かったそうだいねえ。

だから私と所帯を持ってもその頃の癖が出て、私に対してもいつもスパルタ式だったから、私は本当に大変だったんです。

嫁に行った頃は毎朝真っ暗なうちに起き、真冬でも外の竈で飯を炊き、家の中にあった囲炉裏は、鍋を使う料理だけに使っていたんです。

だから燃し木は毎日随分使っていたから、家の裏には木小屋があって、いつでも不自由なく使えるように木を積んで置いたんだけど、この木を用意するのは女衆(おんなし)の仕事だったから、当時官林の傍には炭焼きをあっちこっちでやっていたから、炭に焼かない枝を貰い、燃し木として丈を揃え束ねて木小屋に積んで置いたんです。

嫁に行った翌年の昭和二十五（一九五〇）年に川俣には電気が引けたから、川俣の人達には笑われたったよ。

「やっと電気が引けたっつうのに、わざわざ電気の引けねえ場へ嫁に行ったんかい」なんてねえ。

官林は、川俣からまだ四キロも奥だったから、電気が引けたのはずっと遅かったんです。

私が嫁に行った時、男舅はすでに亡くなっていたけど、舅様は浦山の奥の「細久保」という山の上で生まれ、長男だったから家を継ぎ、家周りの仕事をしていただけで金取り仕事は殆ど無く、それでも嫁を貰って家仕事や、山仕事なんかで生活をしていたんだそうですよ。

ところが、私の旦那が小学一年生になった頃、営林署から舅様に官林へ入るよう話があったんだそうですよ。

だからまあ、運が良かったというか、仕事にはなかなか有り就けねえ時代だったのに、官林の仕事に就けたんだそうだから……。そんな関係もあって、私の旦那も「営林署」で雇って貰えたらしいんだいねえ。

主人の話では、その頃、官林の周りにはでっかい木がうっそうと覆い繁り、ゆらりゆらりと揺れる木々の間から、木漏れ日がちらりと見えるぐらいで、昼間でも薄暗く闇の中で生活して居るようだったと話していましたよ。

結婚当初主人は、原生林の木を伐採する人の監督をしていたんです。

原生林の木を伐採する人は、他所から大勢来ていたから幾つも飯場があって、原生林の木はでっかい木が多かったから、当時その木はお盆用に引いていたんだそうだいねえ。

その木は「上梓」といい、人一人ではとても抱えきれないくらいの大木で、その木の買い付けには小田原の方からも来ていたったよ。

木は殆ど大木だったから一日に一本きり（しか）切り出す事ができず、切った木はでかい橇（そり）に乗せて運んだんだけど、橇を運転する人だって十人位は居たんだから……。

橇は、木を載せる為に作った用具で、長くてでっかい台があり、その台の上に切った木を括り付け、電車の枕木のように切った木を何本も道なりに並べ、その上に橇を乗せて引いて来たんだけど、急な傾斜が多かったからブレーキを掛けるのが大変だったようで、危ないような事が幾度もあったようでした。

その後主人は、植林したり枝を切ったりする人の監督もしていたから、現場を殆どやらず、ずっと監督のような仕事をやってきたんです。

私には子供が三人出来たけど、お産はみんな官舎でした。

お産の時は、川俣から私の母親が手伝いに来てくれたんだけど、当時浦山では殆どお産は自分の家で産み、産婆は一人も居なかったから、経験を生かして産ませてくれたお婆さんが浦山には幾人か居たったから、そういう人を頼んでお産をしたんです。

まあ、それでも私は随分を苦労したいねえ。自分が選んだ道だから我慢しなくちゃあと思ってはいたったけど、あんまり辛くて三回ぐれえ、お世話人様の所まで逃げ出したこともあったんだから……。

そのうち主人が迎えに来たったけど、やっぱり子供が居たから子供の為にと思い戻って来たんさあ。だけどいつでも逃げたい気持ちはありましたよ……。

だって実家まで四キロぐれえしか離れてなくても、一年に盆と正月の二回きり帰してくれなかったんだから……。

中山宅から川俣耕地へ向かう（2021年９月）

昭和三十年代（一九五五～六四年）頃は、原生林のでかい木を切り出しても広い道が無かったから、その道路を作るために朝鮮の人が仕事を請け負い、その人たちは大勢来ていたから飯場が幾つもあり、寝泊まりしながら道を作っていたんです。

そこの現場監督は営林署の職員が見回わりに来ていたから、そうした職員は官林の官舎へ泊まり込み、その人たちの賄いは私が一人で全部やっていたんです。だから私も営林署に賄いとして雇われ、給料を貰って職員の食事や部屋掃除など、いろんな賄い仕事をやっていたんだけど、道路づくりは二十年くらい掛り、その間私は営林署に雇われていたから厚生年金にも入れてもらい、今じゃあ年金が貰えるから本当に良かったよ。

国有林は浦山から荒川の「日野官林」まで続いているんだけど、そこまでの道づくりは余りに遠いので、浦山から川沿いに直接下りる道路をつくっていたんです。

だけどその道を設計するのは難しいらしく、設計士は東京の営林局から直接来ていたから、その人はずうっと官舎へ泊まり込んで居たんですよ。その人の食事の世話も私が用意して出したんだけど、昭和三十（一九五五）年前後は物の無い時代だったから、食べ物を作って出すったって大変な事で、まだその頃米は配給で、各戸には人数分だけの割り当てだけで、好きな分だけ買うことは出来なかったんです。

それでも官舎では営林署の賄いがあったから「加配米」という制度があり、働く人が大勢いる処には、別枠として多く支給されていたんです。

それにおかずを出すのがひと苦労でしたよ。とにかく当時は冷蔵庫も無いし、店なんか全然無いんだから物だって直ぐ手には入らないし、それでも行商の魚屋が三日に一回自転車に荷を付けて登って来たから助かりましたよ。魚屋は影森（現在・秩父市）の店から来たんだけど、とにかく店で売れ残ったような物が多く、魚なんか目玉が赤くなっていたし、あとは干物が多かったいねえ。

それに卵はりんごの木箱に籾殻をいっぱい詰め、卵が壊れないように籾殻の中に上手に並べて入れてあったから、木箱ごと買って置いたんです。

それに衣料品屋は月に一度ぐらい、背中に背負ったり手に提げたりして登って来たったけど、下着なんかも持って来たから助かりましたよ。


私は若い頃秩父の方へ出て働いていた事があったから、「浦山から出て暮らしたいなあ」なんて幾度か考えた事もありましたけど、まあ、縁あって浦山の人と一緒になったたし、旦那の仕事が官林で、生え抜きの「浦山人」だったから、「浦山から離れて暮らす」という気持ちはもうとうなかったいねえ。

私はこれまでの人生の中で一番楽しかった頃は、やっぱり独身時代でしたよ。

あの頃は二十歳前後だったけど、夜になると近所の若衆が、小学校や「昌安寺」なんかに大勢集まり、「浦山を良くしよう」とか「こういう事をやったらいいんじゃあないか」なんて、討論会をよくやっていたんです。

そんな時は、あっちこっち山の上の耕地から提灯を提げて三十人位集まり、学校の教室やお寺の本堂を借りてやって居たんだけど、年に一、二回は、青年劇なんかもやった事がありましたよ。

当時はそうした場所で知り合い結婚した人が幾組かありましたねえ。最もこんな山ん中じゃあ、若い人が出会う機会はそんな時でもなけりゃあ無かったから……。

私が娘の頃だったけど、近所の若者がみんなで連れだって、秩父の街へ映画を観に行った事があったんだよ。

冬場なんか日が短いから帰る頃には真っ暗になり、駅から降りて家に着くまでは三時間近くは掛かったから、途中が長くて居眠りが出ちゃって、歩いていても幾度かはっとした事があったけど、うっかりすれば崖から転げ落ちちゃうような道が多かったんだから……。

まあ、それも昭和二十年代（一九四五〜五四年）頃の事でしたよ。

平成（一九八九年〜）になってから、官林より少し降りてきた所へ新しく家を建てたんです。まあ、そこも山の中の一軒家だったけど、主人は二年前の平成二十六（二〇一四）年に亡くなったから、それからはこの家に私が一人で住んでいるんだけど、やっと安気になりましたよ。

だけど今は足が悪くなっちゃったから何処にも出掛けられないけど、今が一番呑気で気楽でいいやいねえ。

それでも此処へ越して来て、主人がまだ生きていた頃の事なんだけど、この家の外に熊が出た事があったんです。

それは冷蔵庫を新しく買い替え、古い冷蔵庫は外へ出し、外の冷蔵庫の中へ鹿の肉を一杯入れて置いたんだいねえ。そうしたら熊がその肉の臭いを嗅ぎつけて来たんか、ある晩、外の冷蔵庫付近でガタガタガタガタでかい物音がしたんですよ。

そっと外を覗いてみたら、何とでっかい熊が冷蔵庫を揺すっていたんだいねえ。そしたら主人が金のバケツを持ってきて、ガンガンガン叩いて追い払ったんだけど、翌日、近所の猟師に罠を仕掛けてもらい、その罠の中には熊の好きな蜂蜜を入れて置いたんさあ。

そしたら数日後、熊が罠に引っ掛かり大暴れをしていたから猟師に連絡を取り、熊はその場で射殺してもらったんだけど、最近は熊じゃあなく、鹿や猿がよく出てくるんだよ。

この辺は以前、いんげんや胡瓜なんかがえら（たくさん）取れたけど、最近は食べ頃になると鹿や猿が根こそぎ取って行ってしまうんですよ。

橋の向こうの1軒家に熊が出ることもあった

そんな訳で今は何も作らないんだけど、春になると鹿は新芽をみんな摘んでしまい、チューリップの球根だって植え付ければパクリと食っちゃうんだから……。それでも鹿はあんまり人間を襲うようなことはなかったから、鹿が庭に出てくると、私は鹿とにらめっこさあ、だけど人間様の方が根負けだよ。

それに近頃、猿の大群が三、四十匹も出るようになったから、猿の餌コースにでもなっちゃったんかさあ。毎日じゃあねえけど周期的に回って来るんだいねえ。だから外には何も作れねえし、何も置いとけねえんだよ。

主人が亡くなって私が一人になったら、特に猿がよく出て来るようになったから、猿は頭がいいっていうから女・子供や年寄にはバカにするんだよ。

私はいま週二回、影森（秩父市）のデーサービスへお世話になっているんだけど、それも楽しみの一つなんです。

だけどこの辺はもうとっくに人家は一軒も無く、私はいま山ん中で一人暮らしをしているけど、これまで山ん中に住んで居たから居られるようなもんで、これから若い人が此処へ来て住むことは出来ねえよ。

それというのも、毎日毎日川の音だけでシーンと静まりかえり、時々動物の遠吠えが聞こえるだけの山奥なんだから……。

それでも主人が生きていた頃は年間百人位は登って来たんだいねえ。

あまり多く人が登って来たから、主人に「数を付けてみろ」と言われ、私は一年間書き留めてみたんです。

そうしたら、登山をする人や魚釣りをする人、猟をする人なんか結構登って来たんだいねえ。

それが今ではそうした人も殆ど通らなくなっちゃったから……。

最近は人間様の代わりに、猿が来る来る、まあ、猿に乗っ取られそうだよ。

やっぱり人が恋しいねえ。

こんな山ん中に一人ぼっちなんだからさあ……。

（二〇一六年十一月）

浦山という所にはいろんな話がえら（たくさん）あったんですよ。それは日本一の大泥棒に、日本一の詐欺師という話なんだけど……

秩父市浦山・川俣／一九三二（昭和七）年生　高　橋　庄　平

高橋庄平さん

　俺は昭和七年十一月生まれなんだけど、実際は一カ月ぐらい前に生まれたらしいんだいねえ。昔はこの辺りじゃあ子供が産まれたって、何処の家でも直ぐに届けを出さなかったらしいんですよ……。それというのも、「浦山」という所は山ん中で戦前なんか車も無く、荷車がやっと通れるぐれえな崖っぷちの砂利道だったから、役場へ行くったって、「細久保」からじゃあ片道一時間半も掛かったんだから、誰か役場へ行く用でも有ればその人に頼んで届出をしてもらった、というような時代でしたよ。

　だから頼まれた人は幾人か纏めて預かるから、役場へ届けを出す時に一字ぐれえ間違えたまま届を出したって、そのまま登録されてしまい、家で付けた名前を呼んでいたって、戸籍を取ってみたら違っていた、なんていう話を聞いた事があったけど、いま思えば笑い話のような事が、まかり通っていた時代でしたよ。

俺は川俣から更に山奥へ五、六キロ奥に入った「細久保官林」という所で産まれたんだから、余計届け出が遅くなったという事ですよ。

俺の親父は細久保官林の原生林の中で、炭焼きを専門にやっていたんです。両親とも明治生まれで、お袋は浦山の「嶽（たけ）」という所に住んで居て親父より一つ年下だったそうだけど、昭和五（一九三〇）年に所帯を持ち、お袋も親父と一緒に炭焼きを手伝い、その後俺が昭和七（一九三二）年に産まれたという訳なんです。

それでも両親は「こんな山ん中で碌に陽も当たらねえような場所じゃあ庄平が可哀そうだから、暫くお婆の処へ預けべえ……」という事になり、俺は乳離れするとすぐに嶽にあったお袋の実家へ預けられ、小学校へ上がるまではお婆さんに育てられたんです。

昭和初期の浦山村役場（『秩父市誌』より）

俺が預けられた嶽という所は山の天辺で、木を切り倒し開墾した土地で、十数軒家が在ったと思うよ。そこでは焼き畑をしながら畑を耕し、自給自足だったから畑には何でも収穫出来る物を隅から隅まで畔にいたるまで植えてあったいねえ。

それに浦山という所は山ん中で、特に嶽は山の上だったから、大麦とか小麦に蕎麦なんかをえら作っていたんです。大麦ができる頃になると刈った麦は脱穀機で熟し、熟した麦は臼の中へ入れ、その麦を木の足踏み杵で、トッチントッチン何百回も麦を突き、突き上がった麦は石臼で引き、引き割りの麦を作っていたんだよ。

だからよく「割り飯」といい、飯を炊いても米がどこに有るんか分からねえような麦飯を食っていたんです。その後ですよ。「押し麦」という平らにした麦が出回ったのは……。

細久保官林という所は原生林の中だったけど、炭焼き仲間は十五、六人位居て、それぞれ谷合いへ窯を造り、個々に炭を焼いていたんです。

山間地の農作業（『秩父市誌』より）

細久保谷で焼いた炭は一俵ずつ俵に詰め、炭俵は広河原の集荷所まで運び出し、炭は全部検査員の検査を受け、検査が通った炭だけを、当時「炭の元締め」というのが居て、その元締めが炭を纏め買いして、買い取った炭は街の問屋へ売り捌いていたらしいんです。

結局炭焼き仲間は金が無かったから元締めから金を借り、焼いた炭で借金の返済をしていたという人が殆どでしたよ。

たとえば炭焼きは、五反歩くらいの山の木を買取り、買った山の裾に新しく窯を造り、さらに炭俵も買わなければならないから、そういう「支度金」が必要となった訳なんです。つまり炭焼きは、日雇い人夫とはちょっと違い自営業だったんです。

炭焼きの工程を簡単に話してみますと、まず原木を切り出し、切り出した木は決まった寸法に切り揃え、その木を窯一杯にきちんと並べて詰め込み、詰め込みが終わると窯の焚き口から火を付け、六時間くらい燃やすと窯全体に火が回り、それが確認できたら窯の焚き口を泥で密閉し煙突も塞ぎ、一カ所だけ小さい口を開けておくんです。

こうして三日間蒸し焼きすると白い煙がやがて青い煙に変わり、木炭が出来上がった事が分かる訳ですよ。その後は二昼夜窯を冷やし、冷めた窯から焚き口を壊して炭を丁寧に掻き出すんだけど、出来上がった炭は決められた寸法に切り揃え、その炭をキチンと俵に詰め込み出荷をしていたんです。

こうした仕事の繰り返しが炭焼きの仕事なんですよ。


俺の親父がこの浦山へ住み着いたというのは、俺のお祖父さんが関係するんですよ。

お祖父さんは明治の頃、荒川村贄川(にえがわ)（現在・秩父市）の日向という所に住んで居たんだそうだけど、そのお祖父さんは凄い酒飲みで、寝ても起きても酒ばかり飲み、居酒屋へ行っても自分の背丈ほどコップ酒を並べて一気に飲み干した、という酒豪だったらしいんです。

実は、いま影森（現在・秩父市）で大きくやっている「小池製材所」（現在・ウッディーコイケ）という材木屋がありますけど、この材木屋の初代は小池竹治さん、という人で、その人は荒川村贄川の日向という所で居酒屋をやっていたんだそうですよ。

その小池さんは、新潟から秩父の矢尾へ酒造りの杜氏としてやって来たらしいけど、酒造りの暇な時期には、荒川村の日向で小商いの店を構え、その店では雑貨品の他に酒類も売っていたらしいんだいねえ。そして冬場になるとまた杜氏として矢尾の酒造りに行っていたんだそうですよ。

ところがうちのお祖父さんは金もねえのに、その店にはしょっちゅう行って酒を飲んでいたらしく、借金が相当あったらしいんですよ。

その頃小池さんは、浦山の細久保官林という所にあった国有林の原木をえら（たくさん）買ったらしいんだいねえ。とにかく「小池製材所」を立ち上げたくらいの人でしたから……。

現在の（株）ウッディーコイケ

それである時、小池さんがうちのお祖父さんに「勝っつあん、あんたには飲み代の借金がえらあるけど、俺が浦山の細久保官林に山を買ったから、勝っつあんは炭焼きが上手だっつうから、浦山へ行って炭を焼かねえかい。そうすれば飲んだ借金なんか直ぐに埋まるから……」と、声を掛けられたらしいんですよ。

もともとお祖父さんは日野官林（旧・荒川村）で炭を焼いていたそうだから、しょうがねえ、飲み借金がえらあった祖父さんは、俺の親父と親父の兄貴を連れて、細久保官林へ乗り込んで来たらしいんだいねえ。

だけど俺の親父は後で、こういう事を話していたんですよ。

「おれは学校卒業すると、秩父の『宮前商店』へ就職が決まっていたんだよ……」と。だから親父は荒川村の「西小学校」を卒業したら、秩父の「宮前商店」へ行く事になっていたのに、お祖父さんが無理やり「浦山へ炭焼きに行くんだ」と大正四、五（一九一五、六）年頃浦山へ連れて来たんだそうですよ。

だから人生なんて何処に分かれ道があるか分からねえんだよ。「宮前商店」に勤めていれば番頭までなれたかも知れねえし、親の借金の為に浦山へ連れて来られたんだっつうから……。

それから親父は仕方なく細久保官林で、お祖父さんと三つ上の兄いと三人で炭焼きをしていたらしいですよ。結局お祖父さんは「焼き戸」として浦山へ入った訳だから、一俵幾らで炭の焼き賃を貰っていたという事なんです。だから例えば一俵千円なら焼き賃は百円か二百円ぐれえしか貰えなかったらしいですから……。それは山も窯も親方が用意し、とにかく祖父さんは借金を返済しなくちゃあ、だったからねえ。

まあ、いつの時代でも資本が無ければ駄目ですよ。それで自分で築いた資本をいかに活用できるかにより、人間は成功するかが決まってくるわけですから……。

杜氏だった小池さんは奥さんを久那（くな）（現在・秩父市）から貰い、明治の終わり頃、現在の影森へ「小池木材店」という材木屋を始めたらしいですよ。始めた頃の小池さんはリヤカーで材木を運んでいたらしいけど、いまじゃあ「小池製材所と言えば関東一だ」なんて言っている人も居るぐれえ現在は従業員を大勢使い、手広くやっているようだいねえ。

小池さんとはそんな関係があり、俺の親父にお袋の世話をしたんも小池さんで、勿論親父の仲人もやってもらったという、そんな縁があったんです。まあ、つまり、俺のお祖父さんが大酒飲みでなかったら、俺はこの浦山には縁が無かったという事ですよ。

いよいよ俺が小学校へ上がる頃になると、「庄平を細久保官林へ連れて来たんじゃあ、学校まで山道を一里も通わせることになるから……」という事で親たちは、川俣へ一軒家を借り、俺の家族は昭和十四（一九三九）年頃川俣へ越して来たんです。

その後両親は細久保に在った炭焼き窯まで毎日歩いて通っていたんだいねえ。

こうして俺は七歳から川俣での生活が始まり、ここへ越して来てから、妹や弟たちが三人産まれたから俺は四人兄弟になった訳ですよ。

この家の大家さんは、小学校の裏にあった浅見寒梅さんという人で、初めにうちで借りた家は大家の隠居家だったから結構いい家で、其処には三年ばかり住んで居たんだけど、その後家を追い出され、同じ大家の持家が近所にあったから、今度はその家へ越す事になったんです。

ところがその家は潰れ掛かった小屋のような家で、中へ入ってみたら何も見えねえ、まっ暗闇で、まるで映画館の中に入ったような感じでしたよ。だから暫く目が慣れてくるまで、何処に何があるか分からねえような状態だったいねえ。

以前そこの家に住んで居た人は、全く窓のねえ家の中で焚火をしていたんだから、家の中じゅう煤だらけで、柱も壁も真っ黒になっていたから、俺はまだ小学生だったけど、あの時の事はよく覚えていますよ。

こうして俺の家族は、真っ暗闇の生活から始まったんです。

ここの家には竈という物は無く、囲炉裏が一つ有っただけで、囲炉裏の真ん中には天井から吊るした「自在掛け」という鉄の鉤棒があり、その鉤に鍋を吊るして、飯でも煮物でも何でもこの囲炉裏でお袋が煮炊きをしていたんです。ほかには「ホーロク」という平鍋もあって、このホーロクでは豆を煎ったり、「たらし焼き」を作ったりいろいろ用途があったんだいねえ。

それに炭焼きをしていると、焼いた炭の一割ぐらいは「ネボー」といい、まだ炭にならねえ燻っているような炭が出たり、炭が割れて細かくなった「ゴズ」も出たから、そうした「与太炭」を家に持ち帰り、囲炉裏の周りにはいつも屑炭が置いてあったね。普段は囲炉裏の真ん中には五徳を置き、その上に鉄瓶が載せてあったからいつでもお湯は沸いていたったよ。

だから、家じゃあ燃料には困らなかったいねえ。

そのうち親父が「こんな真っ暗な家じゃあしょうがねえから……」といい、屋根の一部を切り取って、雨が漏らねえようにそこへガラスを嵌め込み、灯り取りを一つ作ったんだけど、それだけでも部屋の中が結構明るくなったような気がしたいねえ。

それに戦時中の話なんだけど、空襲警報が出ると秩父から「川俣分校」へ電話が入るから、分校ではサイレンを鳴らしたんだけど、当時川俣には分校に電話が一台あっただけだから、近所の者が交代で電話番をして、警報の電話が入るとサイレンを鳴らしていたんです。

だから戦時中は敵機が来ると警報が鳴ったから、俺の親父なんか一つきり（しかない）の灯りの天窓へ、灯りが漏れねえよう襤褸布なんかで塞いでいたったね。いま思えばこんな山ん中へ爆弾なんか落しゃあしなかったのに……。いまじゃあ笑い話のようだけど、その時はどこの家でも必死だったんですよ。

当時はまだランプ生活だったけど、灯りが他所へ漏れねえように灯火管制といい、ランプも布で覆っていた、そんな時代でしたねえ。

昭和二十五（一九五〇）年には川俣にも電気が引けたんだけど、俺の家じゃあまだまだ囲炉裏生活だったから、家の中なんか煤で真っ黒だったよ。

その後、俺の家でも電気を引いたけど、ガスが引けたんは昭和三十年代（一九五五～一九六四年）だったと思うから、浦山では俺の家は早い方でしたよ。それというのも俺のお袋の従妹が、秩父で「福寿屋」というガス屋を始めたもんだから、親戚付き合いで早く入れたらしいですよ。

それでも家の方は、俺が二十歳の頃まで潰れかかったような真っ暗な家に、ずっと住んでいたんだけど、昭和二十七（一九五二）年に、真っ暗だった家を七万円で親父が建て替えをしたんです。とにかく前の家は今にも潰れそうな家で、突っかい棒が五本も六本もあって雨漏りはするし、おまけに中は真っ暗だったんだから……。

浦山は昔、人が千人も住んで居たそうだが、今では最盛期の十分の一も居ないんだから、百人は居ないんですよ。それに細久保だって親父が住んでいた頃は十五、六軒家があり幾人も生活していたんだけど、現在、家は残っていても誰も住んでいねえんだから……。

俺が高等小学校を卒業したのは十四歳だったと思うけど、その後は親父の後をくっ付いて炭焼きの梃子（てこ）（手伝い）をやっていたんです。

それは親父に「来い」と言われた訳でもねえけど、とにかくこんな山ん中じゃあ町場の仕事へ通う事も出来ねえし、俺は行くところも無かったから、自然と親父の後をくっ付いて炭焼きの手伝をしていたんだいねえ。それからは切った木を上からまくり落としたり、木を切るのを覚えたりしたんだけど、当時浦山の若いもんは、地元に山仕事は幾らもあったから、仕事に就けねえという心配はなかったいなあ。

炭焼きの他にだって材木の伐採をしたり、杉や檜の枝下ろしに下刈りや植林とか、そういう仕事はきりなくあったから……。そりゃあじっと机に座っているような楽な仕事じゃあねえけど、この辺の若い者んは殆ど学校を出ると、炭焼きとか山仕事とか土木仕事なんかへ就いたんですよ。

俺は親父の炭焼きの手伝いをしていた頃は「おまんま有難う」で小遣いなんかゼロだったよ。それでもたまに近所の若衆二、三人と、影森（現在・秩父市）の床屋なんかに行く時は、お袋から幾らか小遣いを貰って行ったから、帰りには秩父の街まで足を延ばし、ぶらぶらして帰って来た事もあったいねえ。

だけど、その頃俺は一人で秩父の街へ出た事は無かったから、当時は一人で街へ行っても迷子になっちゃうから、街へ出掛ける時は必ず誰かと一緒に行ったもんでした。

終戦後は幾年も影森辺りから「なるみ屋」という衣料品屋が「背負商（しょいあきない）」によく来たったけど、背負って来た風呂敷包みを畳の上に広げ、衣類のほかに下着やシャツや靴下なんかまでいろいろ持って来たから、それを見て欲しい物があれば買う、というやり方で、俺らの衣類はみんなそうした商いからお袋が買ってくれたんだいねえ。

俺は若い頃、背広を作ったことがあったけど、それは親父が着ていた「二重回し」という着物の上に羽織った衿付きのマントで、親父が「俺はもう着ねえからお前にやらあ」と言い、それを貰って秩父の洋服屋へもって行き、ズボンまでは足りねえから、上着だけ作ってもらった事がありましたよ。だから俺はその時初めて背広という物を着てみたったけど、みんなからは格好いいと褒めてもらったけど、ズボンの分までは無かったから、よれよれの普段履きのズボンを履いていたんだから、まあいま考えてみりゃあちぐはぐな恰好だったたいねえ。そんな背広もたまに秩父の街へ行く時着たぐれえで、碌に着てみることは無かったよ。

親父の手伝いは三、四年で止め、その後は給料が貰える山仕事に変わったんです。それは材木の切り出しとか下刈りや枝下ろしなんかで、ほかには「中山組」という土建屋にも雇ってもらい、道路作りなんかもして給料取りになったんです。

まあ、若い頃もそんなに楽しみはなかったけど、たまにはみんなで秩父の街へ映画を観に行ったり、川俣に在った一杯飲み屋へ若いてえ（人達）が集まり、飲んだり食ったりおだ上げをしたり、そんな事ぐれえがなんともの楽しみだったたいねえ。

昭和三十五（一九六〇）年に俺は二十九歳で所帯を持ち、かかあは一つ違いで近所から貰ったから、良く知っていたもん同士で一緒になったんだいなあ。結婚した当時、俺は

ワイヤーで木材を運ぶ

山仕事をしていたから、高い山からワイヤーを張って道路で木を受け取る、そんな仕事でしたよ。

山仕事の時は、製材所がでっかい杉山をひと山買い、その木を伐採したり、枝下しや植林までやったんだけど、昔は一石幾らで木を切り出す庄屋という請負師が居て、その請負師から我々は仕事を頼まれ、それも日当だったけど、まあ、そんな仕事を二、三十年やって来たんです。

浦山では毎年十月には大日様の縁日があり、当日は獅子舞を奉納しているんです。俺は学校を卒業して幾年か経って、花笠から習ったんだけど、とくに役を希望したわけでもなく、その地域に暮らして居る者は昔から当たり前に役をやり、俺はまず花笠を二、三年やってから「はあ、おめえは獅子をやれ」と言われ、十八歳頃から獅子舞の方へ回ったんだいねえ。雄獅子舞は真剣を口に銜えて舞うんだから、まさに真剣にやらなければ危ないんです。刀は本当によく切れるんですよ。

獅子舞といっしょに奉納される花笠

祭りの当日は四本の竹を立てその中で獅子を舞うんだけど、以前祭りが終わり後片付けの時、同じ耕地に住んで居る中山登喜夫さん（41〜53頁参照）が、祭りに使った真剣で四本の竹をスッパスッパと切って見せた事があったけど、まあ、よく切れる刀だったいねえ。だけど一般の人じゃあとても切れたもんじゃあねえから、中山さんは凄い人でしたよ。

我々この浦山で生まれ育った者にとっては、やっぱり浦山の獅子舞には誇りを持っていますよ。他所の獅子舞と違って、勇壮でかつ荒獅子を舞い、草鞋を履き、しかも真剣を口に銜え飛んだり跳ねたりしながら踊るんだから……。まあ、なから（かなり）荒っぽいという事に誇りを持っているんです。

俺はこの浦山に生まれ育って良かったとも思わないけど、あえて余所へ出て暮らしたいと思った事もないですよ。とにかく仕事の基盤はこの浦山だったんだから……。

それでも俺は一時、お袋の姉さんが東京の豊洲に住んでいて、そこの旦那が豊洲で土木の下請け仕事をしていたんです。丁度その頃「東京オリンピック」を控えていた時分だったから仕事が結構あり、「少し手伝ってくれねえか……」と頼まれ、昭和三十七（一九六二）年から三十八（一九六三）年まで一年間、東京で仕事をしていた事があったんですよ。その時俺は、東京で車の免許を取ったんです。

「浦山ダム」が出来る以前の浦山は、両岸岩が切り立ち、ちっちゃい発電所が一つ在ったけど、昔はもっと険しい岩盤だったからその辺りは「通らず」なんて言っていた場所があったんです。

だから昔は谷が深く、秩父方面からは人が入って来られなかったらしいですねえ。そういう事もあり、「浦山に人が始めて入って来たのは、飯能方面の名栗からだ」という説もあり、名栗から鳥首峠を越してくると、まずはじめの集落が「冠岩（かんむりいわ）」という所で、此処には何百年も前から五軒家が在ったそうだけど、もう四、五十年も前に誰も居なくなっちゃいましたよ。

冠岩は「上林」という性が多く、鳥首峠（とりくびとうげ）の向こう側は「神林」という性が多かったようだけど、字は違うけど呼び名は同じ「かんばやし」と呼ぶんだいねえ。お袋が生まれた嶽でも、「上林」という姓は点々とありましたよ。

まあ、大昔の浦山という集落は、孤立した地域だったんでしょうねえ。

浦山という所にはいろんな話がえらあったんですよ……。

それは日本一の大泥棒に、日本一の詐欺師という話なんだけど、そのほか「そろばん」で蔵の鍵を開けたという人も居たんだそうだから……。それは鍵の掛かっているダイヤルを、そろばんで足したり引いたりしながら計算して、そこの家に在った蔵の鍵を開けた、という人が居たんだそうですよ。

それに庄屋さまの話もあるんだよ。

明治の初め頃でもあったんかさあ。浦山の日向という所に「浅見五兵衛」という庄屋さまが居たんだそうだ。

ある時近所の人たちが、耕地の結婚式へ呼ばれたんだとさあ。ところが近所の人たちはそうした行事に出席したことがねえもんだから、マナーが全く分からなかったんだいねえ。だから「五兵衛さんの後を付いて同じ事をやれば世話なかんべえ」という事で、みんなは五兵衛さんの後を付いて行ったんだとさあ。

五兵衛さんという人は背の高い人だったようで、まず五兵衛さんがその家の入り口にあった敷居を跨いだんだそうだ。そしたら背の高い五兵衛さんは敷居に頭をぶっ付けたんだとさあ。それを見ていた次の者も敷居に頭をぶっ付け、次に続く者も次々に頭を敷居にぶっ付けて、背の低い者は飛び上がってその敷居へ頭をぶっ付けたんだとさあ。

そして五兵衛さんの言う通りに挨拶し、それぞれ御馳走の膳に座り酒盛りが始まったんだとさ。ところが御馳走になっている時、五兵衛さんが里芋の煮物に箸を付けようとしたら、箸が滑り里芋がぽろりと畳へ落としてしまったんだとさあ。

そうしたら隣の席に座っていた者も、次から次に里芋をぽろぽろ落としたんだそうだ。普段あまり何処にも出掛けねえ浦山の人間は、それがマナーだと思ったんだそうですよ。

そういう面白い話もあったんだいねえ。

話は長くなるけど、日本一の詐欺師という話もありまして。

昔というか、これも明治頃の話だと思うけど、秩父郡荒川村（現在・秩父市）の小野原辺りかなあ。名前は知らねえがその詐欺師は浦山の人間だったそうだ。その男は小野原に知り合いが居て、時々その家に行ってはよく講釈をし、帰る時にはいつも子供に小遣いをくれたんだそうですよ。

ある日、その野郎がまたそこの家に行き、「この間くれた銭は使えたかい」と言ったんだそうだ。そうしたらその家の旦那が、「ああ、使えたよ。子供は飴を買って食っていたから」と言ったところ、今度はその野郎が「あの銭は、本当はにせ札だったんだよ。へえ、にせ札を使ってよくばれなかったなあ」と、言ったんだとさあ。

ところが後で判った事だったが、子供にくれた金は本物の金だったんだそうですよ。

貰った方の親は「何てこたあねえ使えたよ」と、言ったんだそうだ。そしたらその野郎が「その金でよけりゃあ、おらあ幾らも持っているから」と言い、「俺に本物を十円よこせば俺は百円にしてやるから」と言ったんだとさあ。

それは明治の話だっていうから単価は違うべえが。

だからそこの家から本物の金を十円取って、にせ札を相手に百円渡したんだとさあ。人間誰も欲があるから、十万の金が百万になりゃあ、こんな嬉しいことはねえからなあ。相手も最初子供に貰った小遣いは普通に使えたからいいと思ったらしいけど、その後相手の人間は、預かったにせ札を使うことに良心が咎め、結局使わなかったそうだ。

騙した野郎はそれっきり、其処の家には行かなかったそうですよ。

その野郎はもっと酷い話があるんだよ。

以前は秩父の相生町あたりに専売公社が在ったんだけど、その専売公社の前辺りを、その野郎が「ヤマアジサイ」別名「ヤマフサギ」の大きな葉っぱを丸めて、タバコを吸う真似をしながら、行ったり来たりしていたんだとさあ。

そしたら専売公社の人が窓から見ていて「あの人はどうも葉タバコを吸っているようだ」と思ったらしいんですよ。

タバコの葉というのは農家の人が畑にタバコの苗を一本ずつ植え、植えた木にはでかい葉っぱが育ち、その葉っぱでタバコを作るんだから、葉っぱの数は検査員が調べに来て、この畑には何本タバコの木があり、何枚葉っぱがあるかを調べ、出荷する時も調べた枚数を合わせるくらい厳しいんだそうですよ。

だから専売公社の人が外へ出てきて、その野郎を捕まえて「お前は違反だ。葉タバコを吸っていたじゃあねえか」と言い、野郎が持っていたカバンを取り上げ、「中へ入れ。これから調べるから」と言ったんだそうだ。

ところがそのカバンの中には「ヤマフサギ」の葉っぱを幾枚も入れて置いたんだそうだいねえ。結局、取り上げたカバンの中はタバコの葉じゃあなかったから「ホラ返すよ」と言いカバンをその男に返したんだとさあ。

そうしたらその男が「ホラじゃあねえだんべえ。このカバンの中に俺は千円入れといてあったわけだ。カバンの中には葉っぱしかねえじゃねえか、どうしてくれるんだ」と、言ったんだそうだ。

実際に金は入ってないんですよ。だけどそのカバンを奥の方へ持って行き調べたから、調べが終りカバンを返された時に、男がこう言ったんだそうですよ。

「俺は今から一時間前に○○銀行から千円下ろして来たんだから……。嘘だと思うんなら○○銀行へ行き調べてみろ」と言ったんだそうだ。それでその男は確かに○○銀行で一時間前に千円下ろして来たんだそうだから、その下ろした金はどこかへ隠して置いたんだいなあ。だからその男は其処でもそういう詐欺をしたんだそうですよ。

時代が違うから金額は違うべえが、その男は荒川の小野原でやった男と同じ男なんだそうだ。

そういう詐欺師も浦山にはいたんです。

もうひとつは、日本銀行が相手なんだそうだ……。

それは、燕尾服だかモーニングだかを着て山高帽を被り、馬車に乗って日本銀行へ行ったんだとさあ。そして、「私は○○銀行から来た使者だが○○○円持ちに来たので用意してほしい……」と言って、日本銀行へ乗り込んで行ったんだとさあ。

ところが、○○銀行から使者が来たにしてはあまりに金額が低かったので、そこで怪しまれ「少しお待ち下さい」と言われ待たされた。それで日本銀行は○○銀行へ問い合わせをしたらしいんだよ。

下木影に建つ浦山中学校
（1952年開校、1985年閉校）

そしたら直ぐにそこでばれちゃって、そいつはその場で逮捕されたんだとさあ。

だから素人というか、一般の生活をしている人が思い切った金額を言ったとしても、桁が違うんですよ。もっとでかい金額を吹っ掛けておけばうまくいったかもしれねえけど……。まあ、あまり悪り い事をすればいずれ足が付くんだよ。

そいつは、小野原のにせ札と専売公社を騙した同じ野郎だったらしいけど、そういう詐欺師が浦山には居たという話ですよ。この辺じゃあ日本一の詐欺師だって言っていたんだけど、はあ（もう）、百年も前の話だから、今の若い者なあ、そんな話は知らねえやいねえ。

そのほかに大泥棒も居たんだよ。

その男はある時秩父の街の方で泥棒して、雨の降ったあと地下足袋を前後反対に履いて逃げたんだとさあ。だから足跡が逆になるわけだよ。

「浦山中学」は戦後建てられ今は廃校になっているけど、其処は「下木影（しもこかげ）」と言い少し平地があって、中学が建つ前は人家が二軒ほど在ったんだいねえ。そのうちの一軒が泥棒の家で、おっかさんと息子が二人で暮らしていたらしいんだよ。そこの息子は、余所で泥棒しちゃあ盗んだ物を自分の家へ持ち帰って来たんだとさあ。ところが追ってが来ても、その家の傍には周囲が四メートルもあるでっかい樅（もみ）の木があったんだそうだ。

だから息子は泥棒しちゃあ樅の木の天辺に登り、追っての様子を見計らってから降りて来たらしいけど、夏場なんか葉っぱがいっぱい覆い茂っているから見つからなかったらしいんだいねえ。

それに近所には「不動滝」という滝があるんだけど、その滝の落ちる内側に入り込み隠れて居た事もあったつうから、そいつは遠くじゃあなく、秩父の周辺で泥棒しちゃあ家に戻って来ていたらしいんだよ。

だけどある時、警察がそいつの家に張り込んでいたんだいなあ。そこに「おっかあ、いま帰えったよ」と言って玄関の戸を開けたところに警察が隠れていて、そこで捕まったんだそうだ。その時警察はその男をえらく叩いたっつうけど、男は四、五間も飛び返ったつうなあ。

浦山の方じゃあ自分の妻のことは「かかあ」といい、お袋のことは「おっかあ」というから、多分自分の母親と二人で暮らしていたんだと思うよ。

そんな話も明治か大正時代の話だから名前も分からねえが、まあ、浦山には詐欺も泥棒もいたんだそうだが、バカじゃあ出来ねえ仕業だいねえ。

俺は平成十（一九九八）年頃まで山仕事をやっていたから、六十五歳まで働いてきたんです。

いま人生を振り返ってみると、あっという間でしたねえ。もう少し気の利いた仕事に就いていればまた変わった人生もあったと思うけど、まあこれが俺の人生でしたよ……。

（二〇一六年十月）

私は浦山の奥の「冠岩（かんむりいわ）」という所で生まれたんだけど、歴史が古く、我々の祖先は「平家の落人だった」という話が……

秩父市浦山・毛附／一九三四（昭和九）年生　上林二三男

上林二三男さん

私はいま浦山川の上流にある釣り堀場で仕事を手伝っているんです。そこは私の家から三キロほど山奥へ入った所にあり、冬場になると釣り堀は閉鎖するから、今年の仕事は昨日で終わったんですよ。

釣り堀は「浦山渓流フィッシングセンター」といい、ヤマメやイワナにニジマスなんかが釣れ、釣り堀までの道は、秩父方面からと名栗（現在・飯能市）方面から入る道があり、全面舗装道路で繋がっているから、夏場になるとそれなりにお客さんは来ますから、年間四千人位は来るんですよ。

釣り堀を経営している人は浦山の人で、釣り場の近所に住んでいますけど、他に人家は無く、彩の国のキャンプ場があるだけなんです。

私の実家は「冠岩」という集落で、私が今住んでいる毛附（けつけ）の家から鳥首峠方面へ向かって四キロばかり坂道を登り、途中左へ折れて暫く登って行ったところにあります。以前は五軒でずっと暮らしていました。むかしは八軒あったそうだが、私が子供の頃は五軒でした。

私はそこの冠岩で生まれ育ったんですよ。

冠岩は歴史が古く、我々の祖先は「平家の落人だった」という話を聞いた事がありましたけど、嘘だか本当だか、詳しいことは今でも解らないんだいねえ。

それに冠岩の周辺には石碑というか、青くて平らな石で作った「青石塔婆（あおいしとうば）」がえら（たくさん）あったんですよ。だから子供の頃はその周辺でよく遊んだんだけど、いまは誰かが黙って持ち出しちゃったんか、はあ（もう）殆ど無くなっちゃったいねえ。「青石塔婆」には梵字のような文字が書かれていたから「鎌倉時代の物だんべえ」なんていう話を聞いた事があったいねえ。

冠岩の人達はもう五十年も前にみんな下の方へ出て行ったから、すでに誰も住んでいないんです。だから今じゃあ家は朽ち、草が覆い繁って荒れ放題になっていると思うけど、道は獣道になっちゃったし、最近は熊が方々に出る話を耳にしますから、はあ誰も行かないですよ。

私が子供の頃は戦前で、冠岩の五軒在った家はあまり離れてなくて、家から家までの間が十メートルぐらいでひと塊になっていたから、みんなで協力し合って自給自足の生活をしてきたんです。それぞれ五軒の家はすべて「上林」という姓だったから、何処の家でも屋号で呼んでいたんです。それは「タツミチ」「ヨコミチ」「ナカシタ」「オオシタ」「ニイエ」という屋号でした。

畑は山を開墾して耕していたから相当痩せ地だったけど、畑で出来る物は何でも作っていたいねえ。たとえば春になるとジャガイモの種を植え、大麦や小麦、蕎麦に小豆、大豆、粟、キビ、さつま、ゴマ、大根、人参、ごぼう、そして葉物なんかで、まあ、いろいろ作っていましたよ。

それに肥やしは買えねえから人糞を肥料にしたんだけど、人間の「ウンコ」はいい肥やしになったんだいねえ。

水は家から五、六十メートルほど下がった所に湧水が出ていて、其処まで水汲みに行ったんだけど、水汲みは何処の家でも子供の仕事だったから、私も家から天秤棒を担いで両脇に木桶を吊るし、行くときは空桶だから楽だったけど、帰りは登りで桶いっぱいに水を汲み、それを天秤棒で担いで来たんだから、そりゃあ重たくって容易なもんじゃあなかったよ。

それに冬場になると湧水が凍っちゃったから、その時はもっと下の沢まで水汲みに行ったんだけど、道は凍って滑りやすく、まあ、大変な仕事でしたよ。

湧水は五軒で使っていたから、みんなが汲んでいない頃を見計らって汲みに行ったんだけど、昭和三十年代（一九五五〜六四年）頃になると各家庭で井戸を掘り、ポンプを入れて水を汲み上げるようにしたんだいねえ。

木拾いも子供の仕事で随分やったいなあ。風呂も囲炉裏も竈もみんな薪を使っていたから、小学生の頃だって、学校から帰れば遊ぶ暇がねえほど用はあったかんなあ。

私が小学一年生の時にお袋は四十一歳で亡くなり、一番下の弟はまだ一歳半でしたよ。だから、一番上の姉御がまだ十六の時だったけど、母親代わりにみんなの面倒を良くみてくれたんです。その時私は六歳だったから母親の顔はよく覚えていないけど、写真が残っていたから「こういう顔の人だったんだ」と思うくらいでしたねえ。

父親は以前から炭焼きをしたり、山仕事に出たりして生活を支えてくれたんだけど、当時、浦山ではそんな仕事しか無かったかんなあ。

私が小学校へ通う頃は冠岩だけでも七、八人は子供が居たから、あんな山奥でも子供は多かったんだいねえ。

私が出た小学校は「浦山小学校・川俣分校」で、分校へは近所の子供たちと連れ立って通ったんだけど、行きは殆ど下りだから四十分位で行けたったけど、帰り道は全部登りで遊びながらだったから一時間は掛かったいねえ。

それに小学校へ通っている頃はカバンなんか無かったから、風呂敷に教科書を包んで背中へ横っ背負いにして通ったんだけど、まだ子供だったからしっかり包めねえで、みんなで騒ぎながらだから、途中で風呂敷から勉強道具が転げ落っこちたりして、そんな事で学校へ通ったんですよ。

私は七人兄妹の三男で次男が家を継いだんだけど、昭和五十（一九七五）年頃、冠岩から荒川村（現在・秩父市）へ家を建てて出ちゃったから、冠岩の家はもう五十年近くも前から、誰も住んでいないんだいねえ。

それに冠岩は車が入れるだけの道幅は無かったし、まさかどこの家にも車が持てるような時代が来るとは誰も想像がつかなかったし、荷車が通れるだけの道幅があれば十分だったからなあ。

冠岩に電気が引けたのは川俣より二、三年後だったから、確か昭和二十八（一九五三）年頃だったと思うけど、その前はランプ生活だったから、ランプの火屋（ほや）磨きも結構やらされましたよ。

それに戦後は物資が不足していたから、物々交換でもやらないと食っていげなかったから、私も親父に連れられて炭を背負って電車に乗り、寄居の先の方まで食べ物と交換へ行ったことがありましたねえ。

中学は「昌安寺」というお寺で授業をやったんだけど、私が中学を卒業する頃はまだ自転車は高価な物だったから買えなかったし、あの当時浦山じゃあ自転車なんかたまにしか見た事がなかったかんなあ。

昭和二十六、七（一九五一、二）年頃になると木炭がよく売れ出したから、炭焼きだけで生計を立てていた家が結構あって、当時は冠岩の方まで、馬に荷車を付けた運送屋が炭持ちに来ていたんだよ。そのうち冠岩から少し下った広河原へ炭の集荷所をつくり、近辺の炭焼きはそこへ炭を出荷するようになったんです。

だけど炭だってやたらに出荷出来た訳じゃあないんですよ。炭俵にはそれぞれ荷札を付け、それを役所から検査員が来て炭を検査したんだから……。だから検査に合格しなければ、炭は出荷出来なかったんですよ。

検査員は埼玉県の職員だったから秩父の町から来たんだけど、まあ、威張ったもんでしたよ。検査員は一俵ずつ炭俵の間に手を入れて、中に入っている炭を抜き取り検査したんだけど、合格しない炭俵にはべたべた荷札に不合格の判子が押され、合格の判子が押された物だけが出荷できたんです。

だからみんな必死で「悪い炭を抜いていいのを入れ替えますからお願いしますよ……」なんて言ったって駄目、駄目……。べたべた不合格の判子を押しちゃうんだからねえ。

検査は適当な俵を引っ張り出して抜き打ちでやり、炭の皮を見て燻りそうな炭はマッチに火を付け炭の良し悪しを見ていたんです。それでも検査日は前もって知らせてきたから決まってはいたんですけど、検査の日は一日掛かりで、色々な人の炭を見て回っていましたよ。

浦山川から毛附を望む

私は昭和二十五（一九五〇）年に中学を卒業すると、親父の炭焼きの手伝いをしていたけど、炭焼きは秋から冬に掛けてだったから、夏場は県造林の仕事へ行き、苗木の植え付けや山の下刈りなんかを十数年使ってもらっていたんです。

それでも県造林の仕事は一年中あるわけじゃあなかったから、冬場になるとまた親父の炭焼きを手伝っていたんですよ。そんな仕事の繰り返しを何年もやりましたねえ。

昭和四十（一九六五）年頃になると一般家庭にガスが普及してきたから、だんだん炭の需要が無くなり、私はその頃から本格的に山仕事に就き、杉や檜の切り出しをしたり山の下刈りをやったり、そうした仕事を長年やってきたという訳ですよ。

私が冠岩からこの毛附へ出て来たのは、昭和三十八（一九六三）年二十九歳の時でした。

その頃親父や兄貴はまだ冠岩に住んでいたんだけど、私は三男だから「いずれ家を出なければ」と、常日頃考えていましたから……。それでも私は毛附へ越して一年後の、昭和三十九（一九六四）年「東京オリンピック」の年に、荒川村（現在・秩父市）から三つ違いの嫁を貰ったんです。

浦山は昔から十月にやっていた大日様の縁日がなんともで、当日奉納される獅子舞は「浦山人」にとって特別な思い入れがあり、それに参加できる事を誰もが誇りに思い、演技を行なってきたんです。

祭りの当日、私の親父は笛が担当だったから、長い間笛でお世話になっていたんです。

大日様の祭りで愛用の笛を吹く上林さん

だからそんな関係で、私は中学を卒業すると見様見真似で笛を覚え、楽譜なんか無かった頃だったから、耳で覚えてリズムを肌で感じ、夜になると囲炉裏の脇や外へ出て練習を重ねてきたんですよ。
こうして私は一昨年の平成二十六（二〇一四）年まで笛一筋で六十五年間担当してきましたけど、最近は腰が痛くなり長く立っていることが出来なくなったから、やめる事にしたんです。
笛専門の人は笛、太鼓専門の人は太鼓、とそれぞれ担当したものを長く続け、太鼓打ちの人も、家族に息子がいれば若いうちから親に習い覚え、太鼓で参加していたんですよ。

　獅子舞は真剣を持って飛んだり跳ねたりするから、ある程度体力のある若いうちでないと出来ない舞なんです。私はこれまで何人もの若衆に笛を教えてきたったけど、私の息子はずーっと獅子を舞っているんだいねえ。

　私は浦山の冠岩で生まれ育ち、毛附に出てきてもずっと浦山生活だけど、特別余所へ出て暮らしたいなあなんて考えてみた事も無かったですねえ。あまり賑やかな所は好かないし、今まで静かでのんびり暮らしてきましたから……。

　それに近所に住んでいる者はみんな知っている人だから、安心して暮らしていけますからねえ。それにまだ自分で車の運転ができるし、いまでは秩父の街中だって三十分も掛からねえで行けるんだから、山とは言ってもいまはそんなに不便だとは思わないですよ。

　まあ、生まれ育った地域だけで過ごしていれば視野が狭くなってしまうけど、現在かあちゃんと二人して八十過ぎまで元気で一緒にいることが出来たんだから、そうした事を考えてみると感謝しなくちゃあなあ。

（二〇一六年十一月）

私は嫁に来て、まさか三十キロもある米運びをするとは夢にも思わなかったよ。細い傾斜の山道を登ったり下りたり……家に辿り着く頃にはもうへとへと……

秩父市浦山・金倉／一九三五（昭和十）年生　原島泰子

原島靖子さん

私は昭和十年に横瀬（現在・秩父郡横瀬町）の川東で生まれ、兄妹は四人居たんです。

子供の頃は横瀬でもまだ水道は引けてなかったから、水汲みは子供の仕事で、バケツ一杯両手に下げて運んだり、竈も囲炉裏もみんな薪で燃やしていたから、木拾いも結構させられたったよ。

家の近所には「〈七（ヤマシチ）」という醤油屋があって色々な物を売っていたったけど、他にも店はあったから、たまにはお使いに行かされたけどとにかく家には金がねえんだから、なかなか買い物には行けなかったいなあ。

私が「横瀬小学校」（現在・横瀬町）へ上がったのは、丁度太平

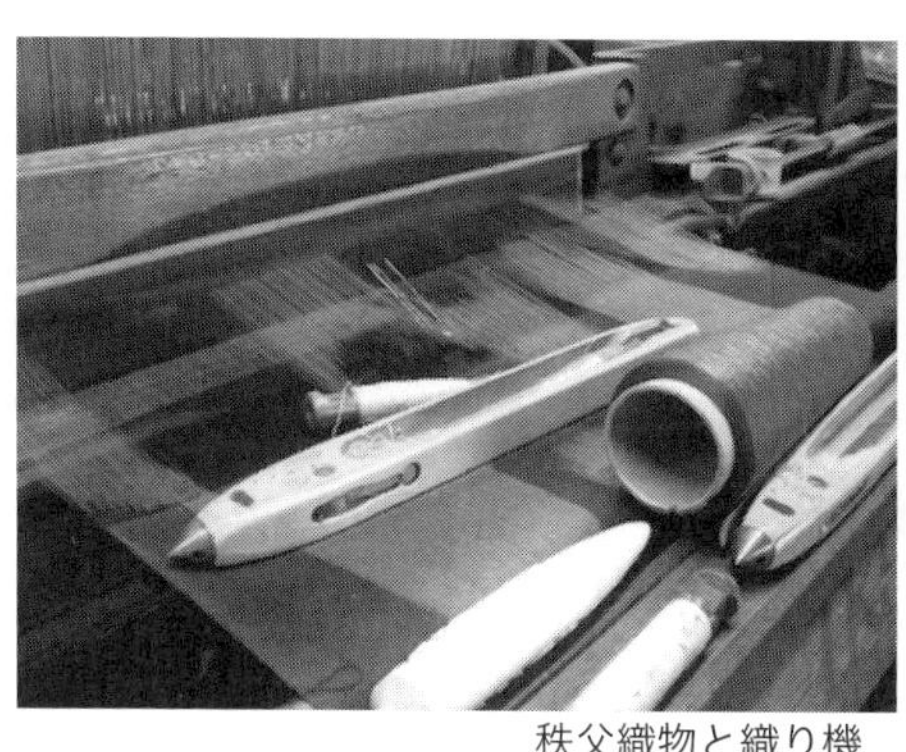

秩父織物と織り機

洋戦争が始まった昭和十六（一九四一）年だったから、勉強どこじゃあねえ、作業べえ（ばかり）やらされたんさあ。「武甲山」の麓まで「赤麻」（イラクサ科の多年草）刈りなんかに行かされ、まだ六、七歳頃だったから母親にも手伝ってもらい刈って来たんです。刈ってきた「赤麻」の葉っぱは家の庭で干し、干しあがってから学校へ持って行ったんだけど、その干した「赤麻」は馬の餌にしたんだとさあ。

私は昭和二十五（一九五〇）年に「横瀬小学校」の高等科を卒業すると、村内に在った「丸大織物工場」という機屋へ奉公に出たんです。工場は家から近かったけど私は寮に入り、寮には寮母さんが居てその人が寮を仕切っていたんです。

あの当時、この近所じゃあ女っ子の仕事といえば機屋ぐれえしか無かったから、殆ど女っ子は機屋へ奉公に出たんだいねえ。だけど男衆だって金取り仕事は無かったから、うちの父親もあっちこちの機屋を何軒か渡り歩いていたったよ。

私が「丸大」へ勤めて最初の仕事は管巻の仕事で、そのうち糸返しから段々機織りを教えてもらい、私が織っていた物は「ジャガード」が多かったいねえ。

給料はあの当時一カ月三百円ぐれえだったと思うけど、当時「丸大」はでかくやっていたから、従業員は百人ぐれえは居て、女工だけじゃあなく男の仕事も結構あったから、まあ、大所帯の機屋だったいねえ。

私が「丸大」の機屋に居た頃は、浦山からも幾人か奉公に来ていて、盆と正月休みになるとみんな家へ帰ったんだけど、休みが明けても機屋へ戻らねえ子が幾人か居たったから、「丸大」の使用人が自転車に乗って浦山まで迎えに行ったんだよ。

まあ、そんなにでかくやっていた「丸大」でも、昭和三十年代（五五〜六五年）に入ると機の景気が段々悪くなり、そのうち「丸大」は倒産しちゃったんだよ。だからその後私は、長瀞に在った「坂本」という機屋に半年ばかり勤めたんだけど、そのあとは秩父市内に在った「岡幸」という機屋に勤めを代えたんです。「岡幸」は織機が二十台位でそれほどでかい機屋じゃあなかったけど、座布団地なんかを織っていたんだよ。

「岡幸」のすぐ前に「澤井洋服店」という洋服屋があったんだけど、その洋服屋は衣料品を持って、あっちこち秩父の辺ぴな場所へ商売に行っていたんだいねえ。だから浦山の奥の官林の方まで登って行ったらしいですよ。そういう時は官林の人達からいろんな用事を頼まれたらしく、ある時洋服屋のおじさんは官林のお得意さんから「誰かいい嫁御を世話してほしいんだけど……」と、頼まれて来たらしいんですよ。

そうしたら洋服屋のおじさんは私のところへ来て、「浦山の官林にはいい若衆が居るから会ってみねえかい」と話をされたんです。その時私はもう適齢期になっていたし、好きな人も居なかったから会ってみる事にしたんですよ。そしたらその男は私の事を気に入ったのか、浦山から秩父の街辺りまで、オートバイで度々出掛けて来るようになったんだいねえ。

だから今で言うデートっていうか私の旦那になった男と、私は幾度か街で会ったりしたんだけど、男の方だって浦山の山奥に住んで居て、もう三十にもなるんだから貰いたくって本気だったよ。

そんな訳で縁があり昭和三十六（一九六二）年に、私が二十七、旦那になった人は三十歳の時に結婚したんです。私が嫁いだ処は浦山の「金倉（かなくら）」という所で、私が嫁に行く二、三年前に家を新築したらしいんだいねえ。

その前までは家族で山ん中の官林で暮らしていたらしいけど、「こんな山奥じゃあ嫁を貰うったって、嫁御の来てもねえから」という事で、金倉へ家を建てたらしいんですよ。私が嫁に来た時は旦那の両親と小姑が二人居て、下の男の子はまだ九歳でしたよ。

旦那の勤めは営林署の原生林の中だったから、金倉の家から七キロぐれえ奥へ登った所にあったんだけど、結婚してから暫くはオートバイで官林まで通っていたんです。

入り口にかかる金倉橋

そのうち通うのが大変になり、営林署の官舎へ泊まり込むようになったから、週末に家へ帰って来る、というように結婚して一年ほど経ってから変えたんだいねえ。

だからこんな生活を何年もやっていたんさあ。

子供は三人出来たんだけど、みんな嫁ぎ先で産んだんだよ。子供が小っちゃい頃なんか、旦那は週一回きり（しか）家に帰って来なかったから、私は舅姑たちに小言を言われながら暮らしてきたんだよ……。

愚痴をこぼすところも無かったし、随分切ない思いをしていたんだから、私は幾度も家を出たいと思った事があったいねえ。

それでも子供が居たから我慢してきたんさあ。

だけど当時の嫁御は何処の家でもそれなりに舅姑苦労はしていたんだから、そう思って私は気丈に我慢していたんです……。

それに旦那が官舎に泊まっていた頃は、作業着が汚れたって洗わねえでそのままストーブの脇に引っ掛けて乾かし、またその作業着を着ていたんだからねえ。週末にはその汚れが黒くこびり付いた作業着を持ち帰ってくるから、最初に手で洗っても汚れは直ぐに落ちねえから、仕方ねえ盥に夕方まで浸けて置き、その後でまた手でこすって洗ったんだよ。

その頃はまだ洗濯機が無かったし、子供のオムツだって幾枚もあって、全部手で洗ったんだから半日は掛かったいねえ。だから手は一年中皹だらけだったよ。

そのうち営林署から小型のバスが秩父の職員を乗せて毎日登って来るようになったから、それからは旦那も弁当を持って、家から官林へ通う事になったんです。

私が嫁に来た頃はまだ小姑も居たから弁当持ちが幾人も居て、飯だって毎日二升は炊き、夜は毎晩干しうどんにしていたんだよ。

飯を炊く時は、姑が私に米も麦も計らせなかったから、私が姑さまへボールを突ん出すと、姑が米一升に麦一升を測って私に渡し、それを私が研いで炊いたんだけど、私が計ると余分にでも炊くと思ったんか、なかなか米も麦も計らせて貰えなかったいねえ。

その頃家族は九人。舅姑さまに父ちゃんと私に子供が三人、それに小姑が二人居たんだから……。ある時なんか「あーら、お昼が足りねえや……」と私が言ったら、男舅に、「そんなに食う物の事べえ言うもんじゃあねえ」と、怒鳴られた事もあったよ。毎日麦飯だったから、みんな腹の減りがよくってまあ食った、食った……。

私が米麦を計れるようになったのは、男舅が亡くなる少し前になってからだったいなあ。

米は川俣の小池国司さんという小っちゃい商屋があったからそこまで買いに行き、その後は、毛附の原島種由さんの店からも取るようになったんです。

私が嫁に来た頃は、まだ金倉まで車が入るだけの道が無かったから、店まで私が米を買いに歩いて行ったんだけど、私は平地で育ったから、まさか嫁に来て三十キロもある米運びをするとは、夢にも思わなかったよ……。それも山の斜面を削って作った細い山道を下り、吊り橋を渡って店までやっと辿り着き、そこで三十キロもある米を帯で背中に括り付け、下りて来た崖路をよろけながら登り、やっと家に辿り着く頃にはもうへとへとになっちゃったよ。

それでも台風が来ると吊り橋が流されちゃうから、その都度男衆（おとこし）が大勢出て直したんだけど、そのうち丸木橋につくり代えたいねえ。吊り橋は一度壊れると直すのが大変だけど、丸木橋なら簡単につくり直せたから丸木橋にしたんだそうですよ。

この近所じゃあ、米を運ぶのは女衆（おんなし）の仕事だったらしく、私が嫁に来る前は姑様が運んでいたそうです。

私は嫁に来てから子供が学校へ上がるまでは、隣り近所へ出歩いた事は殆ど無かったから、どういう人が近所に住んで居たんか殆ど知らなかったいねえ。

子守りは姑様があっちこっちを廻って子守っていたし、私は家事をやったり洗濯物を手で洗ったりしていたんだけど、子守りをしながら一周りして帰って来た姑様には、「まだ洗濯なんかやっているんか」なんて、怒鳴られた事もあったんだよ。

だけどそんな事を言われたって、山ほどあった洗濯物を全部手で洗ったんだから、どうしても半日は掛かっちゃったいねえ。

水は山から引き瓶に溜めて置いたんだけど、その水を炊事や洗濯に使い、冬場になると水は凍るからトヨは外して置き、水場は母屋から少し離れた所に在ったから行ったり来たりで、サンダルなんか直ぐに駄目になっちゃったんだよ。そしたら姑さまが、「泰子の足には棘が生えているんか。サンダルをすぐボロにしちゃって」なんて言われた事があったけど、それだけ私は行ったり来たりしていたっつう事なんだよ。

その後父ちゃんが水場までセメン（セメント）にしてくれたんだけど、冬場はセメンが凍るからサンダルが張り付いちゃって、それを無理やり剝がしながら履いていたんだから、やっぱりサンダルはむるかった（簡単に壊れる）よ。だけど父ちゃんが、「これじゃあサンダルがむりーい訳だよ。上と下で引っ張りっこをしているんだから……」と言ってくれたから、自分としてはほっとしたいねえ。

そんな訳で水の事でもほねをおったけど、昭和四十年代（一九六五〜七四年）頃になりやっと水道が引けたから、まあ、助かりましたよ。

その頃だったような気がするけど、父ちゃんが「洗濯機と炊飯器じゃあどっちがいい」と、私に聞いてきたんだよ。だから私は「まんまが炊ける方がいいよ。火を燃やすせわあねえから」と言ったら、ガス釜を買ってくれたっけ。その後は洗濯機も買ってくれたから、便利な世の中になったいなあと思ったいねえ。

いま水道はメーターだから料金は払っているけど、山から引いている水も使っているから、それは、ただの水なんだよ。

自分の子供は三人共小学校は「川俣分校」へ通っていたんだけど、そのころ金倉だけでも子供が二十人位は居たったよ。私は子供が小学校へ上がる頃から中学を出るまで、内職を何年もやっていたんさあ。その内職はレンズ切りの仕事で、部品は高篠（現在・秩父市）の「細岡織物」という以前機屋をやっていた工場から内職が出ていて、それを毛附のある家で纏めて頼まれ、近所の家に下請けに出していたから、その頃は何軒も内職をやっていたんだいねえ。だから私はそこの家まで山道を通って内職を持ちに行き、出来上がったレンズは背中に背負って、また山道を登ったり下りたりしながら運んでいたんだよ。

その後、平成五年頃になってからは、民宿へ皿洗いに三年ばかり行き、そのあとは浦山中学の廃校跡に、東京に在った専門学校の分校が出来たから、そこへも皿洗いに四年近くは行きましたよ。

毛附から金倉を望む

金倉には耕地の山の上に「金毘羅様」が祭ってあるんだけど、以前は毎年四月三日のお節句にお日待ちをやっていたんです。私が嫁に来た頃の金倉は十軒も家が在ったから、お日待ちの宿は回り番でやり、それなりに賑やかに出来たけど、いまじゃあ四軒になっちゃったからお日待ちはやっていないんさあ。

十軒あった頃は、当日神主さんを頼んで男衆（おとこし）も女衆（おんなし）も各戸で二人ずつ参加し、男衆は飲んだり食ったりしながら、耕地の行事をいろいろ決めていたんだいねえ。

いま住んでいる四軒は男衆が二軒に女衆が二軒で、みんな一人暮らしさあ。それに「金毘羅様」のある所はすげえ急坂で、山の岩の上にあるんだから、私ら女衆は二人共八十過ぎだから、とても上まで登っては行けねえんだよ。

だから二人の男衆が都合のいい日を選び男衆だけで登って来るんだけど、当日は御神酒（おみき）と果物をちっとんべえ（少しばかり）持って拝んで来るんだいねえ。御神酒と果物は四軒の組費で買って来て、お供えしたバナナは各戸に一本ずつ持ち帰り、家まで届けてくれるんだよ。組費は町会費を払った残りだから一軒千六百円位で、残った金は除草剤でも買えば残りは無いんだいねえ。

それに最近は「金毘羅様」の祠（ほこら）も朽ちて駄目になっちゃったって言っていたったよ。

昔は金倉でも、お盆や大日様の祭りには各戸で参加したんだけど、いまじゃあ若衆が居なくなったから、一人だけ獅子舞には参加しているようだいねえ。

私の旦那は幾年も前に亡くなり、いま私は八十過ぎで一人暮らしなんだけど、元気だからあんまり寂しいとも思わないよ。

旦那は十年位寝たり起きたりで、五年間は旦那の下の世話をやったから悔いはないけど、姑も九十で亡くなり、ひとっきり（ある程度の期間）は姑と旦那二人の面倒を見てきたんだから、まあ、よく頑張ってきたんさあ。

いまは、秩父へ出ている息子が毎週家に来て買い物へ連れて行ってくれるし、娘も神奈川から毎月来てくれるから、寂しくも不便だとも思わないねえ。

まあ、楽しかったというような事はあまり無かったけど、旦那が営林署の仕事を四十年間も勤めてくれたから、どうにか食うには困らなかったよ。

いまは一日経っても人に会わない日があるけど、回覧板でも持って行った時には、上の家でお茶飲みをしながらお喋りをして来るぐらいだいねえ。

この金倉の耕地は、はあ（もう）幾年も女衆（おんなし）は二人だけになっちゃったし、そのうち金倉も人が誰も居なくなっちゃうだんべえなあ。

（二〇一七年三月）

俺は四十二歳から五十歳頃まで、他所へ仕事に出た事もあったんですよ。山関係の仕事で「秩父セメント」の下請け会社の不動産管理を任されたんです。

秩父市浦山・川俣／一九四五（昭和二十年）生　浅見博一

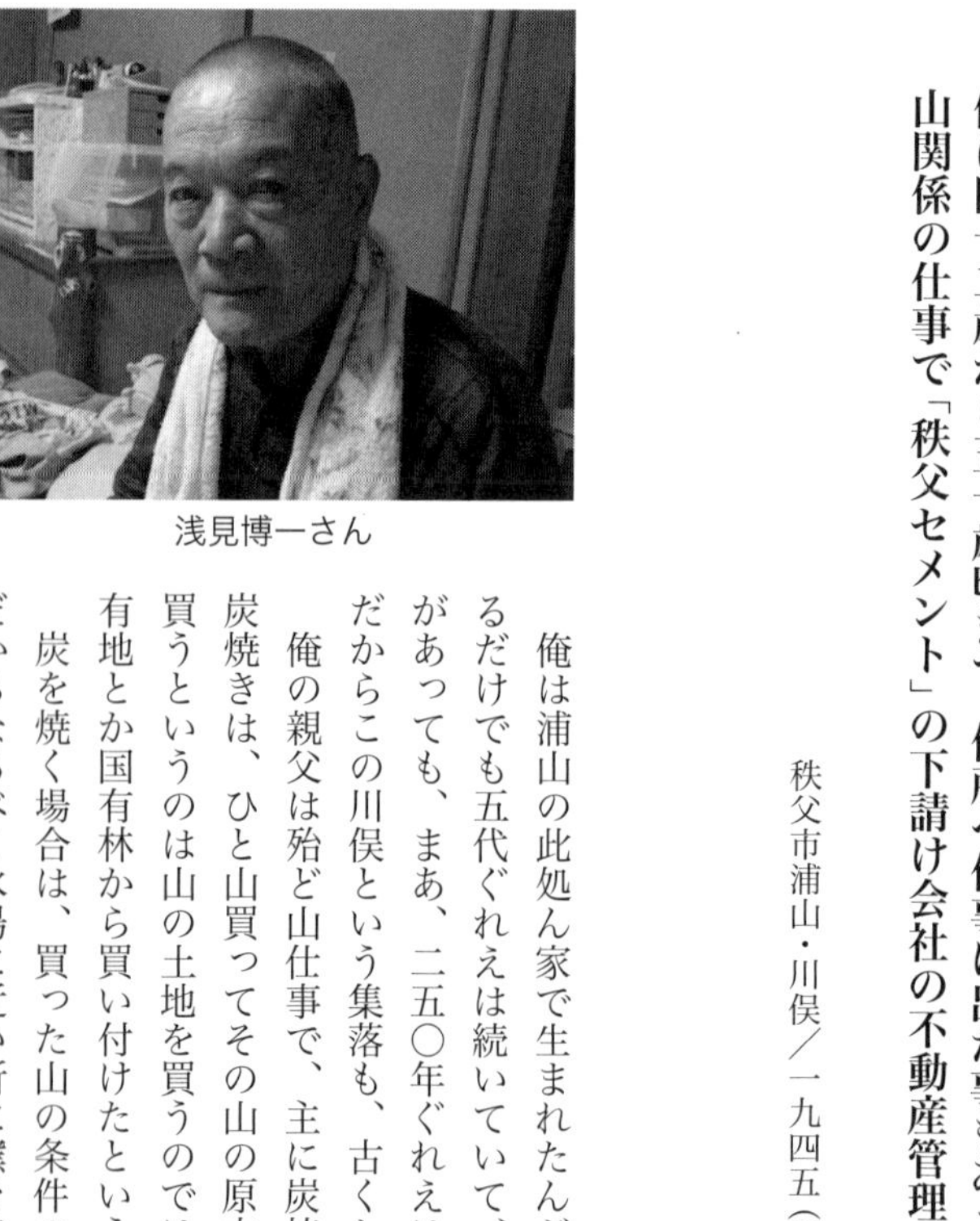
浅見博一さん

俺は浦山の此処ん家で生まれたんだけど、家の系図は分かっているだけでも五代ぐれえは続いていて、途中ちょっと分からねえ部分があっても、まあ、二五〇年ぐれえは続いてきたということですよ。だからこの川俣という集落も、古くから栄えていたんだいねえ。

俺の親父は殆ど山仕事で、主に炭焼きを専門にやっていたんです。炭焼きは、ひと山買ってその山の原木を炭にしたんだけど、ひと山買うというのは山の土地を買うのではなく、山に生えている木を民有地とか国有林から買い付けたという訳ですよ。

炭を焼く場合は、買った山の条件のいい場所を見付け、水も必要だからなるべく水場に近い所に窯を造り、水場が無い場合は雨水を溜めて使っていたんです。

炭窯が家から遠くにある場合は窯の傍へ小屋を作り、そこへ寝泊りして作業をしていたんだけど、炭窯は共同でやることは殆どなく、個人で窯を造り一軒の家業として炭は焼いていましたから……。

川俣に電気が引けたんは昭和二十五（一九五〇）年頃だっつうから、俺がもの心付いた頃は電気は付いていたったけど、その前は家でもランプ生活だったから、ランプに油を入れる油差しがまだ取ってあったよ。

俺の家から小学校の「川俣分校」までは歩いて四、五分で行けたったから、昼はいつも家に帰って来たんだよ。小学校の遠足は近所の尾根とか橋なんかだったけど、六年生になって初めて秩父の「羊山公園」まで行って来たけど、「長瀞（ながとろ）」辺りまで行った事もあったいなあ。

昔使ったランプの油差し

それだって分校から二時間近く歩いて「浦山口駅」（秩父鉄道）まで行き、それから電車に乗って目的地へ行き、弁当を食ってまた何時間も掛けて帰って来たんだから……。

中学へ入って一番遠くまで行ったんは修学旅行で、東京でしたよ。中学は昭和二十七（一九五二）年に「下木影（しもこかげ）」という所に新しく「浦山中学」が出来たから、俺はそこの中学へ通ったんだけど、家から歩いて三十分以上は掛かったいなあ。中学になると分校と本校の生徒が合同になったたから、全校では百人近くは居たったよ。

まあ、俺が子供の頃はみんなどこの家でも親たちが大変だったから、学校の授業が終わると直ぐ家に帰り家の手伝いをしていたんだから、勉強なんか碌にする手間はなかったよ。

俺の家は昔から水が不便で、山からトヨを引いてきて瓶に溜めて使っていたんだけど、そのうち家の傍へ井戸を掘り井戸水にはしてみたものの、井戸から風呂場までが遠くってなあ。それで風呂の水汲みは子供たちの仕事だったから、兄弟で交代しながらやったんだけど、その水汲みが一番嫌な仕事だったよ。

いまでは水道になったけど、以前から引いている山の水も、井戸に引き込み使っているけど、この水でお茶を飲むと美味いんだいなあ。

うちはこの近所でも畑が多い方だったから畑の手伝いは結構やらされたし、そのほか兎とか山羊や羊も飼っていたから、その糞を畑の肥やしに持って行くんも俺らの仕事だったよ。それに飼っていた生き物の餌はみんな草だったから、草刈りも毎日毎日子供の仕事で、子供だってきりはなく仕事はあったんだから……。

兎はでかくしてから「兎屋」に売ったんだけど、昭和三十年代（一九五五～六四年）ぐれえまでは豚肉なんか買って食えねえ時代だったから、下の方から「兎屋」が兎を買い取りに来たんだけど、買い取った兎は捌いて肉にして売ったり、皮まで売っていたんだいねえ。

羊は毛を刈り取って売ったんだけど、山羊は乳を搾って牛乳代わりに俺らが飲んだんだよ。

ニワトリも飼っていたけど鳥小屋じゃあなく、追い離しで床下に住んで居たからわざわざ餌なんかくれなくても、その辺に落ちていた草の実や野菜の種とかミミズなんかを食っていたんだいなあ。だから卵は床下に産んであったから、それを人間様が床下へ潜り込み取り出したという訳ですよ。

それにこの辺じゃあ米は全く取れねえから、畑には大麦や小麦なんかをうんと植えたり、蕎麦に豆類にそしてジャガイモにサツマ芋に大根や菜っ葉類を植えたんだよ。

まあ、そんな物を食っていた時代でしたよ……。

俺が子供の頃の遊びは、近所のてえ（人達）と山で遊んだり、夏は川で水浴びや魚捕りをやったから、水中メガネや水中箱で「ヤス」を使い、「カジカ」なんかが結構捕れたったよ。

当時はでっかいカジカがえら（たくさん）いたから、捕ったカジカは串に差して囲炉裏の灰に串を差し込んで焼いて食ったんだけど、家族も喜んだから一生懸命魚捕りはやったけど、近所の子供も大勢いたからみんなで取ったけど、魚もえらいたからみんなもそれなりに捕れたんだよ。

俺は十五で中学を出ると、親父がやっていた炭焼きの手伝いをしたり、燃料にする薪作りや山仕事をやっていたんです。

それに俺は弟妹が四人居たんだけど長男だったから家に残るのが当然だと思い、若い頃からずっと「浦山」で仕事をしてきたから、他所へ出て働きたいという気にもならなかったいねえ……。

俺が中学を卒業したんは昭和三十五（一九六〇）年で、その頃になるとぼつぼつオート三輪や自動車なんかが出てきた頃だったから、炭や薪はだんだんオート三輪で運ぶようになったんだけど、そのうち燃料はプロパンガスに代わってきたから、急に炭や薪の需要が無くなり、炭焼きや薪作りの仕事は激減してしまったんです。

うちでプロパンガスを入れたんは、昭和四十年代（一九六五〜七四年）頃だったんべえなあ。

俺は二十八の時結婚をしたんだけど、かあちゃんは二十五歳で、秩父の街中からよくこんな山ん中へ嫁に来てくれたいなあ。だから大事にしなくちゃあだい……。

俺は炭焼きの手伝いをやめてっからは、山仕事をするようになったんだけど、あの頃はまだ山に価値があったから組に入って仕事をしなくても、仕事は頼まれたんですよ。だから「是非うちの山の手入れをしてくれ……」とか、「ここへ植林をしてくれ……」なんて、そういう仕事だけでも結構あったかんなあ。

その点俺は個人でやっていたから自由はあり、親父がやっていた流儀で同じような事をやってきたんです。だから山仕事はやりきれねえほどあったし、山仕事が暇な時は土建業の仕事だって幾らもあったんだから……。

それでも「浦山ダム」ができる頃になると、下の方からでかい組が組織で入って来たから、地元の小っちぇー土建業は駄目になってきたんだいねえ。

でも俺は六十九歳まで山仕事を一筋にやってきたんだけど、ここ二、三年だよ、俺が家に居るようになったのは……。

だけど俺は四十二歳から五十歳頃まで、他所へ仕事に出た事もあったんですよ。それもやっぱり山関係の仕事で、「秩父セメント」の下請け会社で不動産管理の仕事を任されたんです。

「武甲山」はあんなでかい山でも地主さんが幾人もいるんですよ。だから「秩父セメント」が「武甲山」の土地を買う時は、地主から武甲山の土地を買い、地主が「武甲山の代替え地として別の山が欲しい……」という地主さんもいましたから、そういう人の為に「秩父セメント」では、代替えの山を確保しておき、地主さんから「この山が欲しい」と言われると、そうした山と武甲山の土地を交換してきたんです。そのため「秩父セメント」では、ある程度別の山を常に確保しておき、その山の維持管理を俺は任されてやっていましたから、その頃俺は給料取りで、家から毎日車で現場へ通っていた訳ですよ。

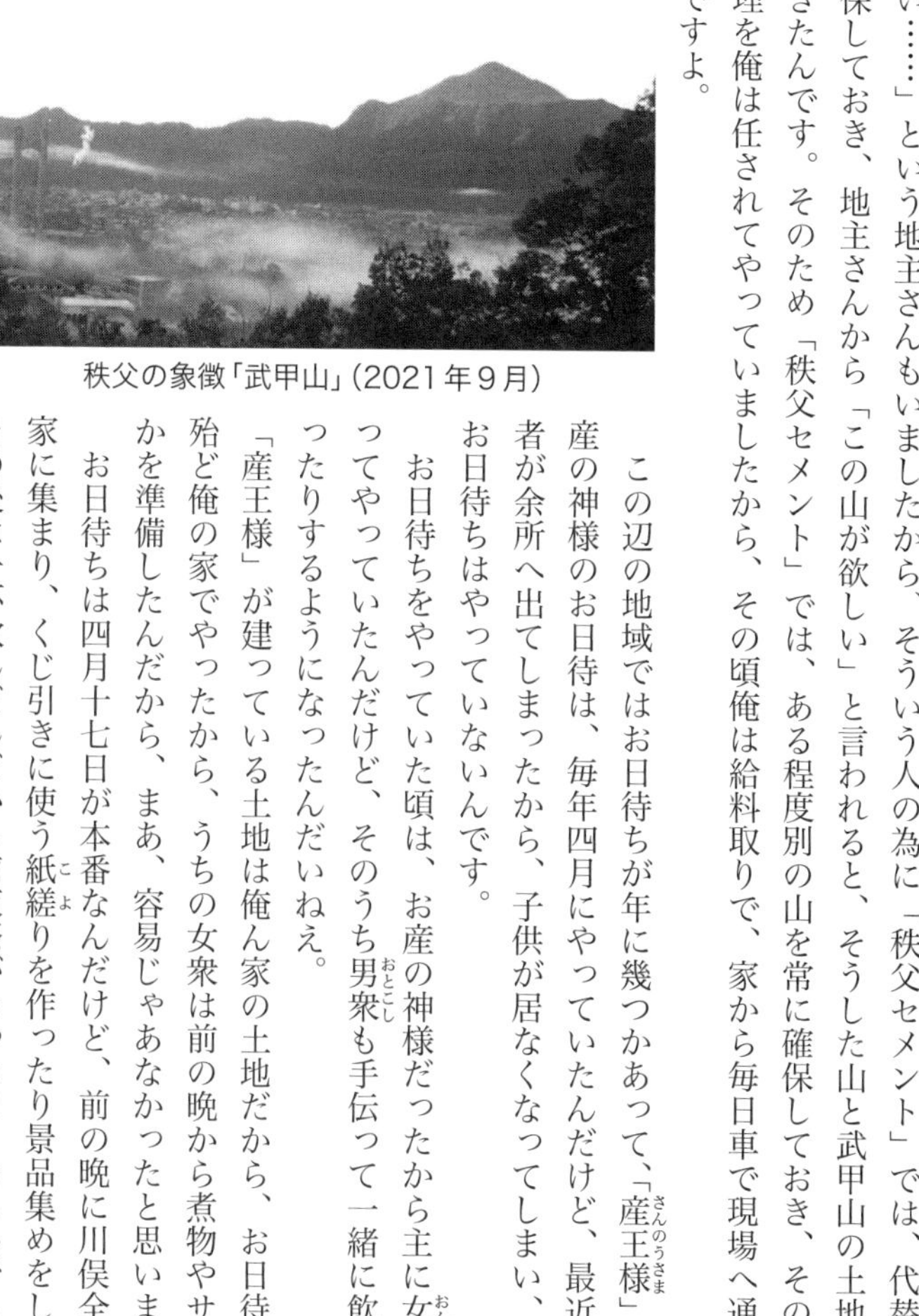
秩父の象徴「武甲山」(2021年9月)

この辺の地域ではお日待ちが年に幾つかあって、「産王様(さんのうさま)」というお産の神様のお日待は、毎年四月にやっていたんだけど、最近は、若い者が余所へ出てしまったから、子供が居なくなってしまい、今はもうお日待ちはやっていないんです。

お日待ちをやっていた頃は、お産の神様だったから主に女衆(おんなし)が集まってやっていたんだけど、そのうち男衆(おとこし)も手伝って一緒に飲んだり食ったりするようになったんだいねえ。

「産王様」が建っている土地は俺ん家の土地だから、お日待ちの宿は殆ど俺の家でやったから、うちの女衆は前の晩から煮物やサラダなんかを準備したんだから、まあ、容易じゃあなかったと思いますよ。

お日待ちは四月十七日が本番なんだけど、前の晩に川俣全戸が俺の家に集まり、くじ引きに使う紙縒(こよ)りを作ったり景品集めをしたりして、その後は一杯飲んだんだから前夜祭があったようなもんでしたよ。

こうした行事はいつ頃始まったか定かではねえが、俺が生まれるずっと以前からやっていたらしいですよ。それで十七日が本番だから、「産王様」を拝みに来た人が降りてくると、前の晩に作っておいたくじを引いてもらい、景品をくれたんです。景品の一等は「炭一表」とかで、あとはバケツや竹箒に洗い桶にタワシなんかが景品だったいねえ。最近じゃあ「一〇〇円ショップ」なんつうんがあるから、そこで景品を買って出す地域が多くなったようだけど、俺らがお日待ちをやっていた頃はそんな店は無かったから、景品集めが容易じゃあなかったんだよ。

それでお日待ちの当日は、男衆（おとこし）もみんなで分担してお勝手を手伝っていたから、男だって「きんぴら」を作ったり、「よごし（ごま和え）」や「けんちん汁」なんかも作ったんだけど、意外に上手に出来たったよ。

いまは子供が居ないし人家も少なくなってきたから、お日待ちはやっていないんです。

それでも最近「産王様」の祠を新しく建て替えたから、まあ、立派な建物になりましたよ。この下の毛附という耕地は「昌安寺」が近くに在るから、いろんな日待ちはお寺に集まりそこでやっていたから、個人の家ではやらなかったようでした。

「大日様」の獅子舞は最近有名になったから、遠くの方から見物に来る人が大勢いるようだけど、まあ、村を挙げてというか祭りは二日間あるんだから、他所へ出た者も、どっちか都合の付く日に一日だけは顔を出しているようです。「大日様」は未（ひつじ）と申年（さるどし）生まれの守り本尊だから、そうした干支の人が祈願に来たり、まあ、秩父では結構有名な祭りの方だんべえなあ。

俺が若けえ頃は若衆が多かったから、祭りに参加するにも中学を卒業して直ぐにはなかなか参加できなかったんですよ。俺の場合は二十歳を過ぎてから始めたんだけど、うちの親父は祭りの当日、主になってやっていたから、俺はその頃、祭りの運営係りをやっていた時期があったんだいねえ。

それでも川俣に生まれ育ち、小さい頃から祭りを見て育ってきたから「一度は獅子舞をやってみてえなあ」という憧れは常にあったから、小さい頃からそうしたリズムは身体に染みついていましたから、自分でいざやる時になっても、意外にすぐ覚えられたんだいねえ。獅子舞の練習は個人でやるわけじゃあなく、何かの行事に備えて獅子を舞ったんだけど、そうした時が結構練習の場になったんですよ。

総代を務める浅見博一氏（右端）
（写真提供：上林二三男氏）

それに獅子は六頭で舞うんだけど、真剣は太夫と雄獅子だけが口に咥えて舞うから、ある程度獅子を舞うのが上手になってからでないと、真剣を咥えさせてもらえなかったから、上のてえ（人達）が「はあ（もう）持たせてもよかんべえ」という事になってから真剣は持たされたんです。それまでは何も口に咥えねえで、獅子舞をやっていたんだいねえ。

俺は二十歳頃から六十歳ぐれえまで四十年間は獅子舞をやってきたんだけど、真剣を咥え獅子頭は重てえし、体がリズムに付いていげなくなってきたから、還暦の頃に俺は獅子舞を止め、総代のような役に回ったんです。

最近、「大日様」の縁日には「突きコンニャク」を売っている

「突きコンニャク」作りに使う臼(左)と釜

んだけど、それは今から三十年位前、浦山の婦人会で「コンニャク研究会」というのを作り、その時、昔から臼で突いて作った「突きコンニャク」を作ってみたんだいねえ。

その後、「大日様の縁日に突きコンニャクを売ってんべえ」という事になり、作って売ってみたら評判が良くって、それからは毎年「大日様」の縁日に突きコンニャクを境内の下の方で売るようになったから、今じゃあお祭りに来た人が、お土産に結構買って帰るんですよ。浦山では古くから突きコンニャクは作っていたとは思うけど、うちでも昔は近所で頼まれると、俺の親たちが突きコンニャクを作って売っていたんですよ。

突きコンニャクの作り方は、コンニャク玉を洗ってから芽を取り、そのコンニャクを七、八センチに切り、それを大釜で約二時間ほど蒸かし、蒸かしたコンニャクは臼に入れ杵で豆腐のオカラくらいになるまで細かく突くんです。

突く時は臼の中で何千回というくらい突くんだから、まあ、俺が今の歳で突いても一時間半は掛かるけど、若い頃は一時間で突けたったよ。突いたコンニャクは湯揉みというのをやるんだけど、突き終えたコンニャクは臼に入ったままお湯を入れて柔らかさを調整するんです。

それはかあちゃんが少しずつ臼の中にお湯を入れ、俺がそのコンニャクに湯を混ぜながら、手で揉み込むわけなんだけど、お湯の温度は手が入るくらいの熱さだから五十度ぐらいかなあ、風呂よりは熱いんだから。

それを捏ねているとだんだん柔らかさが出てくるから、その中へ灰のアク汁を入れると固まってきて、固まる前に木の型枠に流し込み、枠の中でコンニャクが固まるのを待つんです。固まったコンニャクは二時間ほど掛けて冷まし、冷ましたコンニャクは寸法に切り、それを大釜に入れて一時間半湯掻き、アク抜きをして終わるんです。まあ、突きコンニャク作りを始めると、一日は掛かってしまわいねえ。

俺はこの浦山に生まれ育ち、ここの土地から離れて暮らした事はなかったから「余所へ出て暮らしてみてえ」なんて思った事は一度もなかったいなあ。

これまで俺が一番大変な時期は、山仕事が少なくなって仕事替えをした頃でしたよ。

俺には子供が三人あったから、上の子が中学生になり金の掛かる頃だったかんなあ……。

それでも運よくバブルの弾ける前だったから「秩父セメント」の仕事にあり付け、会社にも入れたんだから、まあ、自分としてみれば俺の人生は恵まれた人生だったと思いますねえ……。

（二〇一六年十一月）

わたしの家は山ん中だから、道が狭く曲がりくねって片側は崖でけち（不便）な道だけど、あんたはよく車で登って来たいねえ……

秩父市浦山・武士平／昭和十七（一九四二）年生　浅見　泉

浅見泉さん

わたしは三人姉妹で、昭和十七年にこの「武士平（ぶしだいら）」で長女として生まれたんだけど、わたしが子供の頃は武士平じゃあ家が四軒も在って幾人も住んで居たんだよ。だけど、いまじゃあわたしの家が一軒だけになっちゃったから、父ちゃんと息子とわたしの三人で暮らして居るんさあ……。ほかの家は死に絶えたり引っ越したりで、みんな居なくなっちゃったんだよ。

武士平は浦山でも山の上の方だから、いまだって用のある人が登って来るぐれえで、まさかこんな山ん中に人が住んでいるとは思わねえから、押し売りだって一回も登って来た事たあねえよ。

わたしの家まで車が入れるだけの道が出来たんは、昭和四十年代（一

九六五〜七四年）の中頃だったと思うけど、まだその頃は家が四軒在ったから、みんなで金を出し合い道をつくったんだけど、この道は途中から道幅が狭く曲がりくねり片側は崖になっている所もあるから、よっぽど車に慣れた人でもなくちゃあ家まで登って来られねえよ。

だから、街場の人なんかみんな嫌がるし、女衆（おんなし）じゃあ此処まで車で乗り込んで来る人はいねえから、あんたはよく車で登って来たいねえ。

わたしが子供の頃通っていた小学校は「日向（ひなた）」という所に在って、そこは「浦山小学校」の本校だったけど、家から山道を登ったり下りたりしながら山を幾つか越えて、近所のてえ（人達）三、四人で一時間半ぐれえ掛け本校まで通ったんだいねえ。だから朝は七時頃家を出たんだけど、学校へ着くと直ぐに授業が始まる頃だったよ。

あの頃は川俣にも分校は在ったけど、武士平の子供はみんな本校へ通っていたんだよ。本校での同級生は七人だったけど、一年と二年、三年と四年というように一緒に勉強したんだから、複式授業つうんでやっていたんかさあ。

わたしが子供の頃は家から出掛けるのは遠足ぐれえなもんで、低学年の頃はその辺の橋なんかまで行って弁当を食って帰って来たんだいねえ。

高学年になったら本校から「浦山口駅」（秩父鉄道）まで歩いて行き、電車に乗って「お花畑駅」で下りて「羊山公園」まで行った事があったけど、六年生になったら、「熊谷測候所（現・熊谷地方気象台）」へ行って来たったよ。

当時の炭運び（『秩父市誌』より）

中学になると「浦山中学校」は一つだから、分校の子も一緒に勉強したんだけど、全校では八十人以上は居たんだいねえ。
それでも子供の頃は親に連れられて、秩父の夜祭には行ったことがあったけど、あんまり人がえら（たくさん）居たんでびっくりしたったよ。
あの日は、秩父の熊木町という所に「浅見商店」というガス屋が親戚だったから、其処へ一晩泊めてもらい花火も観たったよ。
娘になってからも近所のてえ（人達）と一回夜祭へ行った事はあったけど、わたしは家から出るのはあまり好きじゃあねえから、他には殆ど何処にも出掛けた事はなかったたいねえ。

わたしは中学を卒業してから仕事には出ねえで、家の手伝いをしていたんだけど、わたしの父ちゃんは山仕事の手伝いをしていたから、わたしも材木を出す仕事を手伝っていたんだいねえ。
その仕事は、秩父市の上町に「松本敏夫さん」つう人が居たんだけど、そこの家から父ちゃんは山仕事を頼まれ、山の下刈りや枝下ろしなんかを年間通してやっていたんだよ。それでも冬場になると山仕事はできねえから、家の近所で炭焼きをして出荷していたんだけど、父ちゃんが焼いた炭はわたしが背板に背負って、「御神楽沢（おかぐらざわ）」まで歩いて運んだんだけど、武士平から御神楽沢までは二キロぐれえはあったから、結構容易じゃあなかったたいねえ。

わたしが子供の頃は、うちのお爺から「大鷲黒右衛門」というりっぱな武士がこの武士平に住んでいた、つう話を聞いたことがあったんだよ。

むかし浦山村に「大鷲九郎右衛門」という落武者が住み着いて、山を開墾して畑を作ったり、炭焼きをしながら生活をしていたんだそうだ……。それから、この地を「武士平」と呼ぶようになったそうだよ。

大鷲黒右衛門の屋敷跡には石仏が

ある時、九郎右衛門は山へ行き大きな鷲の巣を見つけ、中を見ると二羽の雛がいて、親鳥が餌を取ってきて育てるところだったそうだ。

「これは良い物を見付けたぞ……」

九郎右衛門はひとり喜び、その日は家に帰ったそうだ。

その後時々様子を見に行き雛が育ったのを見計い、親鳥が居ないところを狙って、二羽の雛を捕えてきたんだそうだ。九郎右衛門はこの二羽の雛を育て鷹狩り用に訓練をして、りっぱに成長させてから将軍様に献上したんだそうだ。

この大鷲に将軍は大いに喜び、お褒めの言葉を賜わり、その後も九郎右衛門は鷲を捕えては訓練して、将軍に献上していたんだそうですよ。

そこで将軍は九郎右衛門をお鷹御用の役に任され、名前も「大鷲黒右衛門」と改め、この地で裕福に暮らしたそうだ。

（『秩父路の碑百話――坂本時次民話集』「浦山武士平の伝説」より）

昔はこんな話が武士平にはあったそうだ。今では住んでいたという屋敷跡と、古井戸や墓が残っているだけだよ。

わたしは昭和四十九（一九七四）年三十三歳の時婿を貰ったんだけど、旦那になった人も三十三で小鹿野町（秩父郡）の三田川から来てくれたんだけど、こんな山ん中のけち（不便）な場へよく来てくれたいなあ。それで子供は男っ子と女っ子が一人ずつ授かったんだよ。

うちは今でも水は水道じゃあなく山の沢からトヨで水を引き、家の側にあるタンクに水を溜め、それを使っているから水道代は掛からねえんだいねえ。昔は家が四軒あって、四軒とも水は山からホースで引いて使っていたから、水が足りねえような事もあったけど、今は自分の家だけだから、まあ、足りてはいるけど、それでも何日も雨が降らねえと水が出なくなる事もあるから、今でもたまに水では困る事があるんだよ……。

ガスを使い始めたんは私が小学六年の頃で、親戚にガス屋があったから早く引いたんだけど、今でもお風呂と竈は薪だから、旦那が山で木を伐り家で乾かして薪を使っているから、ガス代は幾らも掛からねんさあ。

電気が引けたんは昭和二十八（一九五三）年頃でわたしが小学生の頃だったけど、水洗トイレにしたんは平成十二（二〇〇〇）年でしたよ。

昔は家で食う物は何でも畑で作っていたいねえ。結構色々な物を作っていたけど、最近は畑に鹿や猿や猪が出てみんな食っちゃうから、畑の周りには囲いを作りその中で野菜を作っているんだよ。

それに近頃は、毎晩鹿が栃の実を食いに出て来るから、犬を三匹飼っているんだけど、犬が吠えたって逃げやあしねえし、人を見たって慣れっこになっちゃって逃げもしねえんだから……。

猿は高い囲いがあってもよじ登ってみんな食っちゃうけど、最近は余所に餌場が見付かったんか、あんまり出て来なくなったよ。熊だって出るよ。何時だったか家の側にあるでかい柿の木に登って柿を捥いで食っていたし、わたしが道を歩いている時も、熊を見かけたことがあったんだから……。

自宅裏には薪が積んである

昔はうちでもお茶の木が畑の畔には何十本も植えてあったから、うちのお爺が春になると、お茶葉の新芽を摘んできて、家で手揉みしてお茶を作っていたったよ。

この近所じゃあお蚕はえら（たくさん）やらなかったけど、わたしが子供の頃は、隣の家でお蚕を飼っていた事があったけど、わたしの家じゃあ飼ったことはなかったいねえ。

以前うちじゃあコンニャク玉を結構植え、擦りコンニャクを作っていたんだけど、コンニャク玉も鹿に食われちゃうから今は植えてねえけど、コンニャクを作る時は旦那か息子が他所からコンニャク玉を買って来て、今でも家で擦りコンニャクを作る事があるんだよ。

この辺は山ん中で辺ぴだから、わたしが子供の頃なんか、食べる物はお爺がでっかい籠を背負って、下の方の店まで買い出しに行って来たったけど、車道が出来てっからは「小池商店」がいろいろ配達してくれるようになったから助かるよ。わたしが娘の頃は米買いに出されたから、そんな時は背板を背負って山を幾つか越へ、「茶平」を抜けて店まで行き、米を買ってまた山越えをして帰って来たんだけど、米買いに出ると半日は掛っちゃったよ。

浦山は「大日様」のお祭りが有名だけど、武士平じゃあ昔っからお祭りには参加してねえから、わたしは幾度か獅子舞を見に行った事があったけど、今じゃあ出掛けるのが億劫になったから、はあ（もう）ここ幾年も行ってねえよ。

わたしは武士平で生れ育って此処にずっと住んでいるけど、此処が一番いいんだよ。だって静かだし誰も殆ど来ねえから、呑気で安気でいい処だよ……。

わたしは大勢居るところは好きじゃあねえし、人と話をするのもあまり好きじゃあねえからなあ。いままでわたしが一番大変だったと思うことは、子供が予防接種する時に、タクシーで秩父の街まで行き、注射して来た事だよ。

これまで一番良かったと思うことは、子供が二人産まれたっつう事だいねえ。

わたしは此処の武士平が一番好きだし、今まで他所に出て暮らした事がねえから、山ん中の一軒家でも、ずっと此処に住んで居たいんさあ……。

（二〇一七年九月）

太田部

上区から楢尾地区を望む（2018 年）

吉田・石間から太田部へ向かう
（2018 年）

古指遺跡から発掘された土器・石器
（写真提供：高岸忠敏氏）

太田部地区概念図

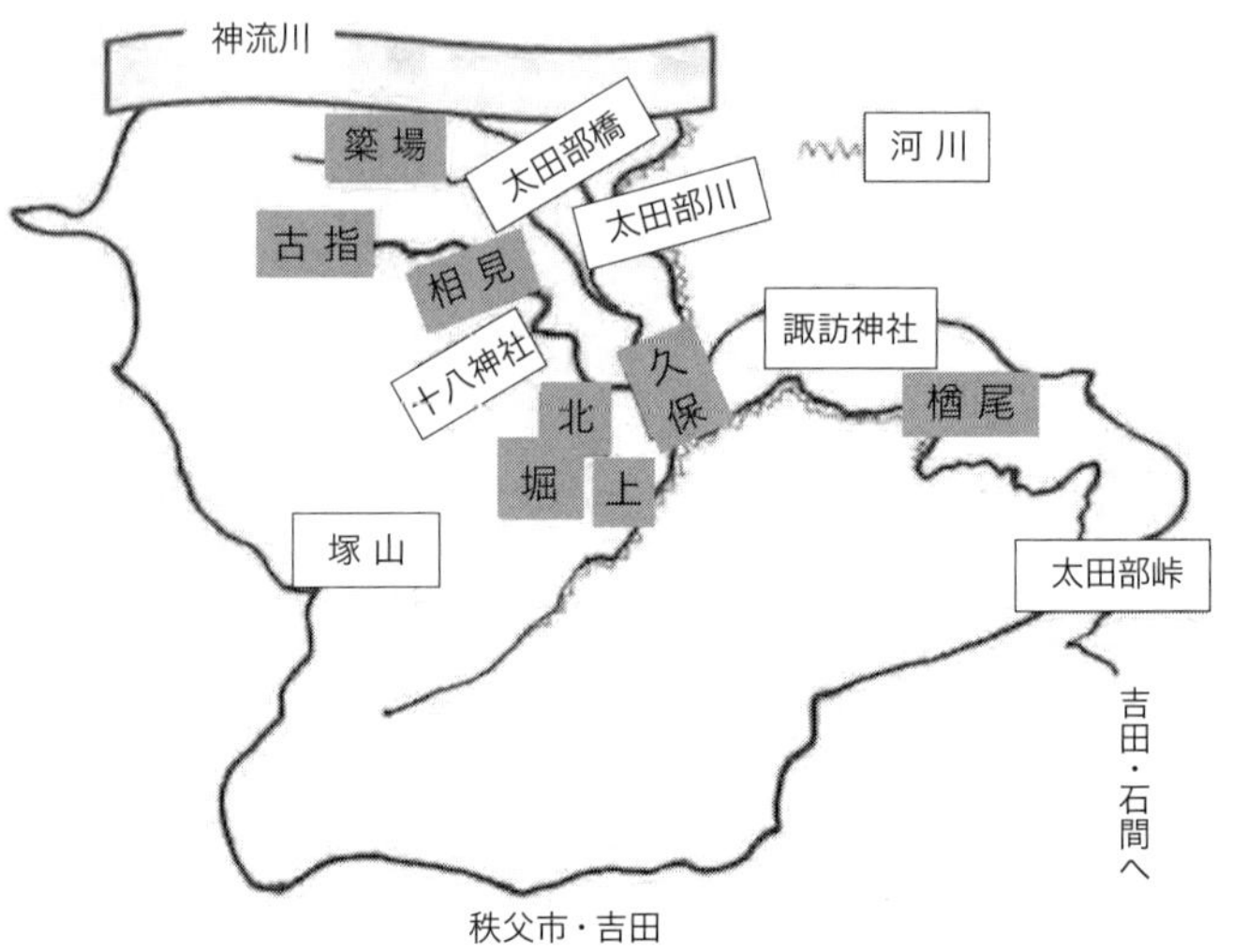

太田部地区の人口・戸数変動表

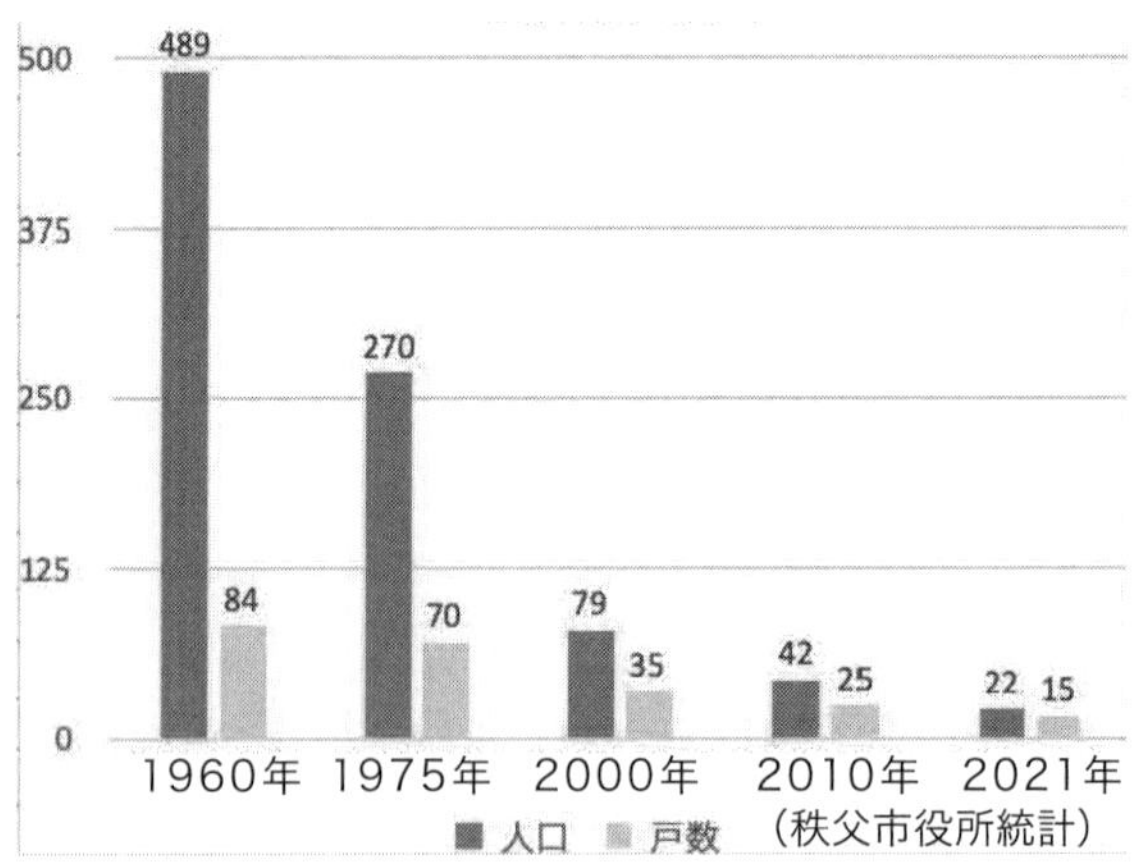

■太田部について

秩父市浦山の「岩合遺跡」や大滝の「神庭(かにわ)洞窟遺跡」が以前発掘されたように、ここ「太田部」の畑地でも縄文後期の土器や石器類が出土し、「古指遺跡」と称されている。

しかし、まだ本格的な調査はされていないようだが、発掘された土器や石器などから推定すると、およそ四、五〇〇〇年前頃の物だと考えられ、この太田部地区でも何らかのかたちで人々が住み着き、生活を営んでいたのではないかと推測されている。

近年太田部地区ではめっきり人口減に歯止めがかからず、秩父市役所の統計によると令和三（二〇二一）年十月現在では、太田部の人口二十二人、世帯数が十五戸までに減少してしまった。かつて昭和四十年代（一九六五〜七四）頃の太田部では人口が四〇〇人位は居たといわれ、当時地域の共同体の中では利害関係を共にし、風習や信仰伝統行事など深く関わり、共に支え合い生活してきたのである。

しかし「高度成長期」の時期と重なった昭和四十三（六八）年、群馬県鬼石町（現在・藤岡市）周辺に「下久保ダム」が完成し、ここ太田部地区でもダム関連で十軒近く移転となり、その当初から太田部地区では市街地への移転が徐々に進行し、埼玉県下でも過疎化が最も進行した一つの地域であったとも言われてきた。

明治初期の太田部は、山の中腹に広がり数十戸からなる埼玉県秩父郡太田部村の独立村であったといわれ、この地域は交通の便が非常に悪く、上州の万場や坂原とは神流川で隔てられ、秩父の吉田方面へ出るには幾つもの峠を越えなければならない。
こうした平地の少ない太田部は、寒村ともいえる貧農であったと伝え聞く。

（『地方文化の隆昌――幕末明治期の秩父・吉田』古林安雄著より一部抜粋）

旧秩父郡吉田町太田部は、平成の大合併により平成十七年（二〇〇五年）に埼玉県秩父市吉田太田部と地名変更となる。

もともと太田部は群馬県側に隣接していて、群馬県の神流川を下に標高五百メートルほどの山の中腹で、東西南北およそ二キロ四方の地域が太田部地区であり、太田部の遠く南には荒川水系が秩父市を横断し、太田部下流には太田部川が流れ、やがて一級河川・利根川水系烏川支流の神流川へと合流し、利根川水系の大河となってゆく。

太田部の集落は「埼玉県立上武自然公園」の一部で、二キロ四方に渡る耕地は、「簗場」「相見」「北」「堀」「久保」「古指」「上」「楢尾」の八耕地に分かれ、この耕地はこれまで苦楽を共にし、困難を乗り越え共存してきたのだった。

しかし平成二十九（一七）年春を境に、「楢尾地区」では家屋は現存しているものの全戸移転となり、現在一人の入居者も居ないのが現状である。

さらに太田部の生活の絆とされてきた移動販売車は令和三（二〇二一）年三月で廃止となり、すでに店は一軒もない太田部にとって、死活問題化となってしまった。

こうして生活の場を狭められてきたものの、新たに新天地を求め太田部に永住しようとしている者や、これまで長年住み続けてきた家屋の改築を試み、今後も住み続けようとしている家族がある事も事実で、いままで引き継がれてきた貴重な伝承文化を残し、豊かな自然と共に新しい生き方を模索しながら、「太田部」という何千年も続いてきたであろう人々の歩みを止めてはならない。

うちには山がえら（たくさん）あって林業で生計を立てていたんだいね。所帯を持ってからは旦那の後をくっ付いて杉の苗木を植えたんだけど、下手くそで……

秩父市吉田太田部・久保／昭和三（一九二八）年生　久保美富

久保美富さん

私が満二歳の時に母親は三十歳で死んじゃったから、私は母親の顔は全然知らないし、一人っ子で、お婆ちゃんに育てられたんです。お婆ちゃんは「簗場」の医者の娘だったから、ちゃんとしていた人で、とても丁寧に話をする人でした。近所にはまだ嫁に行かない叔母さんが二人居たから、叔母さん達も私の面倒をよく見てくれていたんです。

私の家は昔「徳左衛門」という人が庄屋をやっていたそうです。家は何百年も続き、この上の塚山は全部私の家の土地で、十町歩もあるんだよ。そこの山には「塚山神社」という神社があって、この神社の神主を家の先祖が何代かやっていたようで、私を大事にしてく

塚山と太田部集落

れたお爺ちゃんも神主をやっていたんです。だけど私の父親は神主を継がなかったんだいねえ。だからお爺ちゃんが亡くなってから「塚山神社」の祭事は、群馬県万場の「八幡神社」の宮司さんを頼み、毎年四月五日に拝んでもらっていたんだけど、最近私は年を取ってしまったから、祭事はやっていないんだよ。

それでも塚山には以前いい神社があったんだけど、昭和四十年代（一九六五～七四年）頃「塚山神社」にでかい雷が落ちて壊れてしまい、その後新しく神社を建て替えたんだけど、また雷が落ちて神社がすっ飛んじゃったんだから、今は「御位座（みくらざ）」が祭ってあるだけだけど、塚山（標高九百五十三・九㍍）は山が高いから雷がよく落ちる場所なんだいねえ。

そのほか「塚山には『オオカミ様』が居るんだよ」なんていう話を聞いた事があったけど、「オオカミ様」も祭ってあるんです。

私の母親はもともと躰が弱かったから、お爺ちゃんは「どうもこの子は、俺たちが育てる事になるかもしれねえなあ」と言っていたんだそうだけど、現実になってしまったんだいねえ。

だからお爺ちゃんは私をすごく可愛がってくれたんだけど、私が五歳の時にお爺ちゃんは死んじゃったから、私は父さんとお婆ちゃんの三人でずっと暮らし、私を大事に育ててくれたんです。

母さんが亡くなった頃の父さんは、まだ三十三歳で若かったからきっと寂しかったんか、夕方になると毎日一人でボーっと酒を飲んでいたいねえ。

それでも家の下の方にテルさんという人が商いをしていたから、その人が「今日はいい酒が入ったから下りて来て一緒に飲まねえかい」なんて声を掛けられると、父さんはとぼとぼ店まで下りて行き、テルさんと一緒に酒を飲んで居たそうだよ。

私は子供の頃から我が儘に育てられたから、家の手伝いなんか殆どしなくて、本が好きだったから本べえ（ばかり）読んで居た子だったよ。

満七歳になると、私は「太田部小学校」の尋常科へ入学したんだけど、小学校へ上がる時は、叔母さんがランドセルを買ってくれたから、私は小学一年生からランドセルを背負って学校へ通っていたから、みんなからは羨ましがられたいねえ。

それに太田部にはその当時高等科が無かったから、私は群馬県甘楽（かんら）郡にあった「美原小学校」の高等科へ入ったんです。

太田部の同級生は十七人居たけど美原の高等科へ進んだ子は四人だけで、いつも四人で「美原小学校」へ通い、美原での同級生は六十人も居たんだから、まあ、賑やかだったたいねえ。

家から美原の学校までは片道四里（十六キロ）もあったから、毎朝六時には家を出て太田部のてえ（人達）と四人で通い、朝が早いからお婆ちゃんの作る弁当が遅い時なんか、「六時までに支度してくれなきゃあ、学校に遅れちゃうよ！」なんて、脅かしちゃって……。

学校は朝八時に始まり、誰か一人でも遅れると遅刻しちゃうから、そんな時は跳び通しで行ったけど、それでも遅刻した時は四人とも廊下に立たされた事があったいねえ。

高等一年の途中から大東亜戦争が始まり、その頃になると物資が不足し、米でも砂糖でも塩でもなかなか手に入らなかったから闇屋が横行したんだけど、うちでも米やいろんな物を闇屋から買ったらしく、私には毎日米の弁当を持たせてくれたから、お婆ちゃんは苦労したと思いますよ。

その頃になると甘い物が無くなり「エデック」という甘い薬があったんだけど、私はその薬を買って舐めたりしていた事もあったいねえ。

太田部に電気が引けたんは昭和十九（一九四四）年頃で、私が高等科を卒業してからだったから、意外に早く引けたんです。

当時電気工事をする人は太田部へ五、六人来て居て、工事が終わるまでその人達は私の家へ全員寝泊まりして居たんだから。食べる物の無い時代で、お婆ちゃんは大変だったと思いますよ。

だから旧家はそうした事まで頼まれたんだいねえ。

私の家には竈が無くて、煮炊きは全て囲炉裏でお婆ちゃんが作っていたけど、私は学校を卒業するまで家事は一切やらなかったんだよ。

お婆ちゃんは長生きして八十二歳まで生きたけど、父さんは昭和二十二（一九四七）年に私が十九の時五十歳で亡くなっちゃったんです……。

私は「美原小学校」を出てからは、群馬県側に在った「扇屋」という店の二階で裁縫を教えてもらい通っていたんだけど、その頃「太田部小学校」では「青年学校」というのがあって、それは大人を相手に国語とか修身を他所から先生を頼んで教えてもらったんだけど、そこへも三年間通い、結婚するまで私は仕事に就いた事はなかったんです。

終戦後は何処も配給になり、うちでも通帳を持って下の「扇屋」まで食糧を買いに行ったんだけど、その頃になるといろんな行商の人が太田部へも登って来たから、そうした人からも買っていたんです。だから魚屋の場合は、四角い木箱に乾物なんかを入れ、その箱を背負って鬼石からバスに乗り「太田部入り口」で下りて、そこから歩いて太田部の家々を登ったり下りたりしながら、売り歩いていたんだいねえ。魚屋が持ってきた物は乾物が殆どで、イワシの丸干しとかサンマの開きに干した鰊にチクワや佃煮なんかで、塩鮭は高くて仕入れなかったから正月が近くなると鮭は持って来たったよ。

そのほか「金澤豆腐」という豆腐屋のお爺さんが登って来たり、衣料品は秩父の方から羽山さんとか秋山さんつう人が売りに来ていたったけど、鬼石からも来ていたいねえ。

それに鬼石には、滋賀県から来てでかくやっていた「大和屋」という呉服屋があったけど、そこにはいろんな物が置いてあったから、太田部のてえ（人達）はバスに乗って「大和屋」まで買物に行って来たりしてたんだよ。

昭和四十年代（一九六五～七四年）頃になると車の引き売りになり、音楽を流しながら登って来たったけど、いまじゃあ一人暮らしのもんが大半だから、品物を買ったり引き売りの人に金を頼んで植木の剪定や、いろんな用足しまでやってもらっている人が居るようだよ（二〇二一年三月で引き売りは廃止となる）。

昔はうちでも「味噌」はお婆ちゃんが作り「醤油」は父さんが上手だったけど、醤油が出来ると父さんはみんなに配っていたったよ。

父さんはお茶作りも上手でうちにはお茶畑も結構あったから、お茶っ葉を摘む時期になると大勢人を頼んで葉っぱを摘んでもらっていたけど、昔は静岡から「桂庵（けいあん）」というお茶の職人を家へ連れて来て、父さんはその人からお茶作りを教わり、その後は自分で美味いお茶を作っていたったよ。

それにうちでは山や畑が結構あったから、畑仕事や山の下刈りなんかは一年を通して延べで百人は人足を使っていたし、毎日親子で私の家の仕事をやってくれてた人も居たんさあ。

私は十五、六歳の頃、太田部から歩いて「秩父夜祭」へ一回行った事があったけど、その日は太田部の家から山道を一人で歩いて二時間近く掛け、上吉田（現在・秩父市）の小川の親戚まで行って泊めてもらい、翌日親戚の従妹三人で「秩父夜祭」へ行って来た事があったんだよ。だけど、親戚の家から秩父の街まで片道七里（二十八キロ）もあったから、秩父へ着くまで五時間も掛かったよ。

私はその時革靴を履いて行ったんだけど、その革靴は東京の親戚で送ってくれた物で、東京から何度も靴を送って貰っていたから、靴には困らなかったんさあ。

「秩父夜祭」は生まれて初めて行ってみたったけど、まあ、賑やか賑やか、歩いていても靴は踏みつけられるし、うっかりすると迷子になっちゃうから、みんなではぐれねえように手をつるばって（つないで）歩いていたんだよ。

だって太田部に住んで居たんじゃあ、かんげえられねえ程の人出で、その日は屋台を見たり、見世物小屋に入ったり花火まで見て帰ったから、小川の親戚へ着いたのはもう明け方だったいねえ。そんな事も、はあ（もう）七十年以上も昔の話だけど、あの日は寒かったいなあ。

あの時分、太田部から「秩父夜祭」へ行ってみた人はあまり居なかったんべえ。こんな不便な場所でまだ車もねえ時代だったから、親戚でも秩父寄りに無けりゃあ、行って見る事たあ出来なかったよ。

太田部には十月の始め頃「十八神社」のお祭りがあったけど、戦前はお祭りも盛大にやっていたから、龍勢（筒に火薬を詰めて飛ばす大型のロケット花火）上げた事もあったいねえ。

秩父夜祭・斎場（写真提供：山口秀明氏）

うちの隣は、以前村長をしていた「多田正雄」さんという人の家で、当時は隣の家が龍勢作りの宿だったから、隣ん家の小屋で龍勢を作っていたけど、小屋の中では薬を「薬研」で磨り潰し火薬を作っていたんだけど、私は子供の頃よく見に行ったいねえ。

龍勢は十台ぐれえ上げたから、群馬の坂原とか美原や法久の方からも見に来ていたけど、祭りの当日は野師も登って来て、神社の境内には店が十軒も出ていたんだよ。

その日は父さんから五十銭ぐれえ小遣いを貰ったから、私は露店でイカを買って食ったり、万華鏡なんかも買ったりしたいねえ。

神社の境内には当時舞台が在って、吉田から歌舞伎役者を呼び、芝居をやったり舞踊もしていたんだけど、私も娘の頃には青

現在の十八神社

年団で「八木節」なんかを舞台で踊った事もあったんだよ。

祭りの当日は、美原の同級生が私の家に泊りに来たんだけど、私も坂原の友達の家へ泊まりに行った事もあったから、泊りっこをしていたんだいねえ。

私が子供の頃は太田部でも炭焼きが盛んで、下区の人達はみんな私の家の木を買って炭に焼いていたんだけど、原木の金が払えねえ人もいたから、そういう人は焼いた炭の半分ぐれえを金の代わりに炭で収めたから、うちじゃあ、炭だけは一年中困らなかったいねえ。

うちの山は楢（なら）とか椚（くぬぎ）の堅木が多くていい炭が焼けて値段も高く売れたから、父さんは元締めのような仕事をして、自分では何もしなくも山の木を売って生活が出来たんですよ。

太田部はいまでも殆ど葬式は「神葬祭」でやっているんだけど、昔はうちのお爺ちゃんが拝んで葬式を挙げたんだそうですよ。最近の葬式は葬儀場でやるようになったから、神葬祭でやる場合は葬儀屋で神主を頼んで拝んでいるようだよ。

お爺ちゃんが亡くなったのは戦前だったから、ここの家で葬式を出したんだよ。二、三十人分を鍋で飯を炊いたり、「けんちん汁」も大鍋で作ったりしたったねえ。だけど飯を鍋で一度に炊くのは難しくって、こんな事を言う人もいたったよ。「あと先ドンドン中ドンドン、泡を噴いたら火を引いて、そのまま十分捨てて置け」なんてねえ。

私の主人は上吉田（現在・秩父市）の「明ケ平（みょうごだいら）」という所から婿に来たんだけど、それは家の隣へ主人の姉さんが嫁に来ていたから、その姉さんが主人を紹介したんだけど、本人なんか碌に知りもしねえで婿にもらったんさあ。

それは昭和二十一（一九四六）年の春の事で、旦那が二十二で私はまだ十八の時だったよ。まあ、結婚するまではあんまり見たこともなかったけど、隣の家に来た時ちょっと見たぐれえで、色の黒れえけちな男だなあと思っただけだったよ。私はああいう顔はあまり好きじゃあなかったけど、私の父さんが勝手に決めちゃったんだから……。

私だって若い頃は結構もてたし、もっといい男がいたんだよ。年上でさあ、私のタイプだったけど、その人も、もう死んじゃったいねえ。

うちには山がえら（たくさん）あって林業で生計を立てていたけど、それまで私はこういう仕事をした事が無かったんだよ。でも、所帯を持ってからは、旦那の後をくっ付いて杉の苗木植えに山へ行ったんだけど、私が杉を植えても下手くそで苗木が付かなくて、投鍬で五回掘りそこへ苗を植え込み足でよく踏ん付けたんだけど、次の日に行ってみると、私が植えた杉苗だけが倒れているんだから……。

だけど父ちゃんが植えた苗はひと掘りしただけでも全然倒れなかったから、簡単そうに思えたけど、穴掘りだってこつがあり結構難しいんだよ。それで水をくれなくも苗木は付いちゃうんだから、植える時にしっかり植え込まなければ付かないんだいねえ。だからその後は父ちゃんが掘ったところへ、私が苗木を手渡す仕事にしたんさあ。

苗木は五十本丸きで三束背負って山へ登ったんだから、背中の上まで苗木がきて、容易なもんじゃあなかったよ。だって私は結婚するまで何にもしなかったから、結婚してから酷い目にあったよ……。

山仕事に出る時は、朝から弁当を作って一升瓶に水を入れ山へ持って行ったんだけど、私はその水を全部飲んじゃった事もあったよ。だけど父ちゃんはあまり水を飲まない人だったいねえ。

山から帰って来ると、私は毎晩手打ちうどんを作り夕飯にしたんさあ。

杉苗植えが終わると、「杉苗」には県から補助金が出たから、埼玉県の「農林振興センター」から検査員が来たんだよ。

だけど検査員が来ると、いつも私の家へ一カ月も泊まっていたんだから、検査員の食べる分が無いと困るから、自分の子供達には先には食べさせなかったんさあ。

私は若い頃何にもやらなかったけど、所帯を持ってからは仕方ねえ山も畑も少しやったから、大麦や小麦の種蒔きは私がやったんだいね。種蒔きもコツがあって一度に多く蒔くと麦が込み過ぎ、三本指で蒔く位が丁度いいんだよ。そんな事も段々やっているうちには慣れてきて、そのうち上手になったいねえ。

秩父なんかじゃあ、あっちこっちの耕地で、お日待ちなんかを結構やっていたと思うけど、太田部じゃあ「産泰講（さんたいこう）」とか「古峯神社」に「道普請（みちぶしん）」なんかのお日待ちをやっていたんだけど、昔は殆ど旧家で宿をやったから、うちでも結構宿をやったんだよ。

「産泰講」の時は「餡子餅」を作り、「古峯神社」の講は、地区の当番の人が交代で栃木県の鹿沼市にある「古峯神社」へお札を受けに毎年行ったんだけど、太田部には「古峯神社」の古い掛け軸があって、講の当日当番の家では掛け軸を飾り、「小豆粥」を作ってみんなに食べさせ、おかずは何かしら宿の家で作って出したんだよ。

だからいろんなお日待ちが年に何回かあったし、うちではその他「塚山神社」があったから、毎年四月五日には赤飯を作り、供え物とお酒を持って「塚山」へ登ったんだよ。

だけど、いま私は年を取り過ぎ、若い者はみんな他所へ出ちゃったから、はあ（もう）幾年もやってないんだいねえ……。

「道普請」は四月と七月に今でもやっているけど、最近の道普請は、道の整備が終わると消防の詰所で弁当なんか買って来て、みんなで一杯飲みながら弁当を食って終わるから簡単になったけど、昔はやっぱり旧家が交代で宿をして色々作って出したんだから、それも大変だったよ。

それでも道普請だって今じゃあどこの家でも年を取り、死んだり越したりして人も居なくなったから、そのうち出来なくなっちゃうよ。

太田部が吉田町から秩父市へ合併してからはあ十年以上は経ったけど、一つもいい事なんかありゃあしねえよ。太田部の者は「秩父市へ合併して良くなった」なんていう人は誰も居ないよ。だってサービスもいき届かねえし、税金も高くなったし、まあ、この太田部という所は、はあとっくに（既に）みんなから忘れ去られちゃったような気がするよ……。

それでもこれまでだって太田部のてえ（人達）の生活基盤は殆ど群馬県だから、買い物にしても病院でも群馬の方が道はいいし秩父より近いんだから……。だって秩父であっても秩父は遠いし、昔から群馬との交流の方が主だったからねえ。

　これまで暮らしてきて一番大変だったのは、子育ての頃だったけど、そのほか銀杏の木を二百本、六反歩も植えたり、蚕をやったり、椎茸やコンニャクも結構やってみたけど、まだ主人が生きていた頃だったから出来たけど、銀杏だってそんな物はいつまでも管理は出来ねえから、みんな切っちゃったんさあ。

　いま楽しいことは、みんなで集まって話をする事ぐれえだけど、人がめった（やたら）居なくなっちゃったから寂しいもんだよ。

　この前役場の人が来た時、私がこんな話をした事があったよ。

「最近、隣近所には誰も居なくなっちゃって、泥棒でもいいから来てもらって、話でもしてえもんだ」って、バカなことを言って大笑いしたったけど、それほど寂しくなっちゃったんさあ。

　私が子供の頃は「太田部」だけでも五百人位は人が住んで居て結構賑やかだったけど、いまはほんとうに人が居なくなっちゃって、三十人も居ねえだんべえなあ。

　それでもいまは、小鹿野町（秩父郡）へ出ている息子が毎週家へ来てくれて、買い物でも病院でも連れて行ってくれるから助かっているんだよ。


（二〇一七年四月）

うちが此処へ嫁に来た時、この家じゃあ「三角割り飯」を食っていたんさあ。「三角割り飯」というのは、ボソボソして美味くねえんだよ。

秩父市吉田太田部・北／昭和九年（一九三四）生　新井みろく

新井みろくさん

うちは倉尾（現在・秩父郡小鹿野町）の「馬上（もうえ）」という所で生れ、日尾の「倉尾小学校」（現在・小鹿野町）を出たんだけど、丁度うちが小学校へ通っていた頃は戦時中だったから、五年生になると「勤労奉仕」といい、炭背負いなんかをさせられたんだよ。

だからみんな子供用の小さい背板（せいた）を親に作ってもらい、その背板を背負って学校から歩いて長久保谷を登り峠の麓まで行ったんだけど、そこには炭置き小屋が在って、その小屋から一俵ずつ炭を背負って、長久保の「丸福」という店まで背負下ろして来たんさあ。

だけどまだまるっきり子供だったから、藁草履を履いて登って行くだけでも容易じゃあなかったのに、帰りは炭を一俵背負って下りて来たんだから、まあ、小学生にはきつい仕事だったいねえ。

高等科になると今度は炭を二表背負わされ、やっぱり「丸福」まで背負い下して来たんだけど、学校へ上がったってそんな事べえ（ばかり）で、授業なんか殆どしなかったいねえ。

それに小学生の頃は食糧難だったから、弁当はさつま芋を一本ぐれえ持たされ、それでも昼は学校でお汁が出たからそれを飲んだんだけど、お汁は生徒が交代で作っていたんだよ。

うちの同級生は三十二人居たんだけど、うちが学校へ行く時はカバンも無かったから、母さんが作ってくれた布袋に勉強道具を入れ肩に引っ掛けて通ったんだけど、あの当時はみんなそんなもんだったよ。それに学校帰り雨が降ってくれれば、履いていた藁草履は脱いで片手に持ち、裸足で突っ走って家に帰ったんさあ。

うちが小学校へ通っていた頃は何でも配給制だったから、セーラー服や靴もくじ引きで、くじが当たれば当たり券と金を持って欲しい物を買いに行けたんだけど、くじに当たったとしても金がねえんだからどうせ買ってはもらえなかったよ。

それでもうちは一度でいいからセーラー服を着てみてえなあと思ったったよ。だって何人かセーラー服を着て学校へ来ていた同級生が居たんだから……。でもうちはそのころ着物さあ……。

うちの兄妹は六人いて、男が一人に女が五人。うちは三番目だったから高等二年を出ると、家で百姓の手伝いをしていたんさあ。だって姉ちゃんでえ（達）は先に仕事へ出ちゃったから、うちは家から出されなかったんだよ。本当はうちだって他所へ出たかったよ。

だけど親から「みんな他所へ出ちゃって誰が百姓するんだい」なんて言われたもんだから。

その頃兄さんは家に居たけど、そのうち兵隊へ取られちゃったから、結局うちだけ親に騙され、騙され、家で百姓の手伝いをしていたんだから、うちは「兄妹中で一番運が悪かったんかさあ」なんて考えた事もあったいねえ。

それでもうちが娘の頃、父さんはうちだけ「秩父夜祭」へ連れて行ってくれた事があったんだよ。あの日は朝早く起きて赤いもんぺを履き、前の日に母さんが作ってくれた「赤モロコシ」の餅を弁当に持って行ったんだけど、まだ妹でえ（達）はちっちゃかったし、姉ちゃんでえは働きに出ていて家に居なかったから、父さんはうちだけ連れて行ってくれたんさあ。

秩父夜祭・秩父神社境内（2000 年頃）
（写真提供：山口秀明氏）

その日、秩父の街へ着いたのはもう昼頃で、うちは初めて秩父の街へ行ってみたけど、まあ、えらい人込みでたまげた（驚いた）いねえ。父さんとすこし街中を歩いてからうどん屋へ入り、うどんを食ったり、弁当に持って行った赤モロコシの餅を食って腹ごしらえをして、その日は「山車」を見たり見世物小屋に入ったりで、まあ、初めて観るものべえ（ばかり）でビックリしたったけど、迷子にならねえよう父さんにしっかり掴まって観てきたんさあ。その晩は黒谷（現在・秩父市）の親戚へ一晩泊まり、翌日家へ帰って来たんだよ。

うちは昭和三十一（一九五六）年二十二歳の時、遠い親戚にあたる太田部（現在・秩父市）へ嫁に来たんだけど、まだ世の中の事は何にも知らねえうちに嫁に来ちゃったんさあ。

それというのもうちが娘の頃、遠い親戚に当たる太田部の人が、うちの実家へ用事があって来たんだとさあ。その時うちの父さんが、「家には娘がえら（たくさん）居るから順にくれるぞう」と言ったらしいんだよ。

そしたら太田部の人は一度家に戻り、幾日も経たねえうち直ぐに出直し、「それじゃあ、家へ二人嫁に欲しいんだけど」という事になり、ばたばたっと決まっちゃったんさあ。

それで、そこの家の長男にうちが嫁ぎ、次男にはうちの姉ちゃんが嫁に行ったんだよ。

うちは本当に太田部なんかへ嫁には行きたくはなかったんさあ。だって学校を出てから家で百姓をしていただけなんだから、せめて嫁に行くのはもっと開けた下の方へ出たかったよ。おまけにうちは自転車にも乗れなかったから、小鹿野の街だって他へだって、殆ど出掛けた事は無かったんだから……。

うちがはじめて太田部という所へ行ったのは、小学校の遠足の時だったたいなあ。あの日は倉尾の学校から歩いて上吉田を通り、三山峠（みやまとうげ）を越えて太田部という所へ出たんだけど、うちはその時、「太田部という所は馬上よりよっぽど山ん中で辺ぴな所だなあ」と、小学生ながらに思ったたいねえ。

その日はそれから「城峯神社」へ回り、神社の境内で弁当を食って帰って来たんだけど、あの日の事をうちはよく覚えていたから、うちに太田部へ嫁御の話があった時は、「絶対あんな山ん中へは嫁に行きたくねえ」と思ったたったよ。

それでもまあ縁があったというか、仕方ねえ泣き泣き太田部へ嫁に来たようなもんだったけど、当時の者はみんなそんな事で、縁付いちゃった人が多かったんだから。

旦那になった人はその時三十ぐれえで、こんな山ん中で貧乏百姓だったから、なかなか嫁御を貰う事が出来なかったんだいねえ。そんな訳で太田部の此処の家へ嫁御に来る事になったんさあ。

あの頃のご祝儀（婚礼儀式）は両方の家で祝言をやったんだから、まあ大変な騒ぎだったよ。ご祝儀の当日はうちの実家で披露宴を先にやり、その後は借りた軽トラックの助手席にうちが乗り、親や親戚の人たちは車の荷台へ乗って、上吉田の小川でみんな車から下り、そこから山道へ入ったんだよ。

その時うちは嫁御着物のまま山道を歩いて太田部まで行ったんだけど、途中には峠もあったり、山道を登ったり下りたりで、あの日は十二月の頃だったから途中で陽が落ちてしまい、提灯に火を点けて行列で二時間も掛け、やっと太田部の嫁ぎ先まで辿り着いたんだよ。

だけど辿り着いたのも束の間、嫁ぎ先では貰い祝儀をやるんだから旦那側の親戚が待ち構えていて、それからまた披露宴をやったんさあ。だから披露宴の宴会は夜中までどんちゃん騒ぎで、うちはもうへとへとになっちゃったよ。

馬上から送って来たうちの両親や親戚の人達は、披露宴が終わるとその晩のうちに峠を越して馬上まで帰って行ったんだから、家に着く頃にはもう夜が明けてきた頃だったと思うよ。まあ、いま考えてみりゃあ、あの時代のご祝儀はえらい騒ぎだったたいねえ。

旦那の家には六十代で腰が二重に曲がった姑が一人居たんだけど、昔の者は歳より古く見えたから、もう八十近くに見えたったよ。

姑さまは明治生まれで仕事が丁寧というか、うちが嫁に行った当初は草取りをするにも「草っこそげ」が無かったから、竹を切って先を尖らせそれを草の根っこに差し込み、根っこから草取りをするような人だったから、きちんと取らなければ承知の出来ねえ姑さまだったんさあ。だけどうちは家の事をやってから草取りへ出たんだから、三回に一回ぐれえは粗相に取ると、それが気に入らねえって怒鳴るんだよ。

まあ、他にもいろいろあったけどさあ……。

そのうちうちに子供が出来て少し経った頃だったと思うけど、うちはこの家に居るのが本当に嫌になっちゃって、ある日、馬上の実家へ帰った事があったんだよ。その時はちっとんべえ（少しばかり）な荷物を手に持ち、子供を負ぶって山道を登り、峠を越えて実家へ帰ったんだけど、途中山道で背中の子供がうちの肩を摘まんで引くんだよ。誰も通らねえ寂しい山道だったから、子供がそれとなく察したんだんべえなあ。

それでも馬上の実家へ着いたら、その日のうちに旦那が迎えに来たから、実家へは一晩だけ泊まり、翌日太田部へ戻って来た事もあったけど、まあ、そんな事も昔話になっちゃったいねえ。

旦那は仕事に出るまでは、家でコンニャク作りをしたり蚕を飼ったり、余所で頼まれ仕事があれば手伝いに出たり、そんな事をやっていたから決まった仕事には就いてなかったんです。

昭和四十年代（一九六五～七四年）になってから、神川（埼玉県児玉郡神川町）の「西武化学」（現在・朝日工業）へ勤めるようになったから、決まった金が入るようになり、少しは落ち着いた生活ができるようになったんです。「西武化学」へは太田部から幾人も勤めに出ていたから、通勤は下の「太田部橋」まで歩いて行き、そこから会社のマイクロバスで通っていたんだよ。

うちには子供が三人出来て、下の二人は少し離れて年子で出来たから一時は容易じゃあなかったんさあ。だから上の姉ちゃんが小学校へ上がっても、下の二人はまだ二、三歳で、うちはその子を連れて父ちゃんと一緒に山の畑へ行ったんだよ。その頃はまだ父ちゃんが勤めに出る前の話なんだけど。

そのうちお婆さんは白内障になり目が良く見えなくなってきたから、山の畑に行く時はいつもお婆さんの昼飯を作っておき、自分たちも弁当を持って畑へ登ったんだよ。この辺りは山べえ（ばかり）な所で不便だから、畑へ行くのも弁当持ちで行ったんさあ。

それにここの家の畑は他所の家の畑よりずっと山の上にあったから、父ちゃんが畑の脇に小屋を建て、その小屋へ農機具や肥料を置き、小屋では昼を食ったり湯を沸かしてお茶を飲んだり出来たから、畑仕事は大変だったけど、父ちゃんと子供だけだから気兼ねはねえし、家に居るよりよっぽど呑気でよかったいねえ。

そのうち子供たちも慣れっこになって籠の中で昼寝をしたり、子供が起きると子供を背負って畑仕事をしたんだけど、おぶってべえはいられねえから、目の届く畑の中へ下ろして置くと、子供はちっちゃい紅葉のような手で這いずり廻り、泥だらけになっちゃってさあ。そのうち子供が泣くと、今度は父ちゃんが交代で負ぶって畑仕事をしたんだよ。

だけど畑は傾斜だから、土を上に掘りあげる「縁側掘り」で掘ったんだから、まあ、土が硬くって骨の折れる仕事だったいねえ。畑には麦を作ったり、コンニャクや豆に芋なんかいろいろ作っていたけど、お蚕も結構やっていたんだよ。

蚕は春蚕（はるご）と晩秋蚕（ばんしゅうさん）の年二回だけ飼っていたんだけど、晩秋の頃になると「ねずみ返し」といい、桑の葉っぱもちっちゃい葉っぱで、腰籠一杯にはなかなか溜まらねえから、子供が「かあちゃんまだ?」なんて、腰籠にひっ吊り下がるんだよ。

まあ、そんな仕事をしたって女衆は家に帰ってくりゃあ夕飯の支度さあ。その頃はおかずだって碌な物は食っちゃあいねえから簡単に済ませたんだけど、夜は毎晩手打ちうどんか蕎麦を打って出したんだよ。

此処の家では昔も蚕を飼っていたらしく、他の家より二階が少し高くなっていて、「マブシ」(蚕が繭を作る道具)を二階へ上げるように作ってあり、二階には部屋を暖ためる為の囲炉裏も宙吊りになっていて、蚕は寒さにも暑さにも弱い生き物だから大事に育てていたんだいねえ。

こうして繭が出来るとでっかい布袋に入れて、それを背板で背負って吊り橋の傍に在った「新井商店」まで持って行くと、そこへ吉田町(現在・秩父市)の農協が持ちに来たんだよ。うちが嫁に来た時分は下の吊り橋付近に「新井商店」と「多田商店」という店が二軒あって、吊り橋を渡った群馬県側には「扇屋」という店があったんだけど、昭和四十三(一九六八)年にはその付近に新しく「太田部橋」ができたんです。

その頃になると父ちゃんは仕事に出ていたし、お婆さんは目が良く見えなかったから、うちが一人で蚕を飼っていたんだから、まあ、大変だったいねえ。

それでもうちの隣の家にはでっかい池があって、隣で蚕を飼った汚れ物を洗い終わると、「家はもう洗い終ったから、みろくさん家で洗ってもいいよ」と言ってくれたから、蚕の時に使った道具は全部その池で洗わせてもらったから、助かったよ。

うちが此処へ嫁に来た時、この家じゃあ「三角割り飯」を食っていたんさあ。その頃実家じゃあ押し麦を食っていたんだから。

「三角割り飯」というのは、大麦を石臼で三角に引いただけの麦なんだけど、押し麦にする前の段階だからボソボソしてこそっぱくて美味くねえんだよ。とにかく一升の飯に米が三合で麦が七合なんだから、どこに米粒があるんだか分らねえような飯を食っていたんさあ。それでもそんな飯だって食えたからよかったけど……。まあ、麦を食えるまでにするのは大変な仕事なんだよ。

馬上の実家の傍には川があって麦を引く水車があったから、麦刈りをすると直ぐ脱穀機で熟し、それを水車で引いていたから早く麦飯が食えたんだけど、太田部へ嫁に来たら、山の上の畑で麦を刈り、刈った麦は束にしてから麦の穂だけを家まで背負い下ろし、庭に敷いて置いた筵の上で穂を干し上げ、干し上がった穂を杵で突いたんだよ。

嫁に行った頃は姑さまと父ちゃんの二人で麦突きはやっていたから、お婆さんが石臼の中へ麦を掻き込み、父ちゃんが長い柄の付いた杵で石臼に入れた麦を何百回も足で踏み、突き上がった麦は籐箕で篩い、それを臼で挽いて「三角麦」にして食っていたんだいねえ。

だから食うまでには随分手間が掛ったんさあ。

暫くしてからここの家でも押し麦に変わってきたけど、やっぱり押し麦の方が滑らかだよ。

そのうち父ちゃんとうちの二人で夜なべに「蕎麦」や「モロコシ」なんかを石臼で引いたんだけど、父ちゃんは慣れていても、うちはなかなか慣れなくって……。少しずつ手で掻き込み臼で引くんだけど、それこそ「おさご（神仏に供える）」ぐれえしか掻き込めねえから、手間の掛かった嫌な仕事だったいねえ。

そのほか麦を食えるまでにするには恐ろしい仕事があるんだよ。それというのは麦の穂には「ノゲ」というのがあって、それが体中にくっ付くと痒くて痒くて……大変な仕事だったんだから。麦刈りは毎年六月の末頃だったから陽気も暑くなり薄着になるから、余計ノゲが体にくっ付いたからねえ。

小麦を粉にするのは畑から小麦を刈り取り、庭に置いてあるでかい樽を横にして、それに小麦の穂を叩きつけ粒にして、その実を「籐箕」に入れゴミと実を選別し、実だけを石臼で引いて粉にしたんだけど、小麦もそのうち精米所に頼んで引いてもらうようになったんさあ。

昔は太田部でも下の太田部川には水車が二カ所在って、上区と下区の人達が交代で使っていたんだそうだいねえ。

太田部へ嫁に来てからは水の事じゃあ、ほねおったよ。まだ水道が引けてねえ時分だったから、その頃は、上の方からトヨで引いてきた水を五、六軒で使っていたんさあ。トヨで引いた水は途中からは二手に分かれ、その片方を引いていたんだから、使いたくも下まで水が来ねえ事があって、子供が小さい時なんか汚れ物がえら（たくさん）出たんだから本当に困ったたいねえ。それでも何年かして水道が引けたからホっとしたったよ。

うちの子供が小さい頃はまだ実家の母親が生きていたから、うちは三人の子供を連れて年に二、三回は実家へ泊まりに行った事があったんだよ。だけど、太田部から馬上の実家までは便が悪く遠くてねえ。だからまず、ここから三山峠を越えて行くんだけど、峠までが一時間は掛かり、峠から上吉田の小川まで一時間、それから塚越へ出て、塚越からバスに乗り馬上まで行ったんだけど、実家へ帰るたって半日は掛かったよ。

それに、子供のオムツや着替えを風呂敷に包んで持って行ったんだから、泊りに行くたって、まあ容易なもんじゃあなかったんさあ。

帰りは同じ道でもと思い、馬上からバスで小鹿野（おがの）町へ出て、小鹿野車庫から皆野（みなの）町（秩父郡）までバスに乗り、「皆野駅」（秩父鉄道）から　電車に乗り換え「寄居（よりい）駅」で下り、寄居からは鬼石行きのバスに乗り、鬼石（おにし）（現在・群馬県藤岡市）に着いたらまたバスを乗り換え「太田部入り口」で下り、吊り橋を渡って太田部の嫁ぎ先まで帰って来た事もあったんだよ。

それでも昭和四十年代（一九六五～七四年）頃になると、小鹿野から杉の峠を通って鬼石まで通っていたバス路線が出来たから、そのバスを使った事もあったし、そのほかバスで万場（群馬県）へ出て、万場から志賀坂峠の頂上までバスで行き、志賀坂峠からバスを乗り換えて小鹿野車庫まで乗り、小鹿野車庫でまた乗り換え馬上まで帰った事もあったけど、銭だって碌にねえんだからバス代を払うたって容易なもんじゃあなかったんさあ。

実家だって金なんか碌に無かったから、小遣いなんか一度も貰ってみたことは無かったけど、あの頃は何処の家でも容易じゃあねえ時代だったんだよ。まあ、そんな行き方をしてみたけど、母親が亡くなってからは実家には殆ど行かなくなったいねえ。

子供が小っちぇー頃なんか、この辺じゃあ茄子だって碌っこ（碌に）植えてなかったから、たまに父ちゃんが「扇屋」へ肥料を買いに行ったとき、茄子も買ってくるよう頼んだ事があったけど、その茄子は細く刻んで醤油を掛けて食ったり、妊娠している時なんか碌に食う物がねえんだから、夏は畑に胡瓜があったから、畑の胡瓜を捥いで外でかじって食った事もあったんだよ。

いまじゃあ、笑われるような話だけど、あの当時は本当に食う物は無かったかんなあ。

うちら太田部に住んでいたんじゃあ、碌っこ（碌に）買い物にも行けなかったから、いろんな行商が太田部まで登って来たんだいねえ。長女が出来た頃なんか買い物にも行けなかったから、うちの姉さんが横浜から子供服を送ってくれた事があったんだけど、そうしたら姑さまが「こんな田舎で、間さ（普段）そんな服を着せりゃあ人様に笑われらあ」なんて言われたもんだから、つい着せねえで、小っちゃくなっちゃったよ。

姑さまとは十年ぐれえ一緒に居たったけど、七十六歳で亡くなったんさあ。まあ、姑さまはいい時もあったけど、仕事が丁寧で気難しい人だったから、それなりに苦労もしたんだよ。

戦後、うちの姉さんは高篠（現在・秩父市）の「浅見工場」つう機屋へ五年年季で年季奉公へいってたんだけど、うちらは学校を卒業すると家の手伝いだったから「糸道」は知らなかったんさあ。それでも昭和五十（一九七五）年頃だったと思うけど、太田部の近所に多田さんという人が居て、その人が群馬の伊勢崎から「機」の仕事をもらって機織りを始めたんだいねえ。

その時多田さんは近所の何軒かに機の仕事を勧めてくれ、太田部ではその時五軒ぐれえ機織りを始めたんだよ。それでうちにも話があり子供はもうでかくなっていたから、うちも機織りを始めてみたんさあ。

新井みろくさんが使用していた機織り道具

織機は秩父の機屋さんから中古の織機を一台二十万円で買い取り、織り方は、隣のお婆さんが昔手機で織っていた話を聞いていたから、そのお婆さんに織り方を教えてもらい、途中で糸が切れたりすると直ぐ飛んで行き、お婆さんに直してもらい織っていたんだよ。

うちは機を始めて二十五年は織っていたから、平成十（一九九八）年頃までは織っていたんさあ。だけど他の人は段々止めちゃったから、結局最後はうちだけになっちゃったいねえ。

糸は伊勢崎から直接家に持って来てくれ、織る物は主に絣で、正絹やウールも織った事があったけど、京都からの注文とかで、玉糸のような白生地も織ったことがあったんだよ。だけどうちの姉さんからは「機織りだけはやるな。糸は天気に左右されるから。晴れの日が続けば糸は乾き切れやすくなるし、雨が降れば糸が伸びて織りずれえからなあ……」と言われた事があったけど……。

こんな山ん中じゃあ碌に内職もねえし、機を織っている時だけは夢中で何も考えず、上手に織らなくっちゃあという思いで織っていたから、あの頃が一番よかったたんさあ。

それでも家の事をやりながらだから一疋（いっぴき）（織物二反分の長さ）織るのも三日は掛かったけど、織れた反物はその都度機屋さんが現金でくれたから助かったよ。

でも機を始めた頃は、家で年二回蚕を飼っていたから、その時は機を休んで蚕を飼ったんだけど、機屋さんからは「機織りは途中で休んじゃあ困るんだよ……」と言われたから、蚕は幾年か飼って止めたんです。


うちが太田部へ嫁に来てからもう六十年も経つんだよ。

これまで大変だったなあと思った事は数えきれねえ程あったけど、今は一人になって寂しい事もあるけど、はあ（もう）三十年以上も一人で暮らしているんだから慣れっこになっちゃったよ。

毎日のんびり呑気に暮らせているから、今が一番いいんかさあ。

それに馬上の実家は日陰だったから、冬場なんか朝十一時頃陽が当たり、午後一時には陽が陰っちゃったから、うちが太田部へ嫁に来る時、実家の隣の人に言われたったよ。

「おーいみろくさん。みろくさんが嫁に行くとこは日陰じゃあねえで。こんだあ（今度は）日向に住めるからいいだんべえ」なんてねえ。

ふんと（本当に）太田部へ嫁に来たら、朝から晩までよく陽だけは当たってくれたから、嫁に来て一番良かった事はそんな事かさあ。

最近この近所じゃあ一人暮らしのもんが多くなったけど、いまは「白砂恵慈園」（秩父市・吉田）のデーサービスが月に二回「太田部公民館」（現在・太田部コミュニティーセンター）へ来てくれるから楽しみにしているんだよ。最初のうちは二十人ぐれえお世話になっていたけど、今は七、八人になっちゃったよ。引っ越したり老人ホームに入ったり亡くなったりしたかんなあ。だって楢尾の方なんかまだ家は幾件も残っているけど、いまは一人も住んでいないんだよ。

太田部じゃあいま、前もって吉田（現在・秩父市）の役場へ頼んでおけば、「まごころ号」という車が吉田の役場から来てくれ、鬼石や藤岡の病院まで安い料金で連れて行ってくれるから助かるんだよ。

だからこんな山ん中でも一人で暮らして居られるっていう事だけど、あと何年ここに住んで居られるんかなあ……。

（二〇一七年四月）

昭和四十年代に「下久保ダム」が出来て十軒近く減り、それが過疎に繋がる始まりだったんだよ。寂しいもんだいなあ……

秩父市吉田太田部・堀／昭和十五（一九四〇）年生　新井辰信

新井辰信さん

蚕は四眠しなければ繭を作らねえから一生に四回だけ眠るんだけど、蚕はその間四回脱皮してその都度休眠をするんだよ。だからその時期だけ蚕は桑を食わねえでいるから、人間さまは「農休み」というか、その間だけ暇が取れるから、その時女衆（おんなし）はよく「つとっこ」を作っていたったよ。

「つとっこ」というのは、もち米と茹でた小豆を混ぜ合わせ、それを二枚の栃の葉の上に一握り位乗せ、栃の葉を細長く包んで藁で縛り、縛った「つとっこ」は蒸し器で一時間ぐれえ蒸すと出来上がるんだけど、栃の葉は殺菌効果があるっつうから日持ちがし、二、三日は小昼飯（こじゅうはん）（午後三時休み）に食ったんだいなあ。まあ、もち米を使っているから腹持ちはいいんだよ……。

俺ん家じゃあ蚕は年四回飼ったから、五月になると「春蚕」を飼い、そして「夏蚕」「初秋蚕」、最後に「晩秋蚕」とやったんだけど、春蚕は五月二十日頃蚕の種を仕入れてそれを孵化させ、卵は鳥の羽でそっと刷き、その部屋は常に三十度位の温度に保ち、柔らかい桑の葉っぱを刻んでそれをくれながら育てたんだよ。

蚕は上簇（繭を作り始める頃）するまで約一カ月は掛かるから、六月二十日頃には繭を作る準備に入るんだけど、それまでは自分の子供を育てるように大事に育て、段々でかくなってくるとそこの部屋だけでは飼いきれなくなるから、その後は二階へ移し、その頃になると枝ごと切ったでかい桑の葉っぱをくれたんだいなあ。蚕はえら（たくさん）飼ったから遠くの桑畑まで桑切に行ったけど、切った桑は束ねて背板で背負い下して来たんだよ。

1970年代ごろの繭の出荷風景
（写真提供：高岸忠敏氏）

こうして大事に育てた蚕から繭が出来上がると、繭は布袋に入れ背板で出荷場所まで背負い下したんだけど、繭は藤岡（群馬県）の「群馬製糸」がトラックで持ちに来て、そこは「群蚕」と言い、その時一緒に検査員も乗って来たから、布袋に入れた繭はその場で検査したんだよ。

検査は一等、二等、三等と等級が付けられ、等級によって値段が違うから貰う金額も違ってくるんだけど、繭の出荷は俺の家だけじゃあねえから、二、三回に分けて出荷をしていたんだいなあ。

蚕は、自分の体の中にある糸を全部吐き出し繭を作るんだけど、繭の中には「びしょん繭」という屑繭があって、その繭は蚕が繭を作る途中で死んでしまう弱い蚕の事なんです。そうした繭が混ざっていると他の繭が汚れちゃうから、布袋に入れる前に必ず選別をするんだけど、「びしょん繭」を見分けるのは「毛羽取り器」を使って見分け、毛羽取り器に繭を入れると「びしょん繭」だけは潰れてしまい、普通の繭は硬いからぱっぱっと上皮が取れ白くていい繭になって出てくるんだよ。

それでも「びしょん繭」だけを買いに来た人が居たんだいなあ。

蚕がまだ小さい頃は、部屋を閉め切りホルマリンで部屋の中を消毒したんだけど、その部屋は家で漉いた厚い紙を部屋全体に張り巡らして消毒したから、部屋に入るとホルマリンの臭いが鼻を突き息苦しいようだったよ。あの頃はホルマリンぐれえしか消毒液が無かったかんなあ。

俺の家では春先になると「紙」はえら（たくさん）漉いたんだよ。

だから春になるとうちの男衆（おとこし）が山から楮（こうぞ）の木をえら切ってきて、その木の皮剝ぎはお婆さんの仕事だったけど、楮の皮には白い部分と黒っぽい部分があって、その皮を別々に大釜で柔らかくなるまで茹でるんだいねえ。茹で上がった楮は釜から出してよく冷まし、冷めた皮はしっかり絞ってからでっかい平らな台の上に置いたんだよ。

こうして台の上に置いた楮は木槌で打ち砕くんだけど、台の前には二人で向かい合って立ち、それぞれ一本ずつ木槌を手に持ち、相手の木槌にぶっつかねえよう交互に皮を叩いてぶち切ったんだよ。細かくなった楮の皮は、「タモ」を絞って作った白い糊の桶に入れ、その中でよーく掻き混ぜるとそれが紙の元になり、混ぜた楮は「紙漉き舟」の中へ一枚分の量を流し込み、それを右へ左へ流しながら平らにしてから水分を抜いたんです。

水分の抜けた楮は二本の棒上に一枚ずつ掛け、更に水分を抜き、それを枠のある台の上に置き替え、庭には紙を干す「紙板」を何枚も並べ、その紙板の上に一枚ずつ紙を張り付け、その上を藁で作った刷でそっとなぜ、平にして乾かし紙を作ったんだいねえ。

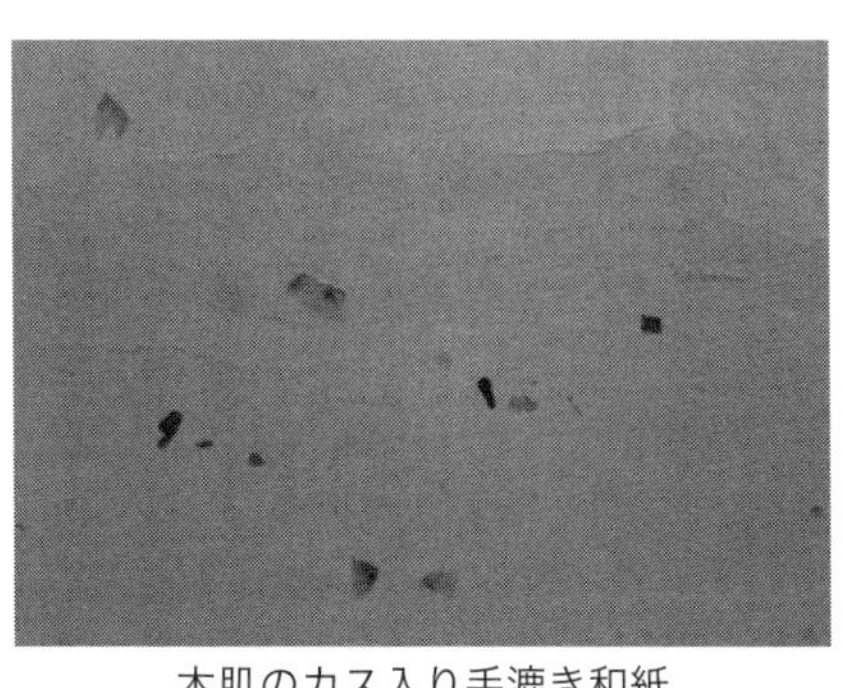

木肌のカス入り手漉き和紙

出来上がった紙は一枚のでかい盤にして保存したんだけど、この紙はいろいろに使えたから、白い部分で出来た紙は障子紙として使い、漉いているうちに段々紙の色が悪くなり、最後の方は木肌のカスが入った紙になったけど、そういう紙は蚕室の目張りに使ったり、「マブシ」（蚕の上蔟の時に使う道具）の下にも敷いて使ったんだけど、それがまた丈夫な紙なんだよ。

まあ、家で作れる物は何でも作っていたから、「味噌」でも「醤油」でも「おなめ」（麦麹と大豆を使った発酵食品）でもなあ。

それにお婆さんは手と足を使って織る「いざり機」で、家の者が着る布を織っていたんだよ。

俺の親父は明治四十二（一九〇九）年生まれで婆さんはその親だから、明治の始め頃にでも生まれたんだんべ。繭から糸にする時は「座繰り」という道具を使い、手で回しながら糸を取っていたったよ。生地は全部白生地を織っていたから、織り上がった布は鬼石（群馬県）の染物屋へ持って行き染めてもらったんだけど、鬼石まで行くたって片道二十キロもあり昔は砂利道だったから、歩いて三時間半は掛かったんだよ。

それで正月が近くなると、染めに頼んだ反物を持ちに鬼石まで出掛けたんだけど、その時ついでに正月用の買い出しもしたから荷が多くなり、それをでっかい一反風呂敷に包み背中へ背負って、鬼石から一日掛かりで太田部まで歩いて帰って来たんだいなあ。

俺の親父は結婚してすぐに出征し「支那事変」で片足を落としたから、陸軍病院で足の手術をしたんだそうだけど、悪い所をぶった切り、皮をむくって縫い付けただけの手術だったそうだから、その後が余り良くなく病院には長く入っていたんだけど、昭和十三（一九三八）年に三十代で日本へ返されたんですよ。

俺はその後この家の長男として昭和十五（一九四〇）年に産まれ、その後に三人出来たんだけど、俺は長男だったからこの家で嫁を貰い、何処にも出ねえ居ぬき（ずっと住んでいる）で此処の家に居たんだから、俺は生粋の「太田部人」という事ですよ。

まあ、親父はお国の為とはいえ、切断したところへ血液が溜ってよく流れねえから、そこを痛がって痛がってなあ。それに骨の出ている所に義足が当るから真っ赤に腫れちゃったんだから……。それでも親父は義足を履いて、桑切りでも草取りでも出来ることは何でもやっていたったよ。

俺は小っちぇー頃から親父の代わりによくこき使われ、昔の百姓家だったからあっちこっち植えられる所には何でも植えていたかんなあ。

それに子守りや家仕事も手伝わされ、小学校へ上がらねえうちから妹や弟でえ（たち）の子守りをしたんだから、背中に背負わされても最初の頃は重たくって、よろけるようだったよ。碌なおしめなんかしちゃあいねえから、赤ん坊が小便すると俺の背中にスーっと温ったかい物が流れてくるんが分かるんだいなあ。

そうかって直ぐ家に帰っておしめを代える事は出来ねえし、あのこらあ（頃は）どこの家でも兄妹は七、八人居たんだから、みんな小っちぇーのを背中へ背負わされよく遊んだんだよ。冬場なんか赤ん坊を背負ったまま畑で麦踏みをしたり木拾いもしたり、子供だって良く働いたかんなあ。

春先になると子供を背負ったまま幾人かで集まり、「おーい、今日はイチゴ刈りをすべえやあ」なんて言い、赤ん坊を背中に山ん中へ木イチゴ取りに入ったんだよ。

それがみんな子供を背負ったまんまだから、背中の赤ん坊の足にバラが引っ掛かったり、枝が頭を突ついたりするもんだから赤ん坊が泣き喚くんだいなあ。だけど泣こうが喚こうがお構いなしに、みんな突き進んで行ったもんだよ。

それで、「おーいここは俺が取るんだぞ」と声を掛け、一本の木イチゴを確保して取ったんだけど、あの時分は夢中で取ってもビニール袋なんつう物は無かったから、空ヒョウタンの中へ木イチゴを入れ家に持ち帰ったんだけど、甘い物なんか碌にねえ時代だったから、親たちだって美味（うま）がって食ったもんだったよ。

いやあどうして秋口になると山にでっかい「梨」の木があってなあ、それがたくさんなったんだよ。その梨は小粒だったけど、霜が降る頃になると甘くなったから、その木に登って枝を折ったり捥ぎ取ったりして梨を持って帰って来たんだよ。

俺が子供の頃は昭和二十年代（一九四五〜五四年）で果物なんか買って食える時代じゃあなかったから、取った梨を家へ持って帰ると、家中で「うめえー、うめえー」と言って食ったもんだったよ。

俺んちの家族は九人ぐれえいたから大家族で、まじいもんでもみんなで分け合い食っていたんだよ。冬場なんか皆な寒みいもんだから囲炉裏の周りに居る者んや、炬燵の中に入る者んとかに分かれ暖を取っていたんだけど、大人は大体囲炉裏の方が多かったいなあ。

囲炉裏は便利なもんで色んな事が出来たから、暖を取るのは勿論煮炊きも殆ど囲炉裏でやったんだから、天井から吊るした自在鉤に鍋を吊るし、飯でも煮物でも天ぷらでも全部囲炉裏だったよ。

当時囲炉裏には一日中置き火があって、煮炊きをしただけではなく、囲炉裏の脇には五徳を置きその上に茶釜が載せてあったからいつでもお湯は沸いていて、誰が来てもすぐに熱いお茶が飲めたから、今の電気ポットの代わりだいなあ。その後だよ。うちで竈を作ったのは……。

うちじゃあお茶だけは一年中飲めるだけは毎年作っていたから、茶摘みの時期は丁度お蚕とぶっついたから、他所の人を頼んで茶摘みはしたんだよ。だけどお茶だっていいお茶を作るにゃあ結構難しいんだいなあ。それにお茶の木は意外に肥料食いで、寒さが厳しい時期にはほきねえ（大きくならない）から、そんな年はどんなに小っちぇー葉っぱでも摘んだんだよ。

俺の家の茶畑は、殆ど畑の端っこに植えてあったから、畑に蒔いた肥やしが流れていくから、わざわざ肥料をくれなくったたって大丈夫で、茶摘みは子供でも摘めたから、家族総出と親戚の者んが助っこをして茶摘みをしたんだよ。お茶が出来るとでっかい瀬戸の壺に入れ、蓋の下には家で漉いた紙を口に貼り付け密閉してから壺の蓋を閉めたんだよ。それに小口用として小っちぇー茶壺に分けて入れ、すぐ使えるようにして置いたんだいなあ。

お蚕上げだってそうだよ。お婆さんがそこいら中から懇意の家へ頼みに行き、とっけえ番こ(交代)にすべえつうんで、手伝ってくれた家で蚕が上がる時は俺の家でも手伝いに行ったんだから、家で頼んだ時は六、七人も来てくれたったよ。手伝ってもらう時は飯も出したから、お袋が台所に掛かりっきりでなあ、十時休みに昼も出し、それに三時休みと……。それも少しは気のきいた物を作って出したんだから……。

その時なんか、新ジャガを塩茹にして大皿に乗せて出したりすると、みんなが嬉しがって食っていたったよ。「俺らがじゃあまだジャガイモは掘らねえで……」なんてなあ。だからあっという間に出した大皿のジャガイモは無くなっちゃったよ。

子供の頃はてんぷら油もよく買いに行かされて、それは五合入る土焼きの壺を持たされたんだから結構重てえんだよ。吊り橋の傍に「多田商店」つう店があったんだけど、そこは雑貨屋だったから米でも酒でも油でも色々売っていたんだいなあ。

そこまで歩いて行くなあ四、五十分も掛かったし、帰りは油の入った壺を落さねえように大事に抱えて帰って来たんだから一時間以上は掛かったと思うけど、おまけに帰りはずっと登りなんだから、そのお使いはふんと(本当に)嫌なお使いだったよ。

それでもてんぷらなんかはおごっそう（ご馳走）だったから、年に何回も作っては貰えなかったよ。だからたまに地炉（囲炉裏）でてんぷらを揚げる時なんか、でっかい大皿に二つも盛りあがるほど揚げたんだけど、それを「一人三個しか食っちゃあいがねえ（駄目だ）よ」なんてお袋に言われ、それを地炉の周りで子供たちが食いたくって、みんな揚げ上がるのを唾を飲み込んで見ていたもんだよ……。

それに地炉の周りには鉄器が置いてあったから鉄器の下には炭を掻き込み、鉄器の上で蒸かしたさつま芋なんかを転がしながら焼いて食うと、それが甘くてうめえんだよ。その芋を食ってからまた飯を三杯ぐれえ食えたんだから、昔の者んはえら（たくさん）食ったんだよ。

さつま芋はえら作ったから家にはでかい室（保存する場所）があって、そこへさつま芋を貯蔵して置いたんだけど、室の中がいっぱいになるほど収穫したんだから、切干芋もえら作ったいなあ。だから低い屋根の上までさつま芋の切り干しが干してあったから、学校から帰って来ると、丁度よく干し上がった切干をほうばり、堅くなく柔らかくなくそれがまたアメ色のようで甘くて美味いんだよ。

俺の家はラジオを入れたのは早かったけどラジオが入る前なんか、地炉でお爺が目を開けたり瞑ったりしながら、俺ら兄弟には昔ばなしをよくしてくれたいなあ。はあ、幾つも覚えてねえが、ひとつは「桶屋」の話なんだけど……。

むかし「桶屋」っつう桶作りの職人が居てなあ、それは風呂桶を作っていた職人だったんだけど、その職人は風呂桶作りを頼まれるとそこの家に出向き、庭で板を削りその板で丸くてでかい風呂桶を作り、その桶の周りには何本か箍を掛けて仕上げたんだけど、水が漏れねえよう上手に風呂桶を作ったもんだったよ。

ところがある時その桶屋が、「城峯神社にはお犬様なんか居ねえよ。あんなものは絶対にいねえから」と、風呂桶を頼まれた家の人と言い争いになったんだとさあ。

そして桶屋は仕事が終わり、「ありがとうございました」と挨拶して城峯の峠道を越えようと登って行ったんだそうだ。

現在の城峯神社

ところがその峠の真ん中にでっかい狼が出て来て、狼は右へ寄ったり左へ寄ったりして道を塞ぎ、桶屋を通さねえんだとさあ。

困り果てた桶屋は、道の真ん中に土下座して両手をつき「誠に申し訳なかった。勘弁して下さい。どうか命だけは助けて下さい」と言って謝り、道を通してもらったんだとさあ。

その後桶屋は、風呂桶を頼んだ家へ来た時に「狼はほんとうに居たんだよ。その狼には酷い目にあったんだから、『お犬様はいねえ』なんて言うもんじゃあねえよ」と言っていたそうだ。

子供の頃はそんな話をお爺から聞いた事があったいなあ。

群馬から桶屋も来たけど、鍛冶屋もよく登って来たんだよ。鍛冶屋は炭を起こす鞴を背負って俺ん家にも来たんだけど、俺の家へ着くとすぐに背中から鞴を下ろして庭で炭を起こし準備をしていると、近所の者んがすぐに気が付き、「おーい、鍛冶屋が来たから、用のある者はみんな集まれえ」なんて大声で呼んだんだよ。

そうすると近所のてえ（人々）が穴の開いた鍋や釜を持って頼みに来たんだいなあ。

炭を熾（おこ）したうえには鉄のでかい鍋のような物を置き、その中へ鉄の塊を入れるとそれが溶け出してドロドロになり、預かった鍋釜の周りをきれいに削ってから、穴の空いたところへ溶かした鉄を貼り付け平らに延ばし、水が漏らねえように作り上げたんだよ。

昭和四十（一九六五）年頃までは、時期になると毎年鍛冶屋も来ていたったけど、そのうち新しい鍋釜が買える時代になったから、鍛冶屋もその頃から来なくなったよ。

俺ん家に電気が引けたんは、俺がまだ学校へ上がる前に引けたから、戦前だったと思うけど、俺はその時電気屋の後をくっ付いて歩いていたんだよ。そのうち俺の家にも電気を引いてもらったんだけど、その時電気屋に「おい小僧、こんだあ（今度は）いくら吹いたって消えねえから吹いてみろ」と言われ、俺は裸電球を一生懸命吹いてみたんだよ。そうしたらふんと（本当に）電球は点いたままで消えなかったから、俺はビックリしたったよ。

水道が引けたんは、俺が中学を卒業してからだだから昭和三十（五五）年頃だったと思うけど、それまでは此処から一〇〇メートルほど下ったところに古井戸が在って、そこから水を汲んで来たんだけど、その井戸は上ん家と下ん家と俺ん家の三軒で使っていたんだよ。

俺の家が一番近かったんだけど、水汲みは容易じゃあねえ仕事で、天秤棒の前後に桶を二つ吊るし、水を一杯にして担いだんだから、まあ、大変な仕事だったたよ。

家の中にはでっかい瓶が置いてあり、その瓶一杯にするには、井戸から五、六回汲んで来なけりゃあ一杯にはならなかったよ。だから風呂だって一週間に一、二回沸かしたぐれえだったいなあ。戦後間もない頃は、太田部にも東京から疎開して来た家族が幾軒かあって、そうした人たちは風呂のねえ家が多かったから、疎開の人は俺の家にも風呂借りに来たんだよ。そんな時は七人も八人も入った後、俺ら家族は風呂に水を足し、沸かし直して入ったんだけど、家族も入れりゃ十七、八人は入った事になったんだから、最後は中がよく見えねえ垢べえな風呂だったよ。

それでも「ああ、さっぱりした」なんて言い風呂から出てきたもんだよ。

それにこんな不便な所にだって終戦直後はリュックを背負って、藤岡や鬼石に疎開していた都会の人たちが、バスを乗り継いで太田部まで買い出しに登って来たんだよ。だからさつま芋でも大根でも食える物は何でも買って行ったから、うちじゃあその頃さつま苗を結構植え、芋にしてから売っていたんだいなあ。

まあ、生きていくなあ食う物が第一だから、可哀想なもんだったよ。

俺は「吉田小学校・太田部分校」を出たんだけど学校は二階建てで、一階が小学校、二階は中学で複式授業だったよ。それでも昭和三十年代（一九五五～六四年）頃は全校で一〇〇人ぐれえは居たんだから……。小学校の高学年になると、遠足は「矢納」（現在・神川町）にあった発電所の見学だったけど、そこは川の水を堰き止め電気を起こしていたんだっつうから、まあ、たまげたいなあ。中学になったら一泊旅行で、（神奈川県の）江の島とか鎌倉へ行って来たんです。

俺は中卒なんだけど、あの時代は高校まで出る者は少なかったよ。それでも俺は高等学校を出たかったなあ……。

だけど親からは「高校には行かねえでくれ、おめえが居なけりゃあこの家はどうにもならねえんだから……」と、言われたもんだから、泣く泣く断念したんだけど、その後俺は「熊谷高校」（埼玉県熊谷市）の通信教育を何年か受けてみたんだけど、まあ、家の仕事が忙しくて最後まで続かなかったよ。

俺が女房を貰ったんは昭和三十八（一九六三）年二十三の時で、女房は二十二歳だったよ。人に世話をされ、女房は群馬県の上野村から貰ったんだけど、こんな辺ぴで山ん中へよく来てくれたいなあ。俺のうちで働いてもらうなあ体が弱くちゃ困ると思ったけど、気持ちが良さそうで元気そうな人だったから貰ったんだよ。

だから良く働いてくれたし、家の中の事から畑仕事の事まで良くやってくれたいなあ。そのうちお爺も親父も弱ってくるし、俺は二十代の頃から家の切り盛りは全てするようになったから、結局俺は勤めには出られなかったんだい。

以前、太田部じゃあ車が通れるだけの道幅は無かった。人と荷車がやっと通るだけの道だけだったんさあ。太田部という所は秩父であっても群馬県側の方が近かったから、車が通れるだけの道は、先に群馬側へ下る道が整備され、秩父の吉田町（現在・秩父市）へ通じる道は一番最後だったよ。

そうだなあ、秩父方面へ抜ける道が出来たんは昭和四十年代（一九六五～七四年）頃だったんべえなあ。俺が民生委員をやっていた頃は吉田町の役場へ行くったって、鬼石廻りで片道六十キロ以上もあったんだから……。俺は四十代頃から民生委員をやっていたんだけど、当時車の運転ができる人が居なかったから仕方ねえ、引き受けてやっていたんだよ。

俺が車の免許を取ったのは女房を貰う前の年で、昭和三十七（一九六二）年二十二歳の時だったけど、その頃はまだ近くに自動車学校が無かったから、熊谷の手前に在った「籠原自動車学校」まで通ったんだけど、俺が車の免許を取るのに使った金は、大宮（現在・さいたま市）の試験場まで入れて、全部で二万六千円ぐれえだったよ。

いま考えると嘘のような話だけど、その頃はまだ金に価値があったかんなあ。その後すぐに二十五万円で中古の軽トラックを買ったんだけど、いい加減なサラリーマンじゃあ買えなかったよ。

1980年代に近隣の人たちの手を借りて私道を作る（写真提供：高岸忠敏氏）

車の免許を取った昭和三十七（一九六二）年頃、やっと太田部も群馬県側から道路をつくりはじめた頃だったよ。

だからまだ上まで車が通れる道が無く、ずっと下の方へ車庫を作り、俺の家はかなり山の上だから、いまある車庫になるまで四回も車庫の場所を作り替え、俺ん家まで車が登って来るようにしたんは昭和五十年代（一九七五〜八四年）で、下の本通りから家までは百五十メートルもあって、機械は一切使わず手作りで作った道なんですよ。

その時俺はボロの二トン車を借りて石を運んでやっと車が通れるだけの道を作ったんだけど、石が崩れたり積み直したりで、容易なもんじゃあなかったたいなあ。だから近所のてえ（人達）も結構手伝ってくれたんだから、毎晩酒を振る舞い、女房が何かしらつまみを出してくれたから、まあ、やっと出来た道なんですよ……。

その後、道の途中までは吉田町でコンクリートを打ってくれたけど、俺の家までは打ってくれなかったよ。たしか俺が四十代頃だったたんべなあ。

1970年代の秩父市農協・有線放送交換室
（『農協合併30年 あゆみ』より）

昔というか昭和四十年代（一九六五～七四年）頃「有線放送」というのが有って、それは電話機の中にスピーカーも組み込まれてあり、放送も流していたんだけど、この設備は国から助成金が出て吉田町の農協でも作って引いたんだけど、全国の各農協単位で作ったらしいですよ。

こうして引いた電話機には各戸それぞれ番号が付けられ、交換室から「何番さん。何番さん……」と番号で呼んだんだいなあ。

俺は若い頃から民生委員をやっていたし、車も太田部じゃあ早く入れた方だから、夜中に急病人や産気づいた人が出ると、有線放送で俺ん家の番号を呼ぶんだよ。だから連絡が入ると病人でもお産の人でも俺の車に乗せて、鬼石や藤岡の病院まで何度も送迎した事がありましたよ。その頃は、酒を一杯飲んでいても捕まるような事はなかったかんなあ。

昭和五十（一九七五）年近くになると繭の価格が低迷してきたからお蚕は止め、その後はコンニャク作りに切り替えたんだけど、当時コンニャクの値段は良かったですよ。値段のいい時は、一俵三十キロ入りが二万円近くはしたんだから……。それでも俺が始めた頃は一万八千円だったけど、それでも良かったなあ。だから女房と畑に行くのが楽しみだったよ。

コンニャクは以前、一表が四十キロもあったから、今じゃあとても持てねえけど、俺が始めて間もなく三十キロになったから助かったよ。それでも三十キロだって相当重てえで。

値段のいい時はとにかく楽しかったなあ。当時俺は、コンニャクだけで年間三百万は稼いだんだから、みんなに羨ましがられたったなあ。

だけど三百万円売ったとしても、コンニャクは生子から出荷するまでは三年も掛かるし、昔なんかへたをすりゃあ四年も掛かったんだよ。そういう事を考げえてみると、平均すれば年間百万ぐれえという事かなあ。コンニャクは一町分も作っていたんだけど、どんな場所でも消毒出来るように、遠くから水を引いていたんだよ。

それでもなあ、女房は五十八で亡くなっちゃったんだい……。俺には子供が四人あったけど、女房が亡くなる前に子供たち全員下へ出て行ったから、俺は六十歳からずっと一人暮らしになったんだよ。

昔のように一軒の家に、お爺が居てお婆が居て、親父にお袋それに子供が居て……、そんな時代はもう終わったいなあ。

今の時代、金取りをしなけりゃあ生きていげねえ時代だし、この太田部からは通えるような職場はねえかんなあ。

俺は女房が亡くなってから幾年か、何をしたらいいかさんざ（随分）考えたよ……。

その頃になるとコンニャクも外国から安い物が入って来るようになり値段は崩れてくるし、女房が生きていた時は二人でコンニャクを作っていたけど、コンニャクを止めた途端に畑が雑草に覆われ、とくに「萱」がはびこり、萱の根っこは深く根が張っているから掘るのが容易じゃあねえんだいなあ。

こうして俺がその後考えたのは、ワラビ作りだったんだい。ワラビなら鹿も食わねえし、猪は掘るだけだから……。それでもワラビを植え込むのに、五、六年は掛かったかんなあ。コンニャク畑の後に、一町分もワラビの根を一人で植えたんだから……。

一般の人が来ると、「こんな山の上に広ーいワラビ畑があるんだあ」なんてビックリするような所にまでワラビを植え込んだんだよ。

俺が民生委員をやっていた頃は、楢尾を入れて六十三軒家があったんです。だけどいまじゃあ、太田部全体でも十七軒（二〇一七年九月現在）になっちゃって……。楢尾耕地には家が幾軒も残っているけど、今年（二〇一七年）の春になってからは全戸空き家ですよ。

昭和四十年代に「下久保ダム」が出来て十軒近く減り、それが過疎に繋がるかつての始まりだったいなあ。

寂しいもんだよ……。

太田部という所は、秩父であっても群馬との付き合いが九割以上で、秩父市の方だって太田部なんかまるで陸の孤島扱いで、面倒なんか碌にみちゃあくれねえよ。いま太田部じゃあ、子供は一人も居ねえし、年寄りばっかりで、それもいつまで続くかなあ。太田部の者は病院だってスーパーだってみんな鬼石か藤岡だから……。

「十八神社」のお祭りは、毎年十月一日にやっていたんだけど、四年前から十月の第一日曜日に替わったんです。

それは太田部の住人が年を取り過ぎたから、祭りの運営が困難になった事で、太田部から他所へ出ている若い衆が十人ほどで、「地域外住人の会」という会を作り、「俺たちが面倒みるから祭りは続けてほしい」という事になり、今でも毎年十八神社の祭りは十月にやっているんです。

いま太田部には若者が一人も居ねえから、その会の連中が祭りや道路整備でも草狩りでも手伝いに来てくれているから、大変助かっているんですよ。

まあ、しょうがねえやい。こういう時代なんだから……。

俺はこれまで一番大変だった事は、女房を五十代で亡くし、それからこれまで手鍋ひとつで何んでも一人でやってきたっつう事ですよ。

一人で生きてゆくという道筋を付けるまでが大変だったいなあ。

人間いずれどっちかが先に行くんだから「できる範囲の事は自分でやる」という事を常に身に付けておかないと、一時は酷い目に合うよ。

それでも俺はこれまでいろんな役はやったなあ。青年団の団長から吉田町のコンニャク組合長、農家組合長に町会長そして民生委員までなあ。民生委員は四十六歳から二十六年間もやりましたよ。だから役は次から次に引っきりなしによくやったんだよ。やる人が居ねえんだから……。

俺は幾年か前に罠の免許を取ったから、いまは太田部の連中幾人かで鳥獣駆除の罠を近所の山に仕掛けているんだけど、この間は凄げえ角をしたでっかい鹿を取ったったよ。鹿だって新芽がでる時期になると、みんな新芽を食っちゃうんだから……。

人間あれかなあ。やっぱり何か一つぐれえ自分で楽しめるような趣味を持つ方が、元気で長生きが出来るんかなあ。

いま俺の楽しみは「カラオケ」で唄を歌い大勢の人たちと接する事で、そうした人たちと飲んだり食ったり唄ったり、そして旅行へ出掛けたり……。

まあ、そんな事がいま俺の一番楽しみにしている事なんかなあ……。

(二〇一七年五月)

これまで姑さまには散々弄られてきた様な気がしたったけど、いま考えてみりゃあ有難かったんだよ。つましく生きるという事を教えてくれたんだから……

秩父市吉田太田部／昭和七（一九三二）年生　新井末子

新井末子さん

私は上吉田（現在・秩父市）の「小川」つうところで生れ十人兄妹の六女で、男が三人、女は七人だったけど、私が育った頃は戦時中だったから食べ物だって碌な物は無く、当時は「産めよ増やせよ」という国の方針だったから、何処の家でも七、八人は子供が居たし、私の家なんか十人も出来たんだから、県知事から表彰されたんだそうですよ。

母親は、十人も産んだせいか体を壊しちゃって六十歳で亡くなったんだけど、父親は鉄砲撃ちや龍勢（りゅうせい）（筒に火薬を詰めて飛ばす大型のロケット花火。重要無形民俗文化財）の棟梁なんかもやっていたから道楽があって、九十三歳まで長生きが出来たんだいねえ。父親が龍勢を作っていたのは戦後になってからで、下吉田に在る「椋神社」の祭りに上げたんだよ。

いまでも上吉田の小川じゃあ「源流会」という会を作って、毎年「椋神社」の大祭には龍勢を上げているようだけど、実家の甥っ子なんかも「源流会」に入っているから、夏頃になると一生懸命「龍勢」作りをやっているようだいねえ。

私が小学校へ上がった頃は、上吉田の塚越に「上吉田小学校・塚越分教場」があって、私はそこの学校を出たんだよ。その頃はまだ中学は無かったから、私は高等科を出ると家で百姓をしたり、和裁や洋裁を習っていたんです。上吉田に中学校が出来たんは、私の妹が入る時だったから昭和二十四（一九四九）年頃だったと思いますよ。

私は学校を出ると冬場の三カ月間だけは、宮戸に在った「上吉田小学校」の裁縫室で洋裁を教えてもらい、和裁は塚越で教える先生が居たから三年間通い、生け花も習っていたから、一応嫁入り修行は一通りやったんです。

私は昭和二十九（一九五四）年二十二歳の時に「太田部」へ嫁に来たんだけど、私の母親は太田部から上吉田の小川へ嫁に来て、その何年か前には母親の姉さんも太田部から小川へ嫁に来ていたから、その叔母さんから私は太田部へ嫁に行くよう世話をされたんです。

だけどその時私はまだ若かったし、あんな山奥へ行くのは最初から乗り気じゃあなかったから「嫌だよ」と断ったんだけど、みんなに勧められたから仕方なく嫁に行く事にしたんさあ。旦那になった人は、家で百姓をしたり牛を二頭飼ったりでそんな仕事をしていた人でした。

こうして私は仕方なく嫁に行く事になったんだけど、あの頃のご祝儀（婚礼儀式）は容易なもんじゃあなかったよ。一月二十五日がご祝儀だったけど、その前日に大雪が降ってなあ、私は雪の降っている最中、長靴を履いて小川の家から二時間掛け、やっとの思いで小鹿野の髪結いまで一人で歩いて行ったんさあ。

その晩私は髪結いの家へ泊り、翌朝雪は止んでいたけど、朝早く「高島田」を結ってもらい、嫁御着物に着替えてから着物は引っ張しょりで、三十センチも積もっていた雪の中、三里（十二キロ）の道を歩いて家まで帰って来たんです。まあ、家に着いたと思ったら、それからすぐに私の家では「呉れ祝儀」の宴会が始まったんさあ。

その日は朝早く太田部から雪の中を峠越えして、旦那になる人とお世話人様に親戚の人が六、七人、私の家に来て私を待っていたんだよ。私が家に戻ったら、すぐに家族と親戚と太田部の者が一緒になって、私の家で「呉れ祝儀」の宴会を二時間ぐれえして、それが終わるとその日のうちに行列で雪の峠道を越して、太田部の嫁ぎ先まで辿り着いたんさあ。

だから前の日に降った大雪の中を「高島田」に嫁御着物の上からモンペを履き、長靴を履いて三時間以上も掛かって、やっとの思いで太田部の嫁ぎ先へ着いた頃にはもうすっかり陽が落ちて、辺りは薄暗くなっていたんだよ。

こんな騒ぎをしながら嫁ぎ先へ着いたのも束の間、太田部の方じゃあ「貰い祝儀」だから、まあ、夜中までどんちゃん騒ぎの酒盛りでさあ、私はもうすっかり疲れちゃってへとへとになり居眠りが出ちゃったんだよ。

だけど私は、「あんな山ん中へ嫁に行くのは嫌だから……」って、さんざ（幾度も）叔母さんには話したんだけど、「今になって嫌だなんて言われても困るよ。もう相手の家には話を通してあるんだから」「それに旦那になる男は『太田部一』頭が良くて、『太田部一』の若衆だから」なんてねえ。

こうして私は叔母さんに何度も諭され、無理矢理太田部へ嫁に来たっつう事ですよ。だからご祝儀をするまで、自分の旦那になる人に会った事もなければ顔も知らなかったんさあ。

嫁に行った翌日は、親戚の人に島田を結い直してもらい、「里がえり」といい、嫁ぎ先の親が私の実家へ私を送り届け、太田部の親たちはその日のうちに太田部へ戻り、私だけ実家へ残って二、三日泊まってから、嫁ぎ先へ戻って来たんです。

だからまあ、昔のご祝儀は、三日も四日も掛けて行ったり来たりしたんだから、容易なもんじゃあなかったんさあ。

嫁に来た頃ここの家では乳牛を二頭飼っていたから、毎朝旦那と二人で夜が明ける前に乳絞りをしたんだよ。絞った乳は広口の細長い牛乳缶に入れ、絞りたての乳は温ったかいから桶の中へ水を入れ、その中で牛乳缶を冷やし、冷めた牛乳缶は背板に背負って群馬側にあった「扇屋」近くまで背負い下したんだけど、そこには朝早く集乳車が待っていたんだいねえ。

牛乳缶の背負い下しは、高校生になった小舅も学校へ行く途中背負い下してくれたから助かったけど、私や姑さまも運んだ事があったんだよ。

姑さまはしっかり者で普段横にもならねえような人だったから、私も嫁に来てからは座っている暇もなく山や畑仕事べえ（ばかり）させられ、その辺に有った切株に腰を下ろして休んだぐれえだったよ。それこそ学校を出てから何処にも出ねえ、お辞儀も碌に出来ねえ世間知らずのまま、こんな山ん中へ突然嫁に来ちゃったんだから……。

太田部へ嫁に来てからというもの、山と畑仕事だけで何年もお勝手仕事はさせてもらえなかったんさあ。それと言うのも私が嫁に来た頃は、まだ学校へ通っていた小舅姑たちが三人も居たんだから、台所は姑がやっていたし、姑さまは私を躾ける為にやらせなかったんだと思ったよ。

私は嫁に来てすぐに山仕事へ行かされ、それは山の上にあった桑畑の桑抜きの仕事だったけど、桑は根が太くて広く張っていたから、ちょっとやそっとじゃあ根っ子が抜けねえんだよ。太田部には「郷蔵」という蔵が在って、そこには共同で使ういろんな畑道具が置いてあり、桑を抜く抜根機もあったからそれを借りてきて、旦那と二人で桑抜きをして広いコンニャク畑を作ったんです。

だから私が嫁に来た翌年の昭和三十（一九五五）年頃からコンニャク作りを始めたんだけど、あの時分コンニャク玉はいい値で売れたし、舅姑たちはまだ若かったからお蚕もえら（たくさん）飼い、繭もコンニャクもいい金になったから、そうした金で三人の小舅姑たちは、みんな上の学校まで出せたんだいねえ。

まあ、太田部じゃあこんな事をして金取りをしていたっつう事が嫁に来て分かったけど、実家の方は自慢じゃあねえけど、実家には山が結構有ったから、杉を売ったり雑木は炭焼きに売ったりして金取りをしていたんだけど、昔は材木が高く売れたからいい時期もあったんだいねえ。

嫁ぎ先の此処の家は四百年近くも続いてきたんだそうだけど、幕末の頃は「旅籠屋」をやっていた

当時新井家で使用した
宿屋の看板

そうですよ。そんな話をこの家のお祖父さんが子供の頃聞いた事があったらしく、江戸から明治の始め頃までやっていたようでした。当時の宿帳もあったんだけど、今はどこかへいっちゃったいねえ。お客は秩父方面や群馬の人が泊まったらしいけど、家の下まで人力車で来た人があったそうだから。

それにどういう訳かこの家の裏の道は結構道幅があって、「東海道」なんて言っていたんだそうですよ。だからこの裏の道を越えて群馬の方へでも抜けたんかさあ。

家の中には幾つも部屋があり区切りがあって、そうした部屋は下にも二階にもあり、まわり廊下で便所は裏・表にあって、二階へ昇る階段は欅のいいのが掛かっていたんだよ。

それに二部屋ごとに床の間があって、十畳を区切った障子もあり、袋戸棚は吊り天井になっていたんだから凄い仕掛けだったたよ。裏側の窓は格子戸になっていて、窓から坪庭や道が見えるように家が建てられていたんだから、家が新しい時分はまあきれいだったんべえねえ。

私の旦那のお祖父さんは上吉田から婿に来た人で、あんまり仕事が好きじゃあなく、朝から本べえ（ばかり）読んでいて、割飯が嫌いで米の飯べえ食い、おまけにお蚕を飼うのも下手だったらしいから、それで身上を減らしたんだとさあ。

本が好きでも頭が良くも、金取りができなきゃあ生活だって大変になっちゃうよ。

私は嫁に来ても三年は空身だったから、近所の人には「あそこの嫁御は子が出来ねえんかさあ」なんて言われていたようだったけど、それでも三年目には子供が生まれその後三人出来たから、子供は四人授かったんですよ。

初めて子供を産む時は、此処ん家の下の方に子供を取り上げる婆さんが居たから、その人を頼みこの家でお産をしたんだけど、次の子からは姑と旦那で取り上げてくれ、四人目の終いっ子だけは家に車があったから、鬼石の病院で産んだんです。

私が子育てをする頃は夢中だったから、当時の事なんか殆ど覚えていねえし、子育てなんか自分は「余っこ」（余分）だったから……。

それに姑さまから「ここの家は洗濯なんかべえ（ばかり）やっているような家じゃあねえんだよ」なんて言われたりしてなあ。それだって子供が四人も居て小っちぇー頃は汚れたオムツなんかえら（たくさん）出たし、洗濯物だって手で洗った時代だったから時間が掛かったんだから……。

そのほか山仕事や畑仕事をして子供に乳なんかをくれていたから余計に腹が減っちゃって、それでも嫁御だからふんだん（たくさん）に食えねえし、まだ姑さまが幾年も煮炊きをしていたんだから余計気が引けて、おかずを挟むんだっておそるおそる箸を出し、腹一杯は食えなかったよ。だから蒸かしたサツマ芋なんかそっと外へ持ち出し、隠れて食うような事もあったけど、それでも旦那が優しくってよくしてくれたから、サツマの切干なんか隠して私に渡してくれた事もあったんだから……。

だからどうにか居られたようなもんだったよ。

山仕事はいつも旦那と二人だけだから途中で休んでも良かったけど、子供が出来る前までは小舅姑

昭和40年代の吉田小学校・太田部分校
（写真提供：山口秀明氏）

が三人も居たから家の中じゃあ居場所が無く、ゆっくり腰を下ろして休むのはいつも外だったから、あの頃はまるっきり外暮らしさあ。

子育ての頃は大変な時期もあったけど、我慢していればいまのようにいい時がくるんだよ。

うちの子供が太田部の小学校へ通っていた頃は学校も賑やかで百人ぐれえは子供が居て、複式授業でやっていたんです。

中学になると太田部には中学校が無かったから、太田部の子供達はみんな吉田町の「吉田中学校」へ入ったんだよ。太田部から中学へは通えねえから全員寮に入り、寮から中学へ行ったんだけど、太田部の子供たちは、皆それなりに勉強は出来たんです。

うちの一番下の子だけは群馬の「万場中学」へ入り、家から片道一時間半掛けて三年間通い通したけど、万場の学校へ行った子も、万場の子を抜いて成績は良かったいねえ。

私が台所を任されるようになったのは、嫁に来て五、六年経ってからだったけど、台所を任されたとは言っても、暫く飯を炊く分だけは姑さまが米と麦を計ってよこしたんだよ。例えば一升炊くとしたら米三合に麦七合とかねえ……。

麦は家で取れたからある程度自由になったけど、米は全部買ったんだから、えら（たくさん）使われると困るとでも思ったんかさあ。米は太田部をずっと下りた群馬側の「扇屋」で買って来たんだけど、そこへは旦那が行って米や雑貨物を買って来たんです。

魚屋なんかは鬼石から太田部へ登って来て売り歩いていたったけど、姑さまが台所をやっていた頃は、私は殆ど山や畑仕事べえだったから、たまに行商の人を見掛けた事もあったけど、私は金を全然持たされなかったし、家には居ねえで山や畑べえだったから、どんな売り屋が来ていたんか殆ど知らなかったよ。

台所を任された頃はまだ竈で燃し火だったから、そこで飯を炊いたりうどんや蕎麦も家で打っていたから、そんな時は少し大目に捏ねて、伸ばしたうどんの切れ端を竈の下の鉄器の上に乗せ、そっと焼いて食ったもんだったよ。

その時分は子育てで母乳をくれていたから、腹も減ってそんな事をしてつまみ食いもしたったけど、台所を預かる前は泣き泣き外暮らしだったから、何も口にする事はできなかったいねえ。

餅つきの時だって私の旦那がついて姑が手合わせをしたんだけど、あの頃は七臼ぐれえついたって、自分じゃあ碌に食ってみるせわはなかったし、その時私は遠くの山で泣き泣き木背負いだがねえ。

ほんとうに背負い事べえさせられたかんなあ。だから嫁に行ってその家に住み着くということは大変な事なんだよ。実家へ泊まりに行くたって、めった（幾度も）には出されなかったんだから……。

盆や正月になると、ここの家から出た者が大勢泊まりに来たから嫁の私は家を空けられず、七月二十五日の納休みに実家へ行ったぐれえなもんだったよ。その頃は子供を背負ったり手を引いたり峠越

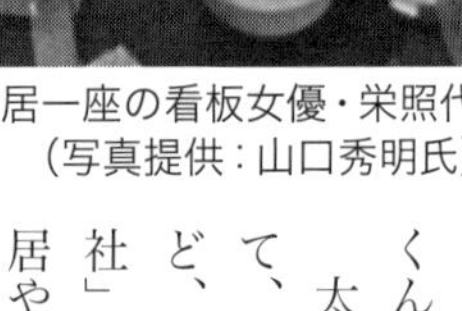

芝居一座の看板女優・栄照代さん
（写真提供：山口秀明氏）

えをして実家へ帰ったんだけど、片道三時間近くは掛かったから、四人目が出来てっからは行くんが大変になり行かなくなったいねえ。

太田部には「十八神社」がこの上の方にあって、毎年十月二日にお祭りをやっていたんだけど、以前はまあ賑やかだったよ。昔は「十八神社」にはでっかい舞台が在ったから、そこで芝居や舞踊をやったんだけど、その頃、上吉田には「猪野さん芝居」という一座があって、「栄照代（さかえてるよ）」という看板娘が居たから、その人が芝居をやったり舞踊もしたんだけど、みんないい役者が揃っていて上手だったいねえ。だけど、はあ（もう）とっくにみんな死んじゃったよ……。

当時は見物人も大勢いて、神社の境内には座りきれねえほど人が集まり、商いも三軒ぐれえ店を出していたったけど、私は金も預かってなかったから何も買ってみるせわはなかったよ。

私が嫁に行った当時は洋服屋なんか一反風呂敷に服を包んで背中に背負って売りに来たったけど、金も無かったから服も買ってみるせわはなく、そのうち旦那が車に乗るようになってからは、下着でも服でも鬼石の街から買って来てくれたったよ。

それでもここの家に行商が来た事があったから、自分でも少しは買ってみたったけど、それは実家へ帰った時、母親が内緒で包んでくれたからその金を貯めておいたんさあ。あの頃母親は「兎」を何匹も飼っていて、当時、上吉田には木下さんつう肉屋があったんだけど、その人が実家へ兎を買いに来て、買った兎は木下さんが捌き肉にして売っていたんだいねえ。

当時は豚肉なんか買えねえ時代だったから、兎の肉でも結構売れたんだよ。それに母親はニワトリも飼っていたから、卵を取って上吉田の塚越辺りの店に出していたらしいけど、そうした小金を貯めて私に持たせてくれたんだから、大した金額じゃあなかったけど、貰った金は大事に大事にこつこつ貯めておいたんさあ。

私が嫁に来て一番大変だったことは食べる事だったよ。

台所を何年も任されなかったから、いくら腹が減っても遠慮してそんなに食えなかった……。それでも自分で台所を任されるようになってからは、ある程度食べ物は自由になったけど、まあ、旦那がいい人で親切だったから、この家を出て行こうと思ったことはなかったよ。それに帰るところも無かったしなあ。

私はこれまで電車には二回乗っただけのやぼ人間で、若い時だって、大体の用事は小鹿野の街で済ませたもんだいねえ。

良くしてくれた私の旦那は昭和五十二(一九七七)年に四十九歳で亡くなり、私はまだ四十五歳だったから、まあ、がっかりしたいねえ。

太田部の葬式は殆どの家が神葬祭だから、うちでも神葬祭を自宅でお世話になったけど、舅さまや旦那の葬式はまだ土葬だったから、墓は隣組の人たちが穴を掘って安置してくれたんです。姑は平成十（一九九八）年に九十六歳で亡くなったけど、私は嫁に来てから一度も姑さまには口答えしをした事はなかったですよ。

ここへ嫁に来て良かったなあっと思った事は一つもねえよ。今だって思わねえんだから……。だけど旦那だけはいい人だったよ。

こんな山ん中でこんなでっかい家に嫁に来て、蛇は出るし、蜂や鹿や猪や猿だって出るんだから、人間様もだんだん動物に押され気味だけど、人が住まなくなってきたんだからしょうがねえやいねえ。

それでもまあ私の死に場所はこの太田部なんだよ……。

姑さまとはいろいろあったけど、最後に姑さまから「おめえには山仕事べえ（ばかり）させたり、きつく当たったりして悪かったなあ」と、一言言ってくれたから、その言葉を聞いただけで、私は肩の荷が取れたような気がしたいねえ。

これまで姑さまには散々弄られてきたけど、今考えてみりゃあ有難かったんだよ。つましく生きるという事を教えてくれたんだから……。

（二〇一七年四月）

人間世に生まれ出て苦労と闘いながら生涯過ごすんだから、苦労をしに世の中へ出て来たようなもんだよ……

秩父市吉田太田部・簗場／昭和四（一九二九）年生　黒沢有恭

黒沢有恭さん

俺はいま一人暮らしなんだけど、娘が神川（埼玉県児玉郡神川町）に住んで居るから、週三回ぐれえは買い物をして来てくれるんで、食う物は大体間に合っているんだよ。

俺は「太田部公民館」（現在・太田部コミュニティセンター）のすぐ上にある「新井」つう家で生れたんだけど、二十歳の時にここの家へ養子に出され、その時俺は「二十にもなって養子なんか嫌だよ……」と言ったんだけど、親や世話をする者んが勝手に決めちゃったんだから仕方なく此処の家へ養子に来たんだよ。

だから俺は昭和二十四（一九四九）年にこの家に養子として入ったんだけど、この家には子供のいねえお婆が一人で住んで居たんだよ。いまの時代、一人暮らしのお爺、お婆なんか何処にでも幾らも居るんだから、そんな家へ敢えて養子に入る者なあ誰も居ねえよ。終戦直後は、まだ世話人とか親には絶対服従しなけりゃあいげねえ時代だったかんなあ。

いま太田部公民館として使っている家は、むかし殿様が住んで居たんだそうだ。何つう殿様だか知んねえが、そんな話を聞いた事があったけど、子供の頃はみんなが「本家」「本家」と言っていたったよ。そこの家には新井彦三郎という県会議長までやった人が住んで居たんだけど、太田部の事は殆どそこの家で仕切っていたんだいなあ。

だから太田部で子供が生まれると新井家へ行き名前を付けてもらい、出生届はこの家の使用人が吉田町役場（現在・秩父市）へ出してくれたんだよ。

昔は殿様が住んでいたという太田部公民館
（現在の名称は「太田部コミュニティセンター」）

俺が子供の頃もこの新井家ではいろんな家の世話をしていたったけど、彦三郎さんつう人は頭も良かったし字も上手で芸達者だったたから、何でもたけた人だったいねえ。だけどいま子孫は下の方へ出てしまい誰も住んで居ねえから、そこを太田部公民館として使わせてもらっている訳なんです。

俺は「太田部小学校」の高等科を昭和十八（一九四三）年頃出たんだけど、太田部には俺らの学年から高等科が出来たんだよ。それまじゃあ（までは）高等科を出るには、群馬の美原に在った「美原小学校」まで通ったんだから、太田部から高等科まで出る者は、えら（たくさん）居なかったいなあ。

学校では年中行事として、毎年五月二日に「城峯神社」のお祭りへ全校生徒が参拝に登ったんだけど、最近は勤め人の関係で五月三日に祭りは変更になり、いま太田部小学校は子供が一人も居ねえから、はあ（もう）とっくに廃校になったんだよ。

「太田部」という所は殆ど傾斜地で、田んぼは一枚もねえから米は全て買って食っていたけど、金もねえんだから米は少しきり買えず、殆ど食う物は自給自足で賄っていたから、何でも食える物は畑に植え、「味噌」でも「醤油」でも「おなめ（大豆の発酵食品で保存食）」でも家で作っていたんだよ。

それに親だって容易じゃあなかったんだい。七人も八人も子供を育てなければなんだから……。だから俺の家じゃあ両親とお爺とお婆が居たから十一人も居て、食う物だってちっとんべえずつ（少しずつ）分け合って食うような騒ぎだったかんなあ。

家じゃあ、俺が子供の頃は馬を一頭飼っていたんだけど、親父はその馬を使って運送引きの仕事をやっていたんだよ。

終戦前後太田部辺りじゃあ、現金収入になるんは炭焼きかお蚕ぐれえだったから、冬場になると蚕は出来ねえから、殆どの家で炭焼きをして出荷していたんだいねえ。だから焼いた炭は萱の俵に詰め、その炭俵を親父が預かり何十俵も荷車いっぱいに積み上げて、それを馬に引かせて鬼石辺りの問屋まで運んでいたんだよ。

帰る時は空車（からぐるま）になるから近所で頼まれた物を買い揃え、荷運びの仕事もやっていたようだけど、そんな事も僅かな手数料を貰ってやっていたんだと思うよ。

だけど俺が高等科へ行くようになってからは運送引きの仕事は止め、夏場は蚕と畑を耕し、冬場になるとうちでも炭焼きをして出荷をしていたようでした。夏場はやっぱり現金収入になるのはお蚕だったから、俺の家でも寝る場がねえ程お蚕はえら（たくさん）飼ったんだよ。

蚕は年五回掃き立てたからまず「春蚕」から始まり、「春蚕」は五月のはじめ頃掃き立て、一番遅く上がるのは秋の彼岸頃だったよ。春蚕の頃はまだ桑の葉っぱが柔らかく陽気もいいからえら蚕を飼って、座敷から庭までお蚕べえ（ばかり）になり庭でも飼っていたから、夜になると蚕の上には「アンペラ」（莚(むしろ)の一種）のようなコモを掛けて覆っていたったよ。

農作業のねえ冬場になると、俺の家でも以前は「紙漉き」を毎年やったんだよ。

太田部の農家じゃあ、てえげえ（ほとんど）の家でお蚕を飼っていたから、蚕が上簇(じょうぞく)する時は「マブシ」という竹で編んだでかい枠を使い、そのマブシの上には、家で漉いた厚くて丈夫な紙を敷いたから、殆どの養蚕農家じゃあ、紙は家で作っていたんだいなあ。

だから俺ん家でも十二月頃になると親父が畑へ「楮(こうぞ)」切りに行ったんだけど、家に楮を持ち帰ると、お婆さんが紙漉きの最初にやる「楮棒」切りを寸法に合わせて切っていたけど、何処の家でも最初の工程は年寄の仕事だったんだよ。

それでうちには囲炉裏の脇にでっかい竈があってなあ、その竈の上には抱えきれねえほどの大釜が置いてあり、大釜の中には竹で作った簀子(すのこ)（竹を並べて編んだもの）を敷き、簀子の上に寸法に切った楮棒を乗せ、上からいっぱい水を張り、楮皮(かずかわ)が軟らかくなるまで蒸したんだよ。

蒸し上がった楮棒は皮を剝ぎ、剝いだ皮は一枚ずつ軒下に吊るし一カ月くらい天日干しして、干し上がった楮皮は灰と合わせて、四、五十分ほど楮皮が蕩（とろ）けるぐらいまで大釜で煮込み、煮込んだ楮皮はでっかい板の上に置いたんだよ。

だけどその前の段階に作っておくんは、紙を作る時使う糊で、糊は「タモ」の根っこで作るんだけど、タモは畑から掘って根を洗い、天日干ししてから細かく砕き糊にして、その糊を楮皮に混ぜながら、板の上に置いた楮皮を何百回も木の棒で叩き砕き平にしたんだよ。

俺は七人兄妹の真ん中だったけど、子供達はみんな夜飯を食うと棒叩きをやらされたよ。台の周りに家族総出で向かい合い、交互に棒で楮皮を叩いたんだいなあ。その仕事はふんと（本当に）嫌な仕事だったよ……。

戦前戦後、秩父地方で使われた大窯

楮皮は叩く回数が少なかったり、力の入ってねえ紙は厚くて悪りい紙が出来たから、手抜きは出来なかったけど、なんせ子供じゃあそう力はねえし、それでもそうした所は厚くて丈夫な紙が出来たから、その厚紙は蚕の下敷に使い、障子紙のようにいい紙を作る時は、その倍ぐれえ叩いたんだから、白くていい紙が出来たんだよ。

まあ、この仕事は親子で結構容易じゃあねえ仕事だったけど、家によって紙の作り方は多少違っていたようだいねえ。

楮の皮を剥いた白くて細い楮の木は、正月用に使う割り箸を作ったから、その木を箸の寸法に切り揃え、先を少し削り容を整えて作り置きしたんだけど、こうした箸は正月用として、年始に来たお客さんにお茶菓子を挟む時に使っていたんだいなあ。太い楮棒は焚き木として使ったり、子供が遊ぶチャンバラの刀に作ったり、年寄の杖にもしたんだから、まあ、捨てるところは無かったよ。

桑の木は土地のいい場所に植えたんだけど、楮は与太っ木（雑木）だったから痩せ地や畑の畔でも育ち、根本から切っても直ぐに育ちでかくなったんだよ……。

子供だって動けるようになればそれぞれに応じて、出来る仕事は手伝わされたいなあ。夜なべをするたって電気なんかまだねえ時代だったから、夜は石油のランプさあ……。

それがまだ役にも立たねえような子供が学校から帰ってくると、「えら（とても）暗くならねえうちにランプの火屋（ほや）掃除をしとけいなあ」なんて母親に言われ、煙で真っ黒になったランプの火屋掃除をさせられたんだから、ふんと（本当に）小いせえ頃から親にはよくこき使われたったよ。

ランプの火屋は薄いガラスだから、そっと拭いたって割れちゃう事があるから、そんな時は親に怒鳴られたったけど、いま考えてみりゃあ火屋だって永く使ってりゃあ劣化するから、たまには割れたって仕方なかったんだいなあ。だけど火屋が割れれば新しく買う事になるから、親だって金がねえんだから余計に怒鳴ったんだよ。まったくそれも嫌な仕事だったよ……。

太田部に電気が引けたんは昭和十九（一九四四）年頃だったと思うけど、「電気つうもんはこんなにも明るいもんなんだあ！」と、ビックリしたったたいねえ。だって電気が点いた途端に家中のゴミと埃がみんな見えちゃったんだから、あっちこっちが結構汚れていたんがよく分かったよ。

それでも今度は電気料が掛かるから普通の家は一灯だったけど、大尽家は二灯も引いた家があったけど、うちじゃあ裸電球を一灯付けただけで、何処にでも持ち運べるようコードを長くして使っていたんだよ。

俺が子供の頃はお婆さんが家で機を織っていたから、横板に腰を掛けて手でパッタンパッタン綱を引きながら織っていたっけど、糸はうちで取れた繭を引き、織った布は自分の家で無地に染め反物にしたんだよ。だからそうした布は殆ど家の者が着る着物にお袋が縫い、俺らもそれを着て育ったんだいなあ。

黒沢さんが作った布草履

屑繭は「真綿」にして、綿入れ半纏や布団を作る時に綿が寄らねえよう綿の上に薄く掛けたんだけど、まあ、なんでも工夫をしながら、よく家でいろいろ作っていたいなあ。

俺が学校へ通っている頃はまだ着物で、服なんか買えねえ時代だったし、靴だってありゃあしねえんだから、自分で作った藁草を履いて学校へ通ったんだよ。だからいまでも草鞋と藁草履は自分で作れるよ。女衆が山仕事へ行く時履くのは藁草履で、男衆は草鞋を履いて山仕事へ行ったもんだったよ。

俺は五年生頃から馬を連れ馬の餌刈りに草場へ行ったんだけど、素足に草鞋を履いて行ったんだから、親たちには「馬に足を踏まれるな」なんてよく言われたったけど、刈った草は馬にゆっ付けて帰って来たんだよ。

馬を連れて行かねえ時は、自分で刈った草を束ねて背負って来たり、刈った草は一度に持って来られねえから、一本の木や丈夫な草にぐるりと立て掛け、風に飛ばされねえようしっかり縛り付け、後で持ちに行ったたんだよ。こんな事も親がやっていた事を見よう見まねで覚えたんだいなあ。冬場になり雪が降ると草刈は出来ねえから、枯草刈りは十月の末頃までで、一週間ぐれえ毎日草刈りに行ったもんだよ。それに栗林の周辺なんかは栗のイガべえ（ばかり）だったけど、素足に草鞋を履いて行ったたんだけど、よくイガの棘に刺されなかったいなあ。

刈った草は冬場馬の餌にしたんだけど、手が足りねえ時は余所の人を頼んで刈った事もあったけど、干し草は細かく切らねえでそのまま餌箱へ放り込んで置き、餌にしていたんだよ。

子供の頃は夏場になるとみんなで「神流川」まで下りて行き、淵を見つけて水浴びなんかをよくしたんだけど、泳ぐ時はふるちんも居ればパンツを履いていたやつもいたし、パンツで泳いでいたもんは、濡れたパンツを絞ってまたそれを履いて帰って来たんだい。

それに魚釣りや置き針もよくやったなあ。

置き針は、夕方川の淵へ置いて来たんだけど、夜が明けるのを待って上げに行ったたんだよ。そうすると「ウナギ」とか「ギュウギュウ」が掛かっていて、ギュウギュウは少し色が黄色くてカジカよりでかく髭があり、その髭に刺されると痛くて血が出るんだよ。俺も刺された事があったけど、そん時は痛かったいなあ。

ギュウギュウはでかくなると刺さねえけど、子供のギュウギュウが刺すんだい。それにギュウギュウはでっかくなると三十センチぐれえになるんだから、ナマズの一種かさあ。ギュウギュウもウナギもミミズが餌だったから、そこいらの溝を掘っちゃあめっけて（見付けて）餌にしたんだよ。

川で魚を捕ってくりゃあ親も喜んだけど、そんなにゃあ一度に捕れねえから、多くたって一回せいぜい五、六匹ぐれえだったよ。

置き針は竹の先にカツ糸を付け、その糸の先に針を付けミミズを餌にしたんだけど、それを岩の根元とか溜まりっこへ突っ込んで置いたんだよ。それで魚が掛かっても逃げられねえよう、岩やでっかい石にカツ糸を結わえて置いたんだけど、置いた場所が川原だから朝行っても分からなくなっちゃうから、目印には白い石とか葦草を丸めて石で抑えて目印にしたんだいなあ。

針は多い時で二十本ぐれえは置いたったよ。置き針は俺べえ（だけ）じゃあねえ、他のてえ（人達）だって置いたんだから、みんなが置かねえような場所を見付けて置いたんだい。餌にするミミズだってあんまり小っちぇーのは駄目だから、ある程度のでかさがなけりゃあ駄目なんだよ。

子供の頃は子守りもよくやったなあ。学校から帰るとお袋が待っていて「子守りをしろ」と言われ、下の子を背負わされたんだけど、俺ん家の近所には子守りをしねえ子もいたったから、俺はふんと（本当に）嫌だったよ。だって飛び廻って遊ぶにゃあ、赤ん坊が背中に居たんじゃあ思うように遊べねえからなあ。

夏場になると桑の実がえら（たくさん）生ったから、竹筒の中に錐で穴を空けた筒を作り、その中に桑の実（どどめ）を入れて細い棒で突き、丼ぶりの中にジュースみてえにして飲んだんだよ。甘いもんが何もねえ時代だったから、今で言えば「どどめジュース」だいなあ。それを飲むと口の周りが真っ赤に染まったけど、それでも美味かったよ。

遊ぶ道具だってみんな自分たちで考えて作ったんだから、昔の子は賢いよ。「コマ」作りなんか簡単さあ。乗る車だって自分たちが木で作ったんだから……。「タイヤ」は少しでかい木の真ん中を刳り抜き、座る所は平らな板を使い、運転する舵棒は手で握れるぐれえな木の棒で作ったんだよ。太田部は坂べえ（ばかり）な所だから、作った車で上から下まで乗り下りるんだけど、ブレーキがねえから両足で調整しながら下りたんだい。それをまた持ち上げては上から何回も何回も滑り下りたんだいなあ。

その頃はまだみんな着物だったから、冬場なんか半纏（はんてん）を着て滑り下りたんだけど、半纏の裾がブレーキになるから裾が切れちゃうんだよ。そうすると家に帰って怒られた、怒られた。「半纏を着て車にのっちゃあいがねえよ！」なんてなあ。

それでも近所の子供はこぞって車を作り、坂道は箒できれいに掃き、どこまで走れたかを競ったんだよ。木枠のタイヤには食用油なんか塗って滑り良くして走ったんだけど、油はどこの家でも貴重だったから、親にめっからねえように（見つからないように）タイヤに食用油を塗ったんだけど、油が無くて塗れねえ子は、女衆（おんなし）が頭に付ける「椿油」なんかを家から判らねえように持ち出してきたり、それでも手に入らねえもんは、クルミの実を潰して油の代わりに使っていたやつも居たいなあ。

俺が高等科を卒業したんは十五の時だったけど、でかい兄いはみんな兵隊に出ちゃったから、結局俺は何処にも出ねえで、家で百姓をしていたんだよ。だから終戦あがりの時なんか、自分たちで火薬を作り耕地ごとに競争で龍勢（りゅうせい）（筒に火薬を詰めて飛ばす大型のロケット花火）を作って上げた事があったけど、あの頃は太田部も活気があったんだよ。

耕地は上区と下区に分かれ、上区は「楢尾」「堀」「久保」「北」に「上」の五耕地で、下区は「相見」「古指（こざす）」「簗場（やなば）」の三耕地だったけど、「十八神社」の祭りが十月一日だったからその日に学校の前あたりで龍勢を上げたんだよ。だから競って何処の耕地がよく上がったか、なんてなあ。

龍勢を上げる前は玉花火を上げ、その花火は円形の花火だったけど、それも自分たちで作ったんだよ。円形の花火を作る時は、新聞紙や雑誌を何枚も重ねた中に火薬を入れ、その紙を何枚も糊で張り合わせながら円くこせえたんだい。

花火の競演（写真提供：高岸忠敏氏）

火薬は「硝石」と「硫黄」があれば出来るんだから、硝石も硫黄も鬼石の街辺りから買って来たんだけど、それを別々に細かく砕き、桐や楮がらで作った軽い白地の「炭」を混ぜ、「立ち臼」で突いたり「すり鉢」で擦ったりして粉にしたんだけど、その中に小っちぇー小石でも入ると火薬が撥ねて危ねえから、石が混らねえように篩（ふるい）で振って、上手にこしらえて作ったんだよ。

火薬の量は、硫黄が十三分の一、硝石が十三分の二、炭を砕いた物が十三分の十の割合で混ぜ合わせ、火薬を作る分けなんだよ。こうして火薬の強さを見るんだけど、それを調合と言ったんだいなあ。作ってから試し打ちをしてみたったけど、これじゃあ強すぎるとか弱すぎるとか……。

祭りが近づくと、毎晩若い衆が耕地ごとに決まった宿に集まり、花火や龍勢を作ったんだけど、龍勢作りは耕地ごとに師匠が居て、その師匠に弟子入りして火薬の調合だとか作り方を教わったんだいのう。大体師匠は、大工の棟梁をやっていた人が教えたんだよ。

それで太田部じゃあ戦前は兵隊に出る時「空鉄砲」を打ったり、「玉花火」なんかを上げた家もあったんだいなあ。俺もあのこらあ（頃は）若い衆の頃だったから、棟梁に教わって花火を作っていたけど、はあ調合の割合は忘れらやったい。

終戦直後は楽しみも無かったから、そんな事が若衆の楽しみの一つだったよ。

それで俺が小学校の高等科へ行っている時の事なんだけど、学校の先生が理科の授業に火薬の作り方を教えてくれたんだよ。ところがある時理科の授業中だったけど、火薬が撥ねて傍に居た生徒が大火傷をした事があったんだよ。いまじゃあ大問題になるべえが、戦時中だったから問題にもならなかったけど、火傷をしたもんがバカをみたぐれえで終わったんだから……。

そんな事もみんな思い出になっちゃったいなあ。

俺は昭和二十四（一九四四）年、二十歳（はたち）の時にこの黒沢の家へ養子に出されたんだけど、此処の家に来てっからはこの家の百姓をしたり、夏場になると蚕を飼い、冬には炭焼きなんかをしていたんだから、まあ、殆ど唯働きに来たようなもんだったよ。

俺はここの家に来てすぐに矢納（現在・児玉郡神川町）から嫁を貰ったんだけど、俺が二十二で女房は二十四歳だったから二つ違いの姉さん女房だったんだい。

だけど俺は二十五歳ぐれえになってからでもいいと思っていたんだけど、これもお世話人さまと親父で決めちゃったんだから……。だいち貰わなけりゃあ怒られたんだよ。

俺らが結婚する頃は、恋愛結婚なんつうのは殆ど無かったからのう。

まあ、あの時代、どんな人でも結婚出来ねえなんつう事は無かったよ。少し足りねえような人間だって、一人で居る者は殆ど居なかったんだから……。「割れ鍋にも閉じ蓋」という諺があるけど、その人に繋り合った人を世話人が見付けて来たんだから、それで納まっていたんだよ。

いまは男も女も駄目だい、我が儘べえ（ばかり）言っているんだから……。

女房との間には子供が三人出来たんだけど、女房は四十二歳で亡くなっちゃったから、俺は四十歳から後妻も貰わねえで、一人で三人の子供を育てあげてきたんだけど、俺は女房がまだ生きていた三十七歳の時、大工になったんだよ。

あの頃は「神流川」に「下久保ダム」が出来る頃で家がえら（たくさん）建ったから大工仕事は忙しくて、太田部で棟梁をやっていた黒沢圭三さんに「少し手伝ってくれねえかい」と、声を掛けられたんだよ。棟梁は七、八人弟子を使っていたんだけど、素人の俺にもよく教えてくれたいのう。

昔は「技は盗んで覚えろ」というくらい仕事を教えてくれなかったようだが、この棟梁は俺には「こうすればこうなるんだよ」と言って、親切に教えてくれたんだから……。

現場は大体この近辺で、太田部とか川向こうの群馬県側だとか、遠くも鬼石辺りまでだったよ。この辺は「簗場」という場所で、トンネルから向こうが「坂原」という所だけど、その辺にも家を幾軒か建てたったよ。

俺は大工仕事を十年位やってから、その後は建設会社で来て欲しいと言われ、「秩父土建阿久原出張所」という会社に入ったんですよ。それも丁度「下久保ダム」が出来る頃で、俺は大工仕事が出来たから、コンクリートを流し込む型枠の仕事を頼まれたんだよ。

その後俺は建設業に関わるいろんな免許を取り、現場監督まで任され、俺は七十歳まで「秩父土建」に勤めていたんだけど、そこを辞めたら他の建設会社でも来て欲しいと言われ、結局八十二歳の十二月まで勤めをしてきたんだよ。

それでもまだ口が掛かったけど、「もし自分で何か間違いでも起こしたら困るから」と思い、その時点できっぱり仕事は辞めたんです。

いま考げえてみりゃあ四十歳から後妻も貰わねえで、一人で煮炊きをしながらよく頑張り、仕事から帰ると風呂を沸かし夕飯を作り、朝は弁当を作って仕事に出たんだけど、五十代になった頃子供達はみんな巣立って行ったから、それから三十年間ずーっと一人でやってきたんだいなあ。

それでも俺は仕事に対して苦にならなかったから、まあ、長く仕事が出来たんですよ。

俺ら「太田部人」の生活圏は、秩父より群馬県が殆どだいのう。

昔は太田部橋の手前に二軒店があり、橋は以前から同じ場所に吊り橋が掛かっていたけど、「下久保ダム」が出来ることになり、赤い鉄骨の「太田部橋」が昭和四十三（一九六八）年に出来たんだよ。

吉田町は平成十七（二〇〇五）年に秩父市に合併したんだけど、一つもいい事はねえよ。秩父は遠くてなあ。秩父市から見れば、太田部なんか離れ小島みてえなもんだから……。だいち吉田の役場へ行くったって、太田部峠は道がわりいからわざわざ群馬を廻って行くようなわけだから、車で行っても片道一時間以上は掛かるんだよ。

俺はいま自分の人生を考えてみると、いい年回りには生まれなかったいなあ。人はよく「人生は苦の娑婆だ」なんて言うけど本当なんだよ。人間世に生まれ出て、苦労と闘いながら生涯過ごすんだから、苦労をしに世の中へ出て来たようなもんだよ。

俺は太田部へ住んでみて別にいい処だとも思わなかったけど、まあ、夢中で生きてきたいのう。

いまの太田部は昔の太田部とはまるっきり変わったから、あと何年かすれば、太田部から人が一人も居なくなっちゃうよ。いま住んでる家だって十七軒だけで、人口も二十四人ぐれえだんべえ（二〇一七年現在）。

だいちいま太田部にゃあ若いもんが一人も住んでいねえんだで……。仕事がなければ生活出来ねえから、こんな不便な所はみんなが見捨てて、若者は殆ど街場の方へ出て行っちゃったかんなあ。

はあ（もう）太田部もお終いだい……。

（二〇一七年九月）

群馬から「太田部」へ嫁に来て、はあ（もう）五十年以上も経つんだけど、秩父のことは殆ど知らねえねえ。太田部は秩父市なんだけど……

秩父市吉田太田部・簗場／昭和十一年（一九三六）生　本田みち子

本田みち子さん

自分は群馬県万場町（現在・群馬県神流町）の「柏木」つう所で生れたんだけど、四人兄妹で末っ子だったんです。実家は農家で三代続いた大百姓をやっていたんだけど、自分のお爺さんが畑をえら（たくさん）買ったり、家もでかい家と交換したんだそうですよ。

だけど自分が小さい頃、お爺さんとお婆さんは亡くなったから、その後は両親と兄さんに姉さん二人の六人で暮らしていたんだいねえ。自分は末っ子だったから、家族には可愛がられて育てられたんです。

「柏木」という所は国道462号線の両脇に家が在り、当時柏木だけでも百八軒家が在って、学校は「万場小学校・柏木分校」という分校を出たんですよ。分校は柏木と麻生という地区が一緒で、同級生は柏木が二十四人、麻生は八人だったから全部で三十二人居たんだいねえ。分校は四年生までで、五年生になると万場の本校へ通うという決まりがあったから、自分も五年生になった年に「万場小学校」へ移り、中学も「万場中学校」を出たんです。

自分は十五で中学を出てから勤めには出ないで、家の手伝いをしながら冬場だけ、和裁や編み物を習いに行かせてもらい、春先になると畑やお蚕が忙しくなるから、十月頃までは家の手伝いをやっていたんだけど、お蚕はえら（たくさん）飼ったから、母屋に木小屋に肥し小屋の二階まで飼い、庭でも飼っていたんだよ。

畑は近所より広かったから大百姓をやっていたんだけど、お爺さんの子供たちが近くに住んで居たから、いつも三、四人は手伝いに来ていたんで、自分の母親は「嫁に来たころあ（頃は）家の中の事だけやり、畑には殆ど出るせわあ無かったよ」と、言っていたったいねえ。

自分が中学を終える頃になると上の姉さん達はそれぞれ嫁に行き、自分は両親と兄さんの四人で畑や蚕をやっていたんだけど、「コンニャク」もえら作ったから、コンニャク玉が売れる頃になると自分の兄さんが、「みち、コンニャクを売ったら時計や皮靴でも買ってもらえいなあ」なんて威勢を付けてくれたっけ……。

それでも兄さんだって所帯を持っちゃえば、こっちの方まで気配りは出来ねえよ。

自分は昭和三十六（一九六一）年二十四歳の時、この太田部へ嫁に来たんだけど、旦那になった人も同じ年の二十四歳だったよ。

結婚は人に世話をされ一緒になったんだけど、「はあ（もう）、歳もでかくなったからこの辺で決めべえ」と思って決めたんだけど、旦那とは一回見合いをしただけで付き合いもしねえし、好きでも嫌いでもなく結婚したんだいねえ。だけどやっぱり自分の結婚相手は人間性を見るためにも少しは付き合いも必要だったと、後で思ったよ。

結婚式の当日は柏木の実家でご祝儀（婚礼儀式）をやり、その日のうちにタクシーで嫁ぎ先の手前下で下り、そこから歩いて山の上にあった旦那の家まで、嫁御着物を着たまま急坂の砂利道を登って行ったんだよ。

だけど、着いたと思ったら休む間もなく嫁ぎ先でもご祝儀の宴会をやったんだから、まあ、当時のご祝儀は容易なもんじゃあなかったよ。

この家に嫁いだ時まだ姑は五十二歳で、小姑が三人居たんだけど、下の子供が小学五年生で、真ん中が中学一年、一番上は中学を卒業したての女の子だったよ。だから嫁に行ったって、ただ働きの女中奉公に来たようなもんだったいねえ。

自分は実家じゃあ末っ子だったからみんなから可愛がられて育ったけど、嫁に来たら何もかもやらされ、まるで天国から地獄へ突き落されたような気持ちだったよ……。

嫁いで七年目の昭和四十三（一九六八）年頃だったと思うけど、嫁ぎ先の家の近くででっかい地滑りがあってなあ、十軒在った家も何らかの被害を受けたから、山の上に住んでいた殆どの家は、下へ降りたり町場の方へ越して行ったんだいねえ。うちでも少し被害が出たから、翌年には今住んでいる所へ家を新築し、昭和四十四（一九六九）年に越して来たんですよ。

嫁ぎ先の畑は地滑りがあった場所よりずっと山の上の方に在ったから、畑に行くたって容易じゃあなかったけど、登って行くと柏木の実家のてえ（人達）が畑仕事をしているんがよく見えたんだよ。だからまったく涙が出る思いで自分は畑仕事をしていたったけど、「母ちゃーん、母ちゃーん」と、叫びたいようだったよ……。

自分には子供が三人授かったけど、父ちゃんだって特別自分を庇ってくれるような人じゃあなかったから、自分は子育てをしながら家事をするのが必死だったいねえ。やっぱり何の仕事でも場所に慣れた者には勝たれるから、自分はいつも小さくなっていたんさあ。

まあ、姑の悪口を言う訳じゃあねえけど、姑さまには随分弄られたいなあ。例えば新しく作ったい物は姑が食い、自分には少し傷みかかったような物を食わせた事もあったから……。

それにお盆の時なんか姑さまが「ぼた餅」を作った事があったんだけど、餡子の付かねえのが二つ三つ出来たんだよ。そしたらそれを私に食えって言ったんだから……。自分だって餡子が付いた「ぼた餅」を食いてえと思ったけど、我慢したんさあ。

それに余所で法事があった時なんか、引き物に饅頭が六個入っていた菓子折りが出たんだよ。その時家族は丁度六人だから、まさかみんなで一個ずつ食えると思っていたら、自分には一つもくれなかったいねえ。

まあ、文句べえ（ばかり）になっちゃうけど、りんご

生活道路

を岩手から送ってもらった事があったんだけど、自分には中が茶色で腐ったようなりんごをくれたっけ……。

だから嫁になんか何もくれたくは無かったんさあ。

それにこんな事もあったよ。

むかしは「焼き餅」と言って、小麦粉の中に漬菜っ葉を刻んで餡子代わりに入れ、饅頭のように握った物を「ホウロク」（大きな鉄の平鍋）で焼き、それを囲炉裏へくべて焼いて食っていたんだよ。

自分はその頃赤ん坊に乳をくれていたから腹が減っていたんさあ。だから囲炉裏にくべてあった焼き餅を一つ取って食い、もう一つ食うべえと二つ目に手を出した途端、今度はお爺さんが赤ん坊の名前をいい、「〇〇は仕事もしねえでえら（たくさん）食うなあ」と言ったもんだから、自分は慌てて手で持った焼き餅を囲炉裏へ放り込んだ事もあったいねえ。

まあ、こういう時代だったから、嫁は我慢するしか仕方無かったんさあ。

だけど小姑には苛められるような事はなかったから、それだけは助かりましたよ。

嫁ぎ先では以前羊を飼っていた事があったて、羊は年に一、二回毛を刈り取るんだけど、刈った毛は羊屋へ持って行き、毛糸に加工してもらっていたんです。刈り取った羊の毛は羊屋へ唯で渡し、毛糸の加工賃はこっちで支払う、というやり方で毛糸にしてもらい、色は自分で好きな色に頼めたからそれぞれ好きな色を頼んだんだけど、自分の分までは無かったんだよ。

自分は嫁に来る前、編み物は機械編を習っていたから、家中のセーターとかチョッキに男物まで編んでやったんさあ。

それでも編むのは全部自分に編ませたって、自分用の毛糸は一玉も無かったんだから、自分の母親が心配して「みちに作ってやるように……」といい、毛糸を持って来てくれた事があったん。だけど毛糸は余分に頼まなかったから皆の物を編んでいると毛糸が足りなくなり、自分で実家から持ってきた毛糸や、母親が届けてくれた毛糸を足して編んだりしたけど、家の事をやった後に編み物はしたんだから、なかなかはかどらなかったいねえ……。

現在の株式会社ミツバ（群馬県藤岡市）

結婚した頃父ちゃんは百姓をしたり、冬場になると畑仕事がねえから炭焼きをしたり土方仕事に出たりしていたんだけど、そのうち神川（埼玉県児玉郡神川町）にあった「西武化学」（現在は朝日工業）の会社に入れたから、金取りをするようになったんです。

その頃は太田部から幾人か西部化学へ通っていたんだよ。自分も四十二歳の時勤めに出る事になったんだけど、六十歳で定年になるまで十八年間勤めをしたんです。その会社は鬼石の外れに在った「ミツバ電気」という会社で、入った当初は百人ぐらい従業員が居たったけど、そのうち二百八十人位になったいねえ。

自分は娘の頃から勤めに出た事は無かったから、仕事に出るのは本当に嫌だったんです。だけど姑さまから「仕事に出ろ、出ろ」って何度も言われたもんだから、仕方ねえ出たんだけど、まさか仕事へ出てみたら、姑さまと顔を突き合わせて家で仕事をするより、よっぽど会社へ行っていた方が良かったいねえ。

だって会社へ行けば金にもなったし友達も出来て、会社の慰安旅行にも毎年行けたんだから……。

ミツバ電気へ通っていた時は会社のバスが「太田部橋」の所まで送迎していたから、そのバスに乗り通ったんだけど、仕事に行きたての頃は全部お婆さんに給料を渡し、自分はお婆さんから毎月千円小遣いを貰っていただけだったよ。だけどボーナスだけは知らばっくれて出さなかったんさあ。

自分が仕事に出る頃には、子供達は小学生と中学生になっていたから、授業参観や家庭訪問は休んだけど、自分用じゃあ一日も会社を休んだ事はなかったよ。

嫁に行った頃は小遣いなんか誰からも一円だって貰えなかったから、実家へお客に行くと母親が心配して小遣いをくれたっけ……。それで欲しい物は万場（群馬県万場町）に在った店で、「何でも帳面付けで持って行っていいからな……」と母親が言ってくれたから、肌着とか靴下やナプキンのような物まで持って来たったけど、母親ほど有難いものは無かったよ。

そのうち姑さまが歳を取り、「おれは金の使い道がねえからいらねえよ」と言い、給料は自分が全部取るようになり、姑さまに小遣いを渡していたんだけど、だんだん金は取らなくなったいねえ。

ここは太田部下区の「簗場（やなば）」という所で、自分が嫁に来た頃は山の上に十軒家があり、その頃は産泰様とか虚空蔵様のお日待ちをよくやっていたんです。だけど今じゃあ、三軒になっちゃったから、はあ（もう）幾年もやっていないんだよ。

「産泰様」と「虚空蔵様」のお日待ちは回り番で宿をしたんだけど、産泰様はお産の神様だから宿の家に女衆（おんなし）が集まり、「餡子餅」を作ったんだいねえ。

だから宿になった家の男衆（おとこし）が餅を突き、女衆が餡を包んで餡子餅を作ったんだけど、宿の家では煮物や漬物なんかを出してくれたから、そこで餅を食ったり煮物を突いたりしながらお喋りをして、家には餡子餅を持ち帰ったんです。

お日待ちは一口入る家は「もち米」五合で、三口世話になる家はもち米が一升五合だったけど、もち米は金を出して店で買ったんだから、それにみ合った金を出したんだけど、小豆は何処の家でも畑に作っていたから持ち寄りだったいねえ。

自分が太田部へ嫁に来てからは、近所の嫁御でえ（たち）が集まってお茶飲みをするような事は一回も無かったから、お日待ちの時みんなで集まり話をするのが何ともの楽しみだったけど、最初の頃は姑さまが出て自分は出されなかったんさあ。

虚空蔵様はうちの土地に在ったけど、このお日待ちは毎年一月十三日にやり、宿はやっぱり回り番で、この日は宿の家で「小豆飯」を炊き、虚空蔵様は男衆が集まり、飲んだり食ったりしながらお喋りして楽しんだんだけど、やっぱり酒の摘まみは宿の女衆が作って出したんだから、うちでも上に住んでいた頃は宿をやった事があったけど、あの頃は十軒もあったんだから結構大変だったよ。

現在の太田部橋

自分が太田部へ嫁に来て「良かったなあ」なんて思った事は一つも無かったよ。ただ、勤めに出られた事が一番良かったいねえ。だから勤めに出る前なんかは、たまに鬼石へ用事があって出掛けても、帰りのバスの中で「太田部橋」が見えてくると、「このまま実家の方まで乗って帰りてえなあ」なんて幾度心の中で思ったことか……。嫁ぎ先へ戻ったって、また辛い思いをするだけなんだから。群馬から太田部へ嫁に来てはぁ（もう）五十年以上も経つんだけど、秩父のことは殆ど知らねえねえ。太田部は秩父市なんだけど……。

それでもむかし自分が中学校を卒業したての頃、トラックの荷台に乗って「秩父夜祭」へ一回行った事があったけど、まあ自分が考えていた以上に人が多かったからたまげた（驚いた）いねえ。その日は街なかに在ったうどん屋へ入り、「炬燵に入って食いないねえ」なんて言われたから、上にあがって休ませてもらいうどんを食ったけど、寒くて疲れていたから、ふんと（本当に）助かったよ。

だから秩父の街へ出たんはその時ぐれえだったけど、去年父ちゃんが死んだからいろいろ手続きがあって何度か息子と秩父へ行ったったけど、まさか鬼石の街の様じゃあねえ、秩父の街中は賑やかなもんだよ。

自分が嫁に来てからこれまでの事を考えてみると、大変だったという事はうちの舅姑たちが少し元気過ぎたという事ですよ。経ってみりゃあ、人生なんて、あっという間だから、今は次男の息子が家を守ってくれ二人だけでのんびり暮らしているけど、はあ自分は歳を取り過ぎちゃったよ。

（二〇一七年十一月）

最近「太田部」じゃあ、道を歩いていたって誰にも会わねえし、いま子供は一人も居ねえんだから、危機感はあらいねえ。

秩父市吉田太田部・上／昭和十一（一九三六）年生　上井伸夫

上井伸夫さん

昔のことだから、兄妹はえら（たくさん）居たんだよ。おれは八人兄妹の二番目だったけど、長男は赤ん坊の時に死んだっつうから、結局おれが跡継ぎという事になり、こんな山ん中で一生過ごす事になったという事なんです。

おれの親父は明治四十三（一九一〇）年生まれで十年前に亡くなったから百歳近くまで生きたんだけど、親父は畑やお蚕を飼い、冬場になると炭焼きをやって生活していたんだいねえ。

おれは太田部の小学校を出たんだけど、家から学校まで歩いて三十分ぐれえは掛かり、同級生は十人だったよ。それでもおれらより三級下には十八人も居たんだから、高等科まで入れると全校でも百人近くは居たんだいのう。

「太田部小学校」は、山ん中の不便な場所に在ったから、先生方の教員住宅があっちこっちに在って、おれの家を登ったところにも先生が間借りして住んでいたったけど、あのこらあ男の先生と女の先生が五、六人は居たんだよ。

太田部の人間は子供の頃からみんなで遊ぶなんつう事はえら（ほとんど）無く、学校から家に帰ってくりゃあ、親が待ってて何かしら用事を言い付け家の手伝いをさせたんだよ。親父は山の木を切り出し丸いて（丸く束ねて）売ったり、炭を焼いて売っていたから、俺ら子供達は木出しや炭焼きに使えねえ残ったボヤ背負いなんかを結構させられたんだけど、一束背負うと親から何円か貰えたんだいのう。

それに杉の木を切ると木の皮を剥がし、その「杉皮」は屋根に使ったから、「杉皮」としても売れたんだけど、皮を剥いだ杉の木は木でも売ったんですよ。屋根に使う杉の皮は決まった寸法に切り一束ずつに纏めて出荷したんだけど、その杉皮運びも手伝ったり、畑仕事もよくやったいなあ。

今の子供はどこの子も、家でゲームなんかべえ（ばかり）やっているから、家の手伝いなんかしている子は見た事がねえよ。

最もいま太田部じゃあ、何年も子供は一人も居ねえから、小学校も今年（二〇一八年）で廃校になったんだけど、これまでは休校という容を取っていて、はあ（もう）幾年も学校事態はやっていなかったんだよ。

だからもし子供が出来たらつう事だったらしいけど、子供なんか出来るどこじゃあねえ、子供を産めるような若いもんは一人も居ねえし、人がどんどん減っちゃって、太田部全体でいま二十人は居ねえだんべえなあ。それが殆ど六十歳以上だから……。

その後「小学校の廃校をどういう風にして使うか」という案も出たようだが、とにかく太田部じゃあ毎年人間が減っていく一方なんだから、そんな所へ金を掛け何かに作り替えたって仕方のねえ事なんだよ。

太田部小学校廃校跡（2021年７月）

太田部は、「上区」と「下区」と「楢尾」に分かれているんだけど、楢尾なんか十軒近く在ったんだが、いまは家が在っても誰も住んでいねえんだから……。ここは上区だけど、学校から向こう側の事を下区といい、いま上区だけで十二人ぐれえは住んでいると思うけど、いつどこの家が出て行くんか分からねえ状態ですよ。

おれが子供の時は、たまには学校帰りにみんなで下の大川まで下り、水浴びや魚取りなんかをやった事もあったいなあ。大川は群馬と埼玉を跨いで流れている「神流川（かんながわ）」の事なんだけど、そこは水が豊富でまだ「下久保ダム」が出来る前だったから魚だってえら（たくさん）居たんだよ。

だから水の流れを片側に堰止めカジカなんかを捕ったんだけど、ある時なあ、長くてニョロニョロした蛇が出てきたと思っておれは逃げたんだよ。そうしたら他のてえ（人達）が、「あれはウナギだでえ」と、みんなが言っていたったけど、おれはまだ小学生の頃だったから、ウナギなんか知らねえから蛇だと思って逃げたんだいなあ。

おれが川で捕った魚は殆どカジカだったけど、カジカの頭を葦の枝に差し数珠つなぎにして家に持ち帰ったんだけど、家の者は結構喜んだいのう。そのころあ（頃は）家族が十人も居たんだから、一人一匹食えりゃあ上等だい。

子供の頃はまだ車も無かったし不便な時代だったから、学校を出ても女っ子なんかは嫁に行くまじゃあ、家の手伝いをして居たったよ。だいちこんな山ん中から女っ子が通える仕事は一つも無かったし、それこそ機屋の年季奉公か製糸工場に行くぐれえしか仕事は無かったかんなあ。

それでもおれん家の妹なんか冬場になると畑仕事が暇になるから、冬場だけ鬼石の手前に「譲原（ゆずりはら）」という所があるんだけど、そこのお寺へ泊まり込んで裁縫を習いに行ってたったよ。

おれら子供の頃は、冬場になると年寄から「じろ（囲炉裏）」の周りで昔話をよくしてくれたったけど……ひとつは「お天狗さま」の話なんだよ。

それは大昔の事で、お天狗さまが下の川原からでっかい石を担ぎ上げて途中まで持って来たんだとさあ。

そうしたらあんまりでかくて重てえ石だったから、途中で夜が明けちゃったんだそうだ。

それでお天狗さまは人間に見られては困ると思い、そのままでかい石を其処へ置きっぱなしにして、何処かへ行ってしまったんだとさあ。

それからそのでかい石の事をみんなが「お天狗さまの岩」と言うようになったんだそうだ。

その岩の側には今でもでっかい松の木があって、その脇には石の階段があり、其処を登って行くと小っちぇー祠が在って、その中には何かが祭ってあったいなあ。

だけど幾年も前に別な場所へ道が出来ちゃったから今じゃあ誰も通らなくなり、はあ（もう）祠も朽ちちゃったんべえなあ。

19670年代、機械化した頃（写真提供：高岸忠敏氏）

おれが子供のこらあ（頃は）太田部なんかじゃあ自給自足だったから、どこへでも食える物は作っていたから、けちな土地でも十二分に活用していたんだよ。そうしなけりゃあ食っちゃあいげねえ時代だったかんのう。
おれん家は畑を全部合わせりゃあ三反歩もあって、でかい畑が四、五枚はあったけど殆ど急斜面の畑だったから、耕すたって逆さになって掘らなきゃあだったから、まあ容易なもんじゃあなかったよ。だってそうしなけりゃあ土がみんな下へずり落っこちちゃうんだから、肥料をくれるんだって大変な訳だい。
太田部じゃあ、畑をやっている家にはてえげえ馬を一頭ぐれえ飼っていたんだいのう。車のねえ時代だったから馬は荷物運びに使ったんだよ。だから竹で編んだ籠に堆肥を入れ、その籠を馬の両脇に結っ付けて、山の上の畑まで運ばせたんだから、馬のウンコだって畑のいい肥やしになったんだよ。

その後、うちじゃあ牛も一頭飼った事があったいのう。牛もやっぱり荷物を運ぶ為に飼ったんだけど、昔は道が狭くて下の道まじゃあ（まで）車がやっと一台通れるだけの道幅があったけど、おれん家の方まじゃあせめえ（狭い）「せこ道」が一本あっただけだったから、下の道まで荷物が来たって人力じゃあ運べねえ物もあったから、そんな時に馬とか牛を使って荷物を運んだんだいのう。

馬の餌はおれらが草刈りをして、刈った草は束ねて馬に括り付け家まで運ばせたんだよ。牛は黒牛で肉牛の雌だったけど、獣医に頼んで人工授精し、牛の子を一頭取った事があったし、馬も昭和三十年代（一九五五〜六四年）には余所から雄馬を借りてきて交尾をさせ、馬も一頭産ませた事があったんだよ。

太田部は馬とか牛はその家の財産だったから今でいう車の代わりで、荷物運びや畑に使う肥料運びに、屋根の葺き替えに使ったトタン運びなんかもやっていたんだよ。

トタンは一貫目（三十キロ）もある荷を両脇に括り付けて運ばせたんだから、馬も容易じゃあなかったんだい。それに馬は家族の一員のようなもんだったから、一軒の家には人間と一緒に馬も住み、家の入り口へ入ると、左側に馬小屋が仕切ってあり、同じ軒下の右側には家族が住み、馬と一緒に生活をしていたんだいのう。

うちじゃあお袋が紙漉きもやり、「楮（こうぞ）」も「タモ」もえら（たくさん）植えてあったけど、タモは紙漉きの糊として使い、家で使ったり出荷もしていたんだよ。タモは根っ子を掘り起こし一束ずつに分けて縛り、出荷は鬼石の業者が持ちに来たったよ。

いま太田部じゃあ紙漉きなんかとっくにやらねえし、畑も家食いぐれえしか植えねえから、多くの畑が山に戻った所が多いんだいなあ。

おれは学校を出てから仕事には出ねえで、親父と一緒に百姓の手伝いをしていたから、畑仕事をしたり、お蚕なんかをやっていたんだいのう。蚕は年四回掃き立て、春の五月頃から初秋の頃まで飼ったんだけど、こんな山ん中じゃあ碌な桑の葉っぱも取れねえから、一回に六十グラムぐれえしか掃き立てなかったよ。

おらがじゃあ水は今でも山の沢から引いて隣と二軒でタンクを作り使っているんだけど、三年前に水源に水が無くなった事があったから、そんときゃあふんと（本当に）困ったいのう。

それでも家の畑の側に余分な水が出ていて、其処にもタンクを作って置いたから助かったけど、まあ、二軒で水を引いているから、時期を見計い一緒に水路の掃除に今でも行ってるけど、これまで水道代なんつうものは払った事こたあねえなあ。

おれらが若い頃は何の楽しみも無かったから、夏場になるとあっちこっちの盆踊りなんかへ近所の若いてえ（人達）と、群馬の方までよく遊びに行ったいのう。もっとも群馬たって、下へ降りて川向こうは群馬なんだから……。

その頃は乗り物もねえ時代だったから、若い連中が幾人か集まりぞろぞろ歩いて行ったんだい。だから若い連中も気に入ったいい娘でもいりゃあ夜中まで話し込んでいたから、帰って来るのは明け方になっちゃったよ。

それに「何処そこにご祝儀（婚礼儀式）があるでえ」なんて話を聞くとまた若い衆が幾人か集まり、そこの家まで御馳走になりに行ったんだよ。

ある時なんか吉田町の「半納」つう所でご祝儀があった日に、みんなで峠越えをしてそこの家まで歩いて行き、御馳走になった事があったけど、あの頃は何処の家でもご祝儀は自分の家でやったから、何時やるという事が事前に分かっていたかんなあ。

だからおれらが其処の家に行くと、「まあ、お目出度い席だから……」なんて言われ、縁側なんかで飲んだり食ったりさせてくれ、そこに居たお客まで面白がって酒をめった注いでくれたんだから、唯食いが出来たんだよ。

若い時は、あっちのご祝儀こっちのご祝儀を聞きつけちゃあみんなで行ったもんだったよ。

おれらが若い頃はそんな遊び方もあったんだから、優雅で面白れえ時代だったよ。

それにあの頃は鬼石に映画館があったんだけど、万場にも映画館と劇場があってなあ、昔は太田部から出た人が万場で映画館と劇場を経営していたんだそうだ。

劇場じゃあ芝居とか舞踊なんかを「どさ回り」の一座がやり、一カ月交代で興行に来ていたんだよ。それでも若い衆は「映画を観に行って来る」なんて家を出たって、映画なんか碌に観ちゃあいねえで、娘っこなんかを外に呼び出し喋りまくっていたもんも居たんだから……。

おれは昭和三十六（一九六一）年に二十五歳のとき結婚したんだけど、おっかあは三つ年下の二十二で、群馬の万場に「黒田」つう所があるんだけど、其処から貰ったんだいのう。

あの時分は嫁御の世話をする専門の人が居たから、何処の家にこんな若い衆が居て、何処ん家に丁度いい娘っ子が居るから……なんて世話をしてくれたんだよ。考げえてみりゃあ、あの時分の方が良かったよ。そこの家に釣り合った人を見付けてきて見合いをさせてくれたんだから……。

だけどおれのおっかあは、こんな山ん中で碌に道もねえ所へよく嫁御に来てくれたいのう。

家族総出でコンニャク芋刺し（写真提供：高岸忠敏氏）

まあ、感謝するっつう事だんべえなあ。

おれは女房と二人でコンニャク作りを去年（二〇一七）の秋までやっていたんだけど、女房が「はあ（もう）、コンニャク作りも容易じゃあねえからよすべえじゃあねえかい」と言ったんで、おれも「そうだなあ、この辺で切りをつけるか……」という事になり、作付けはきっぱりやめる事にしたんだよ。

コンニャクをやめるに当たっては残りのコンニャク芋を処分したんだけど、生子だけは売れねえから、それ以外は全部出しちゃったんだい。おっかあだっておれとは三つ違いだから、はあ容易じゃあなかったと思うよ。

それでも三年前まじゃあ（までは）太田部でもコンニャク作りを二、三軒やっていたったけど、いまじゃあみんな年を取り三軒ともやめちゃったいなあ。だからいまは家食い用として少し作っているぐれえだい。

これまでコンニャク芋は秩父の農協へ出荷していたんだけど、その前は群馬の業者が持ちに来たんだよ。だけど群馬の業者が死んじゃったから、しょうがねえ秩父の農協へ頼むようになったんさ。コンニャク芋を最後に出荷していた頃は、一袋が三十キロで三千五百円ぐれえだったと思うけど、昭和四十年代（一九六五〜七四年）頃なんか、三十キロが一万五千円ぐれえした事があったんだからその頃は良かったいのう。

それでもコンニャク芋は出荷するまで三年は掛かるんだから、金を手にするまでは容易なもんじゃあねえんだよ。

コンニャク芋は五月に植え付けして十月に収穫したんだけど、そのコンニャク玉を冬場凍みねえように暖ったかくして冬を越し、春になってまたその芋を畑に戻して植え込み、こんな作業を三年掛けてやっと出荷できるようになるんだから、三十キロで三千五百円じゃあ安過ぎるよ。それに三十キロもある袋は、この年になったらとても軽々持ち上げる事は出来ねえし、軽トラの上まで持ち上げるったって容易なもんじゃあねえんだから……。

おれはこれまで女房と二人で蚕をやり、コンニャクやいんげんの出荷をして生活して来たんだけど、人間年を取ると駄目だい……。若い時のように体は動かなくなるんだから……。

いまは自分家で取れた物を食っていりゃあいいんだよ。

以前なんか行商の人がおれん家に泊まり込んであっちこっち売り歩いていた事もあったけど、女房を貰ってからだってまだまだ行商は来ていたんだいのう。

おれん家の方まで車が入るようになったんは、まだ二十年しか経ってねえんだよ。それまでは人一人がやっと通れるほどの道しかなかったんだから……。

おれが車の免許を取ったんは群馬の新町にあった自動車学校で、昭和四十八（一九七三）年に取ったんだけど、その頃はおれん家まで車が入れる道は無かったから、下の道路脇に車庫を作ってそこに車を置き、そこから荷物を背負ったり下げたりして家まで持って来たんだよ。

おれん家の方まで車が通れるだけの道が出来たんは平成十（一九九八）年頃だったから、二十年前かさあ。近所のてえ（人達）が何人かで金を出し合い作ったんだけど、ここは地滑り地帯になっているから町では許可が出ねえし、吉田町じゃあ作ってくれなかったけど、道が出来あがってからは町道にしてもらい、その後舗装にしてもらったんだいのう。

吉田町も平成十七（二〇〇五）年には秩父市に合併になったけど、まあ、いい事もねえやなあ。秩父市になったらあまりに範囲が広がり過ぎて、行政だって太田部なんかは猫のしっぽみてえなもんだから、先の方まじゃあ（までは）いろんな事がいき届かねえよ。それにおれらあ秩父市の事はよくわからねえし、太田部の生活圏は群馬との繋がりの方が殆どだから……。

病院にしても、スーパーの買い物にしたってそうなんだよ。だいち農協だってそうだい。吉田町だけの農協の時は、職員だって知っている人が多かったけど、農協も合併して秩父が一つになってからは、担当者の異動が多く頼みてえ事があっても、前のように気軽に頼む事が出来なくなったし、結局頼みづらくなったという事だいねえ。

太田部峠付近（2021年3月）

行政としてみれば、広くなって一括して多くの事を処理できるかもしれねえが、おれら〝離島〟に住んで居る者にとっては、ほとんど恩恵は無いねえ。

おれも若い頃にゃあ「一度は下の方へ出てみてえなあ」なんて思った事もあったけど、はあ（もう）八十年もここに住んで居るんだから此処が一番だい。はたから見れば不便だと思うかも知れねえが、住めば都っていうけど、この太田部がおれには一番住み心地がいいんだよ。

最近、太田部じゃあふんと（本当）人が少なくなっちゃって、道を歩いていたって誰にも会わねえし、いま子供は一人も居ねえんだから、危機感はあらいねえ。だから耕地のてえ（人達）と集まった時話が出るんだけど、「先に逝ったもんが勝ちだで、後に残されてもなあ……」そんな話はしょっちゅうだい。

おれはいま町会長や上区の区長に農家組合長なんかをやっているけど、なかなかやる者がいねえから仕方ねえやっているんだよ。

会議だって秩父の吉田まで出なくっちゃあだし、朽ちた「太田部峠」を通り、対向車が一台も通らねえような道を通って行くんだけど、途中何かがあったって、「ただいま電波が届かない所に……」なんていう状態だから、助かるものも助からねえし、峠道にゃあ猪や鹿が飛び出してくるんだから余計危ねえんだよ。

おれには子供が三人居るけど、みんな下の方に出ているから子供には「太田部から出て来い」なんて言われるけど、これから他所へ出て暮らしてえなんて思わねえねえ。

此処が一番心が休まるし落ち着ける所なんだから……。

それでも太田部じゃあこの土地から、はあたくさん出て行ったいなあ。いまじゃあ空き家べえ（ばかり）だよ。

おれはこれまで勤めには一度も出た事はなかったけど、おれの人生はあまり波風が立たねえ人生だったし、おれはのほほんとしているから少しぐれえの事じゃあ悩まねえ性格だから、まあ「楽天家」つう事だいねえ。

おれの両親は二人共百歳近くまで生きたから、おれも九十歳ぐれいまでは生きられるだんべえ。

まあ、気楽に生きることが一番だよ。

（二〇一八年九月）

人間の人生なんか「すごろく」じゃあねえけど、何時どう転ぶか、最後まで分からねえんだいなあ。

秩父市吉田太田部楢尾（現在・群馬県藤岡市坂原）／昭和十三（一九三八）年生　新井　力

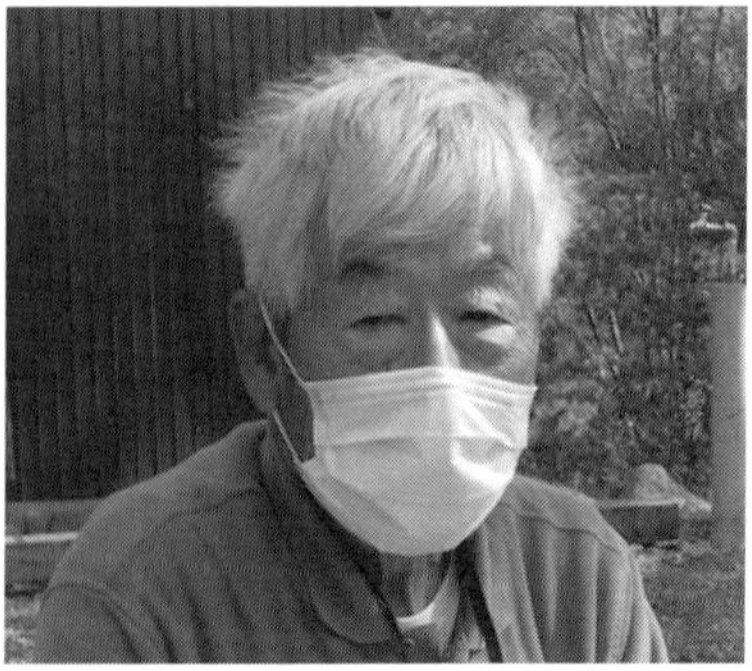

新井力さん

私は仕事の関係で、太田部の「楢尾」を早くに出てしまったけど、現在は太田部を出た若い連中が「太田部を盛り上げてゆこう」という目的で、「地域外住人の会」という会を作り、私もその会に世話になっているんです。

その活動は、「十八神社」の祭りの手伝いや、道路整備とか道普請の手伝いなんかで、まあ声が掛かれば何時でも参加しますけど、たまには一人で、太田部の上区から楢尾へ抜ける公道の道路整備なんかもボランティアでやっていますよ。

私は兄妹五人で、男三人女二人の長男で、私の家は古くから続いていたらしく、私が知っている限りでは十三代は続いてきたらしいから、三百年以上は繋がってきたんだと思います。だけどお袋も親父も早く亡くなったから、しばらく実家は空き家になっていたんだけど、そのまま放置しておく訳にはいかねえから、はあ（もう）三十年以上も前に壊したから、今は屋敷跡だけなんですよ。

太田部の「楢尾」という所は、長い間あまり戸数の変動は無かったようで、ずっと十二軒位で生活してきたらしいけど、「下久保ダム」（一九六八年開業）が完成した頃からぼつぼつ他所へ移り出し、家は在っても楢尾の集落は、四年ほど前から誰も住んでいないんです。

私は昭和四十（一九六五）年に仕事の関係で、楢尾から群馬県の「坂原」という所へ出たんですけど、まあ楢尾から車で十五分位の距離だったからなあ。

私の親父は職業軍人で招集ではなく昭和十一（一九三六）年頃志願で軍隊へ入り、最初は千葉県の習志野にあった騎兵隊の演習場に所属されたんだそうですよ。そこで親父はお袋を紹介され嫁に貰ったから、お袋は千葉県の人で、私は千葉県で生まれたんです。

それに、軍人というのは階級が上がっていくと、家族を呼び寄せる事が出来たそうだから、その後、私は両親と共に満州へ渡ったんですよ。こうして私は昭和二十（一九四五）年の四月に「日本人学校」へ入学したんだけど、間もなく戦況が悪化してきたから、五月の末にはお袋と日本へ引き揚げて来たんです。

親父の部隊は要領がいいというか運が良かったというか、その部隊の家族はみんな無事に日本へ帰ってくる事が出来たんだそうですから、人間の人生なんか「すごろく」じゃあねえけど、何時どう転ぶか、最後までわからねえんだいなあ。

その後私の家族は太田部の「楢尾」へ戻り、私は「吉田小中学校・太田部分校」へ入り、そこから私の「太田部人生」が始まったという事なんですよ。当時（昭和二十年代）、太田部の小中学校は全校で百二十人位いたんだから、以外にえら（たくさん）居たんだいねえ。

だから運動会ともなると、学校だけの行事というより、「太田部」挙げての行事だったから、まあ賑やかだったけど、その日は鬼石辺りから露天商が二軒ぐれえ来て店を出したり、青年団もバザーのような事をやっていたったよ。それは昭和三十（一九五五）年前後の事だったと思うけど……。

親父は職業軍人だったから終戦の翌年昭和二十一（一九四六）年に家へ帰って来たんだけど、その後は山仕事に出たり、炭焼きをしたり、お蚕や畑なんかを結構やっていたんだいねえ。

最も太田部じゃあ他に仕事は何も無かったかんなあ。

私は小さい頃から家の手伝いはよくやりましたよ。小学二年生頃になると、親父が焼いた炭を一俵ずつ背板に背負わされ、ずっと下の吊り橋の傍に「木炭倉庫」が二つ在って、其処まで炭俵を背負い下したんですよ。だけど炭俵だって自分の背丈と同じぐれえあったから、まあ大変だったいねえ。

私は長男だったから早くから手伝わされたんだけど、直ぐ下の弟も少しは手伝ったいなあ。それでも今の子供と違って、あっちの家でもこっちの家でも周りの子供達はみんな働いていたんだから、それ程苦にもならなかったし、当時の子供はそれが当たり前の事だったんですよ。一事が万事、畑の手伝いも蚕の手伝いも子供だって必要として使われていた時代でしたから……。

私が満州から引き揚げて来た頃、すべて食事の煮炊きは「囲炉裏」で作っていたんだけど、小学二年生になった頃、左官屋を頼んで「竈」を作ってもらい、お袋は囲炉裏と竈の両方を使って煮炊きをしていたんだいねえ。

まあ子供の頃は家の手伝いもよくやったけど、夏場なんかはたまに神流川（かんながわ）へ魚釣りにも行った事があったけど、神流川は遠くて時間が掛かるからたまにしか行けなかったよ。だけど上区の下には水量が少なかったけど太田部川があったから、カジカとかヤマメとか、下の方へ降りるとウナギもいたったからたまには取って来たいなあ。

太田部川で釣りをする時は、「あんま釣り」が殆どで、そこいらに落ちている棒っ切れでもいいんだよ。餌は川の中の石に張りっ付いている「川虫」を取り、その川虫を針に差して糸を繋ぎ、その糸を棒に括り付けてその棒で突いたり引いたりしながら釣ったんだけど、それが結構釣れたんだいなあ。だけど、親は子供を畑に使いてえからそれほど魚釣りには行けなかったよ。親だって学校から帰って来るのを手ぐすね引いて待っていたんだから……。

楢尾の下には「楢前沢」という沢があるんだけど、其処は途中に堰があるから魚が昇って行けねえから、魚は全然居ねえんだいなあ。

太田部川は今でも奥の方には魚がいるらしく、他所からヤマメ釣りに来ている人がいるんだよ。

六月の末頃になると蚕が上蔟するから、学校では「お蚕休み」といい、一週間ぐれえ学校は休みになったんです。当時はそういう休み方も学校ではしていたんだいねえ。

それに大人は七月の二十日前後になると「農休み」といい、蚕が上がったり、ジャガ芋掘りや麦刈りが終わったりして一段落するから、何処の家でも二日、三日はゆっくり体を休める為に休みを作ったんです。だからその頃になると子持ちの女衆（おんなし）は、子供を連れて実家へ泊りに帰ったんだよ。

楢尾にある諏訪神社（2021年7月）

私が昭和二十（一九四五）年に満州から引き揚げて来た一年前に楢尾には電気は引けたらしいけど、楢尾の奥に「長尾根」という集落があり、そこには家が三軒ばかり在ったんだけど、其処の三軒はずうっと電気が引けなかったからランプ生活をしていたんだいなあ。昭和三十年代（一九五五～六四年）頃になってから「こんな電気も点かねえような所じゃあ、嫁御も貰えねえよ」という事で、二軒は楢尾まで下りて来て新しく家を建てたんだけど、居残った一軒の家はずうっと電気を引いてもらえず、ランプ生活だったいねえ。

それに、楢尾の西側下には「諏訪神社」があるんだけど、そこの傍にも一軒家が在って、その家もなかなか電気が引けなかったけど、昭和四十年代（一九六五～七四年）になってからやっと電気が引けたんです。そこの家は秩父郡では無く、楢尾であっても埼玉県児玉郡だったから管轄が違っていんだいねえ。

それでも目と鼻の先が楢尾だったから、楢尾の付き合いをしていましたから、共同墓地も一緒なんですよ。まあ、最初の行政区は「矢納村」（現在・児玉郡神川町）だったらしいけど……。

現在、楢尾にある「諏訪神社」は結構古く、太田部橋の傍に「簗場（やなば）」という集落があるんだけど、むかしはその簗場に「諏訪神社」が在って、むかし神社が大変貧乏しちゃって、うちの八代前の先祖が其処から「御神体」を楢尾へ持って来て、祭ったんだそうですよ。

諏訪神社の祭りは、毎年九月二十六日に神官を頼んでやっていたんだけど、今では当日三軒だけでわざと（簡単に）やっているんです。

それでも昔は「諏訪神社」の祭りの当日に「龍勢（りゅうせい）」（筒に火薬を詰めて飛ばす大型のロケット花火）を作って上げた事が有ったらしいけど、私も十七、八歳の頃、小さい龍勢を作って上げてみましたよ。その後昭和三十年代（一九五五～六四年）だったと思うけど、この耕地の人たちが龍勢を作って、吉田町の「椋神社」の祭りへ、二回ばかり奉納した事があったんだいねえ（二〇一八年に重要無形民俗文化財）。

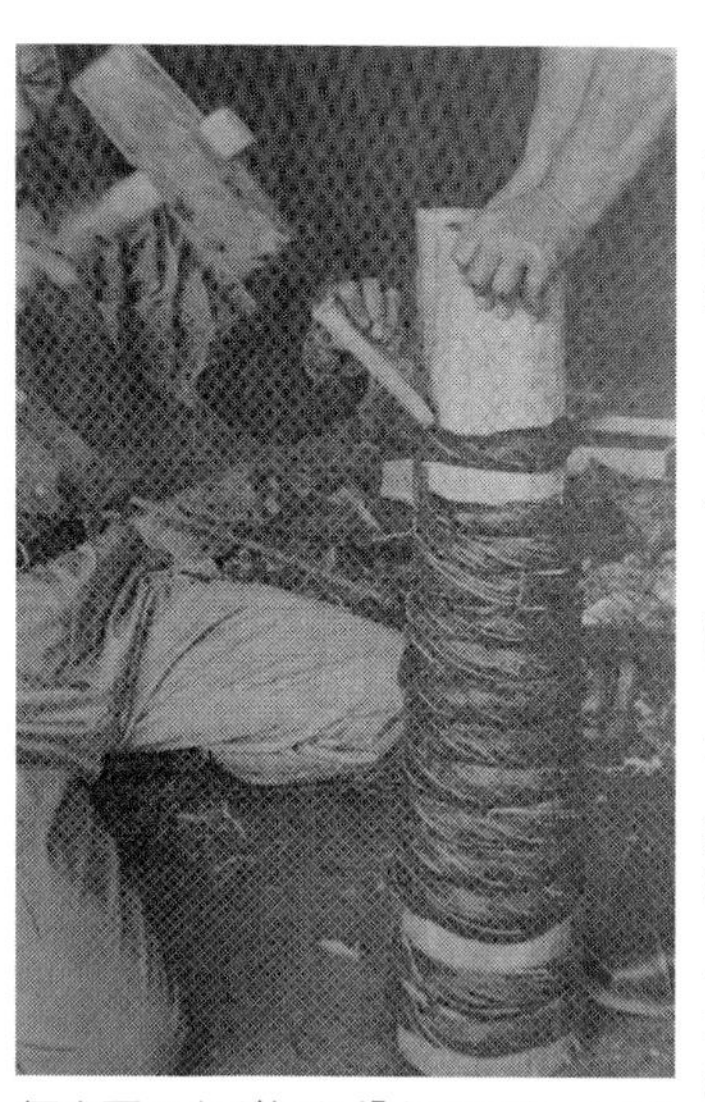
煙火面のタガ打ち（『吉田町史』より）

あの頃は「楮（かず）ガラ」で灰を作り、その灰を薬研で擦って「硫黄」や「硝石」を混ぜ火薬を作ったんだけど、楮ガラは、楮の木の皮を剥ぎ白い木の棒の事で、その白木を燃やして作った白い灰を使ったんです。

だけど私ら若い頃は労働の方べえ（ばかり）やらされ、火薬の調合なんかなかなか教えてもらえず、年寄り連中には、「お前達に教えるのはまだ十年早い」なんて言われ、若い頃は火薬の調

1970 年代、吉田の龍勢
（写真提供：高岸忠敏氏）

合を書いた「秘伝書」を、なかなか見せて貰えなかったんだいねえ。

だから龍勢を椋神社で上げる時も、労働は若い者が担当だったから、龍勢に使う花火の筒を木の箱に入れ、それを唐草模様の一反風呂敷に包んで帯で背中へ括り付け、若い衆が三人交代で太田部峠を越え、二十キロ以上も歩いて吉田の椋神社近くまで持って行き、そこで龍勢を組み立てたんだけど、龍勢に使う竹だけは、「石間（いさま）」の「沢口」の人たちが組み立てる場所まで持って来てくれたから、その竹を使って作ったんです。

その時も年寄り連中はただ付いて来ただけだったけど、組み立てる肝心なところは年寄り連中が指示して仕上げたんだよ。私は二回ほどお世話になったけど、一回は「筒撥ね（つっぱね）」で、もう一回は見事に上がったいねえ。

私は学校を出てから嫁さんを貰うまでは勤めに出ないで、材木の仕事をしていたんです。

それは、楢尾の連中三人で材木の木出しを請け負ってやっていたんだけど、例えばこの辺の人が山を売ると、我々がそこの山へ行き木を切り出し決まった寸法に切り揃へ、車が入って来る所まで運び出す、という仕事なんです。

切り揃えた材木を運ぶのは「ジゴロー」という特別な運搬車で、それに乗せて運んだんだけど、ジゴローとは、欅の木を決まった寸法に切り、切った欅は鍛冶屋に頼んでその欅に鉄の箍（たが）を掛け、それに心棒を取り付けるとジゴローが出来たんだけど、そのジゴローの上には木の台を乗せ、そこへ切った材木を積み込み運んだんですよ。

まあ、早く言えば台車のようなもんだいねえ。

太田部に車が通れるだけの道が出来たんは戦後も戦後、群馬側の「太田部橋」の方から作り始め、途中まで道が出来たのは私が小学六年生頃だったから昭和二十五、六（一九四〇、四二）年頃で、それから暫くずっと道は作らなかったんだいねえ。

それに楢尾の下の道なんか、昭和五十（一九七五）年近くになって出来たんだから……。

私が車の免許を取ったのは昭和三十六（一九六一）年だったけど、それ以前は無免許運転で結構遠くまで乗った事もあったけど、まだそれほど検問は厳しくなかったかんなあ。

いまじゃあ、大変な事になっちゃうよ。

私は昭和三十五（一九六〇）年に二十二歳の時、群馬の万場から嫁を貰ったんだけど、女房も同じ年の二十二歳だったよ。まだ早いと思ったけど、お袋が弱かったし丁度世話が有ったから貰ったんだけど、あの当時はこの辺でも、二十二、三で嫁を貰う人が多かったかんなあ。
まあ、結婚なんつうものはいいも悪いもねえよ。所帯を持てばお互い協力し合って努力しなけりゃあやっていけねえんだから……。

結婚して何カ月か経ってから、私は仕事をがらりと替え、材木の仕事から石屋の仕事に切り替えたんですよ。だからまず私は石屋へ三年間見習いに行き仕事を覚え、その後「新井庭石店」という看板を出して、石屋を個人で始めたんです。

その頃は丁度「下久保ダム」が出来る頃で高度成長期に入った時期だったから庭石はよく売れ、県外まで随分売りに行ったいなあ。あの時分は何処の石屋もよく売れたから、なかには悪どい業者も居たったけど、私はコツコツ真面目にやっていたから信用が付き、仕事が次々に入って来るようになったんです。

最初の頃は飛び込みで仕事を取ったんだけど、それも段々大変になり、そのうち植木屋と一緒に組んで仕事をする事にしたんです。植木屋と組んでからも仕事は結構忙しく、植木屋が持っていない道具を私は持っていましたから、独立してやっているより返って良かったんですよ。

こうした仕事の関係で、私は「下久保ダム」が完成する頃の昭和四十年代（一九六五～七四年）のはじめには、太田部の楢尾を出たんです。

それというのも、まだ楢尾までは車が入るだけの道が無く、「石屋」のトラックは下へ置き、毎朝三時半には家を出て歩いて三十分ほど掛け車庫まで行き、帰ってくればまた車庫から登り道を四十分近く歩き家に戻って来たんだから、ゆっくり寝る時間も無いような騒ぎでしたよ。

だからとても毎日そんな事では早用は足りず、時間だけが掛かってしまうという事で、考えに考え抜いて群馬の「坂原」へ越したんですよ。

お袋は昭和三十八（一九六三）年五十一歳で亡くなり、親父は六十一歳で亡くなったから、今で思えば二人共早く亡くなったんですよ。

私は若い頃というか物心付いた頃から、太田部の楢尾から出たいという気持ちになった事は一度もなかったなあ。

ただ仕事の関係で止むを得ず下へ降りたけど、いまでも楢尾に対して愛着はありますよ。

それに現在仕事はやめ、女房は七十歳で亡くなりもう十三年にもなるんです。

私には二人子供がありますけど、二人共他所へ出て暮らしていますから、現在私は一人暮らしで、毎日のように楢尾へ登って来ているんです。いま楢尾は家が在っても一人も住んで居ない状態だから、私は崩れた所を重機で直したり道路整備をしたり、まあボランティアですけど自分で動ける限り、毎日登って来て何かしらやっていますよ。

私は早くに楢尾を下りたから、ある程度批判もありましたけど、とにかく仕事の基盤が下だったから仕方がなかったんです。

半納・堂の尾根から旧吉田町へ向かう

私は楽観的なところがあり、あまり細かい事には気にしない方だから、生きていくにはその方がいいんだよ。

私は若い時に両親を早く亡くしたから、栖尾の隣に住んでいた「黒沢伝一」さんには、大変可愛がられ、いろいろ相談にも乗ってくれましたから、いまでも恩は忘れないですねえ。

やっぱり私は「太田部の栖尾」が一番心が休まるし、落ち着けるんだいなあ。

まあ考えてみると太田部は、あと十五、六年かなあ。

寂しいねえ……。

（二〇二一年四月）

大　滝

奥秩父山系

大滝・神岡地区

大達原トンネル
秩父側から大滝への表門

大達原の手掘り隧道
明治中期ごろ、石灰岩を手掘りした隧道で、1921年に国道140号ができるまでは三峯神社の参詣道としても重要な役割を果たしていた

大滝地区概念図

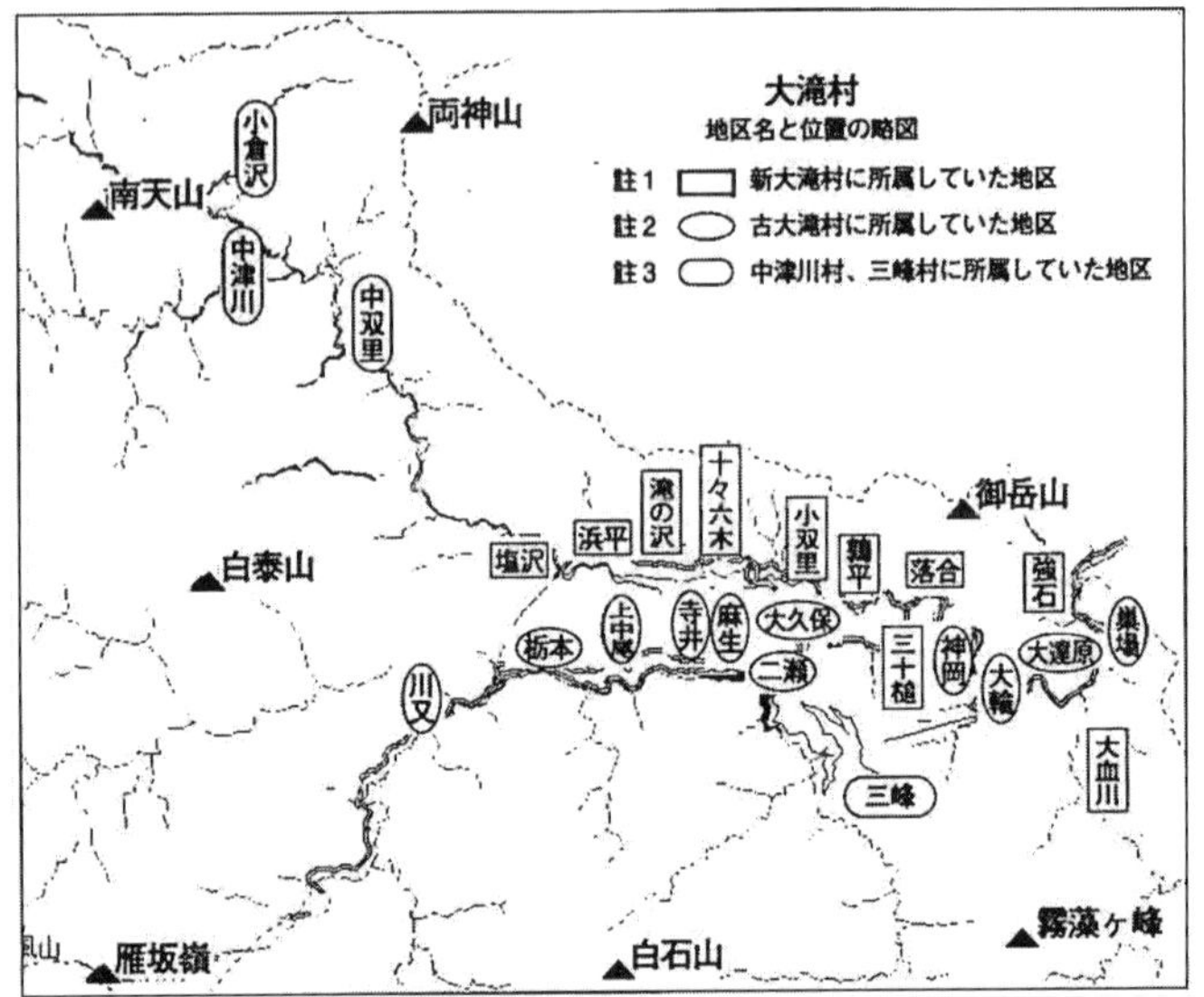

『大滝村誌(上)』「地区概念図」より

大滝地区の人口・戸数変動表

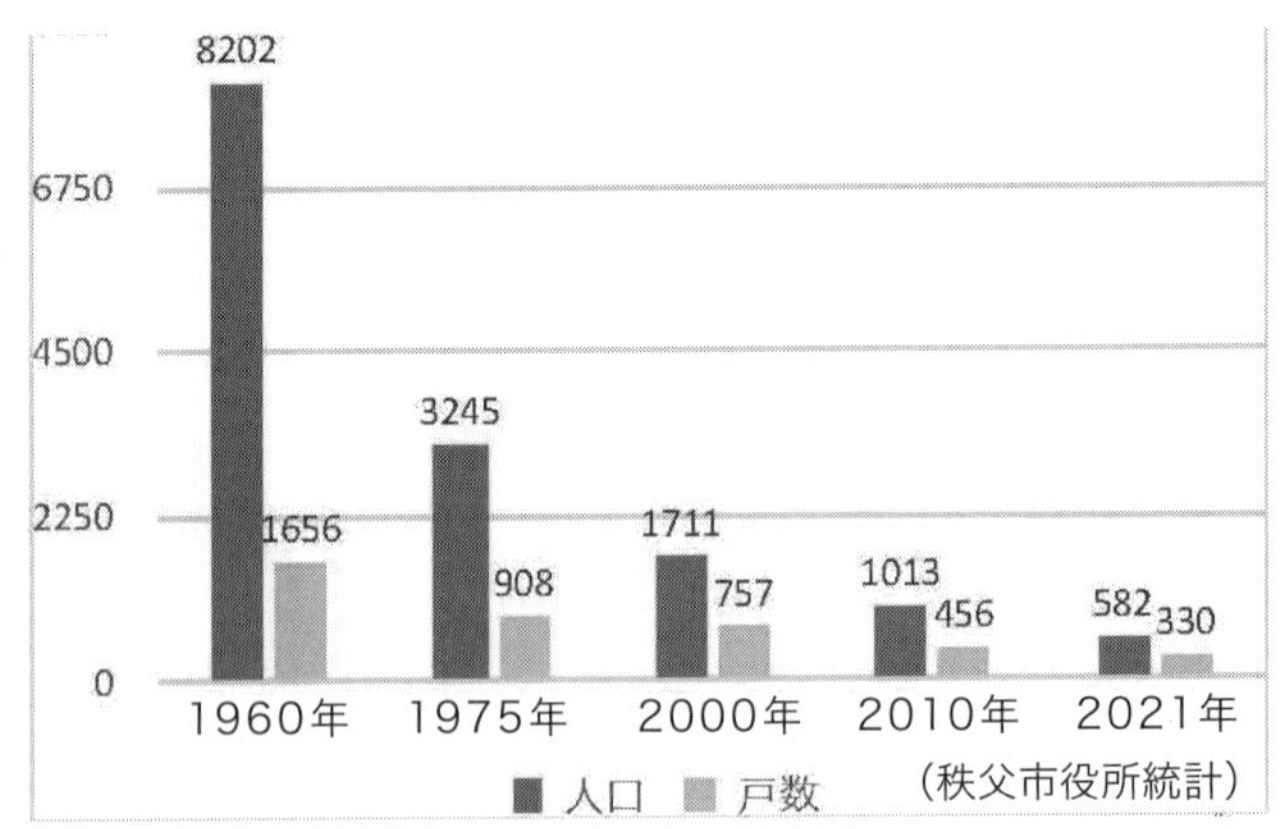

■大滝について

大滝村は、平成十七（二〇〇五）年に秩父市へ合併となり、埼玉県秩父市大滝となった。

大滝は埼玉県の最北西部に位置し、県の面積およそ一割を占め、北東部には秩父市に隣接し、北は秩父郡小鹿野町、南は東京都西多摩郡奥多摩町や山梨県東山梨郡三富村に隣接、更に長野県南佐久郡川上村に接し、群馬県多野郡上野村にも隣接している。

こうして大滝は一都三県にまたがり土地の全体は殆ど山林に覆われ、この土地の多くは原生林で占められてはいるが、他に雑木の再生林・杉・檜などの植林もあり、大滝の約九六％は山林である。

こうしたなか昭和二十（一九四五）年以降、戦後復興の機運が高まり木材の需要が急増したことにより、東京都に隣接していた埼玉県秩父郡大滝村は、木材の資源が豊富にあったため、一時は爆発的に木材が売れ、村全体が潤い豊かな林業村として生活していた時期もあった。

しかし年月と共に暮らしも変化し、やがて木材は外材に押され価格は下落、林業だけでは生計が成り立たなくなっていった。

こうした中でも住民は比較的勾配のゆるやかな畑地を耕し生活していたが、とにかく耕作面積は極めて少なく、大滝総面積のおよそ〇・二％に過ぎないのである。

大滝の人口変動を調べてみると……。

昭和三十五（一九六〇）年この時期は「日窒（にっちつ）鉱山」の開発と、「二瀬（ふたせ）ダム」建設による流入した就業者のピーク時を示すもので、その翌年の昭和三十六（一九六一）年には「二瀬ダム」が完成となり、これに伴いダム関連従業員とすべての家族は他県へ流出。のちに「日窒鉱山」は九割減の規模縮小となり、その後従業員はすべて大滝外よりの勤務実態となった。

この統計からみても一目で分かるように、昭和三十五（一九六〇）年から平成二十二（二〇一〇）年までの僅か半世紀あまりで、七一八九人もの人口減となっている。

更に、平成二十（二〇〇八）年、大滝「滝の沢集落」周辺に建設された「滝沢ダム」が完成。

このダム建設に伴い、完成時よりさらに十数年以前からすでに移転が始まり、この数は四集落（廿六木・滝の沢・浜平・塩沢）三三八名にものぼり、過疎化の進む大滝にとっては、ますます人口減少に拍車が掛かり大きな痛手となった。

大滝はなんと言っても、あの東京湾へ注いでいる「荒川」の水源地でもある。

その源は二四七五メートルの「甲武信岳」に発し、深いV字渓谷を刻みながら「真の沢」を下り、「股の沢」「赤沢」と幾つもの支流が合流し一級河川となり、さらに多くの支流を合流しながら荒川水系となって秩父盆地を東へ東へと流れ、全長一七三キロの旅をしながら東京湾の河口まで辿り着くのである。

まず大滝という所を上空から眺めてみると、深い山々に囲まれ、所々に家が点在しているのに過ぎない……、と、ある書物に記されていたが、まさに私が大滝を車で走らせても、点在する家屋は大滝の目抜き通りと称される場所に集中し、更に奥へ進むと川沿いに沿って家並が点々とあり、山間の中腹には十数軒単位で集落が形成され、それぞれの生活が営まれている事をうかがい知る事ができる。

こうした地域はいまでも集落のことを「耕地」と呼び、ずっと以前は「島」と呼んだ地域もあったという。

このような地域に住む人々の交流は、幾つもの尾根を越え更に谷を越えて、隣から隣の集落を行き来しながら以前は生活を続けてきたのであった。

しかし現在大滝も車社会となり、これまで一日掛かりで秩父の市街地まで往復していたのが、現在「中津川」の耕地であっても、「二時間も掛からないで往復できますよ」と話をうかがい、乗り物さえあれば、それほど地域差の無い生活を送ることが出来るという事も実感したのだった。

大滝は実に山深い山村であり、平地に比べれば生活上の不便さは多少あるが、そのような地形だけに自然の景観が優美で、かつ険阻なところを併せ持つ領域でもある。

そして幾重にも重なるV字渓谷は見事であり、こうして人々を魅了した景観が昭和二十五（一九五〇）年に奥秩父山塊を中心として、埼玉、東京、山梨、長野の一都三県に跨る地域が国立公園に指定され、「秩父多摩甲斐国立公園」となった。

（『大滝村もの知り電話帳』参照、一部抜粋）

大滝が過疎化してきた一つは「滝沢ダム」。あれは駄目だったなあ。それにもう一つは、大滝村が秩父市へ合併したという事ですよ。

秩父市大滝大輪／昭和九（一九三四）年生　千島　茂

千島茂さん

大滝の住民は、秩父市へ合併してから意識が変わりましたよ。それまでは村民みんなが「自分たちの村を何とかしなくちゃあ」という意識をそれぞれ持っていましたからねえ。ところが今はもう無いですよ。「どこかいい所があったら、そっちへ行って暮らすべえ」という考え方をする人が多くなりましたから……。「今後自分たちの大滝を良くしていこう」なんていう考えはもう皆無ですよ。

わたしは「二瀬ダム」のすぐ上にある「麻生」という所で生れ、父親は当時役場へ勤めていたんです。

妹と二人兄妹で実家は妹が継ぎ、わたしは中学生になってから自分のお爺さんの養子として祖父の家に入り、祖父はその頃大滝の「大輪（おおわ）」という所で、大正時代から昭和にかけて「山麓亭」という旅館をやっていたんですよ。

ところがわたしの父親は商売が嫌いで、「自分は『山麓亭』を継がないから……」と、祖父に話した事から、結局わたしが養子となって「山麓亭」を継ぐ事になったという訳なんです。

祖父が経営していた頃の「山麓亭」はとても風情のあった建物でしたけど、昭和四十二（一九六七）年に「埼玉国体」が開催される事になり、当時家の前を通っていた国道140号線の改修工事をやりましたから、わたしも急遽「山麓亭」を大幅に建て替えたんですけど、結局面白みの無い建物になっちゃいましたよ。

大滝に電気が引けたのは意外に早く、昭和六、七（一九三一、三二）年頃には大滝の強石（こわいし）辺りへ「東電」が発電所を造り、次に宮平の発電所。その次に二瀬の発電所というように、その都度道路整備をしながら発電所を造ってきたようで、昭和二十五、六（一九五〇、五一）年頃には「日窒（にっちつ）」でも川又へ発電所を造ったんですよ。

だからわたしが物心付く頃には、すでに電気は引けていましたから……。

それで川又へ発電所を造る時には「トロッコ道」も併せて作り、発電所の工事が終わるとトロッコ道は、赤沢の出合まで延長し、その後「トロッコ道」は木材や木炭を運搬したり、そのほか食料品の荷揚げなんかもやっていたんです。

だから大滝は発電所が出来ると同時に電気は引けましたから、山の中とはいえ秩父地域では意外に早く電気は点いたんですよ。

1938年ごろの大滝小学校・上長尾分教場
（『大滝村誌写真集』より）

わたしが小学生の頃はまだ麻生の実家に居ましたから、学校は大滝小学校の「上中尾分教場」へ通っていたんです。家から学校までは三キロ位だったからそんなに遠くなく、同級生は三十五人居て、当時「上中尾分教場」は全国でも珍しい、寄宿舎が在ったんですよ。

それは戦前の事ですけど、大滝の中でも山奥の「入川」とか「六本松」という所には、県外から炭焼きや山師が家族連れで大勢入って来ていましたから、そうした家の子供たちは小学校まで遠くて通う事ができなかった為に、そうした地域の子供たちが寄宿舎へ入って勉強していたんです。

だから月曜日の朝になると上級生がみんなを引き連れ学校へ登校し、土曜日の午後になると、またみんなを連れて山の家へ帰って行ったんです。

分教場とは言っても、わたしが通っていた当時は生徒が二百人位は居ましたから、結構大勢居たんですよ。その頃わたしのお袋は病気がちだったから、わたしは七歳違いの妹を連れて小学校へ通っていました。なんせ妹はまだ三、四歳で小さかったから、わたしが面倒を見ながら小学校へ連れて行ったんだけど、他の同級生も妹や弟を連れて学校へ来ていた生徒は幾人か居ましたからねえ。

学校では先生や友達が妹たちの面倒をよく見てくれ、先生は小さい子の為に教室の隅っこへ椅子を出してくれ、「ここへ座っていい子にしてろ……」なんて言われ、始めのうちは静かに座っていたったが、そのうち動き出し教室の中を飛び廻って遊んでいましたよ。

昼になると、わたしは自分の弁当を妹にも食わせてやり、学校が終わるとまた連れて帰ったんですから、まあ、あの当時はそんな時代でしたねえ。

わたしが子供の頃は家の手伝いもよくやらされ、とくに戦争が激しくなってきてからはみんな大変な時期だったから、ボロを着てどこの子供もよく家の手伝をしていましたからねえ。

わたしの家には畑が結構ありましたから、畑で取れる物は何でも作り、大麦もえら（たくさん）植えたから「引き割り」も家で作っていたんです。「引き割り」というのは、大麦の殻を取り除いてからでかい釜で蒸し、蒸した大麦を立ち臼で突くと皮が剥け、その大麦を莚（むしろ）の上で天日干しし、乾燥してから石臼で引くと麦が平になり「引き割り」が出来たんです。その引き割りを米の中へ入れて炊いた飯が、「割り飯」と言っていたんですよ。

麻生にはわたしが子供の頃は「みやま商店」という雑貨屋が一軒ありまして、そこの店には米や味噌、醤油、酒、油とか食料品の大半は置いてあり、そのほか衣類や下駄なんかまで売っていましたから、結構繁盛していましたね。

まあ、食べる物といえば、終戦直後は大変な食糧難で酷いもんでしたからねえ。

大滝は山で在っても里方の方はそれなりに畑がありましたから、雑穀なんかを作って食っていましたけど、山方へ行けば行くほど岩場や岩石の傾斜地だったから殆ど畑は無く、川又とか入川や六本松なんか作物は皆無でしたからねえ。

そうした場所には炭焼きや山師が他県から家族で来て住んで居ましたから、其処の地域には元締めという人が取り仕切って居て、その元締めが食糧などを纏めて調達していたんです。だから炭焼きは、炭が焼けると俵に炭を詰めて元締めへ納め、納めた分だけ物と交換していたんだそうですよ。

そして暮れが近づく頃になると、米とか塩引き鮭の荷が山奥の集落へ登って行く訳ですよ。だから炭焼きの人たちは、里の人より余程いい物を食っていた時期があったんだから、子供心に「羨ましいなあ」なんて思った事もありましたねえ。

その頃、六本松には山本さんという元締めが居て、元締めは各家庭の事情をよく知っていましたから、この家は米がどの位で味噌、醤油、砂糖は……なんてねえ。だから納めた炭は帳面に付け、その分だけ物と交換して、元締めは仕入れた炭を秩父方面へ出荷していたんです。

こうした仕組みのことを「焼分（やきぶ）」と言ったそうですけど、それも戦前の話だいねえ。戦後ですよ、ほんとうの食糧難になったのは……。

終戦後はどこの家でも食糧の調達がままならなくなってしまったから、山の中の人達は窮地に追い込まれ、春先になると山へ山菜取りに出掛けたり、川で魚を取ったり獣に罠を仕掛けたりして飢えを凌いでいたんです。

それでも一番困ったのは塩ですよ。その塩を手に入れるだけでも大変な事だったんですから……。だから当時は闇が横行し、炭俵の中に米を入れて持って来たりしたんだけど、「三峰口駅」（秩父鉄道）周辺には持ち物検査をする検査員が居て、その検査員は鉄の棒を持ち歩き、その棒で炭俵の中へ突っ込み検査をしたんだから、見つかると全部没収でしたよ。

尋常高等小学校から国民学校へ変わったのは昭和十六（一九四一）年で、大東亜戦争が始まった年でした。

その後昭和二十二（一九四七）年に制度が変わり新制中学ができ、新しく六・三制という制度が出来たんです。その時はまだ高等科の生徒が大勢居ましたから、そこで学校を辞めた生徒は結構いたんですよ。わたしが中学へ入ったのは新制中学が出来た年で、埼玉県内の各市町村が急いで中学校を作り始めた頃でしたねえ。

当時は戦後復興で木材の需要が急速に増え値段が一気に跳ね上がった為に、木材資源が豊富に有った大滝村では一気に好景気となり、県内でも「大滝中学校」を建てたのは早い方で、昭和二十三（一九四八）年には役場近くの「落合」へ新築し、そこの中学校には七校あった分校のうち四校が集まり、その四校は光岩分校、三峰分校、上中尾分校、それに鶉平に在った本校で、他の三校は翌年の昭和二十四（一九四九）年に日窒鉱山へ小倉沢中学校が新築され、中双里分校、中津川分校、小倉沢小学校が其処へ通ったから、大滝村には中学が二校出来たんです。

当時中学へは遠い地域から通っていた生徒が結構いましたから、片道十キロ以上も歩いて通学していましたけど、それでも生徒は全校で三百人位はいましたねえ。新しい中学が始まった当初は机も椅子も無かったから、これまで小学校で使っていた机と椅子を中学校へ持って行き、それを中学で使ったんですよ。

その後高校へ進学した生徒は全校の約一五パーセントは行きましたから、当時秩父郡内でも大滝村の進学率は高い方でしたよ。だから大滝では学問にも力を入れてきたという事なんです。

わたしはその後、秩父高校へ入学したんですけど、そこはこれまでの女子高と、原谷（現在・秩父市）に在った商業学校が合併し「埼玉県立秩父高等学校」という高校が、昭和二十四（一九四九）年に創設され、ここでもわたしは第一期生でした。この学校は男女共学で、わたしは大輪の家から学校まで毎日通いましたから、朝六時に家を出て、自転車で「三峰口駅」（秩父鉄道）まで三十分掛けて行き、そこから電車に乗り「お花畑駅」で下り、駅から歩いて十五分位で秩父高校へ着きましたよ。

その後わたしは「日本大学」の医学部へ進学したんですけど、三年生になった時、わたしのお爺さんが突然亡くなっちゃったんですよ。

さあ、困った……。

店をやっていたのはお婆さんだけになっちゃったから、わたしは急遽家を継ぐ事になり、大学はその後中退して大滝へ戻って来たんです。わたしが家に戻って来たのは昭和三十（一九五五）年頃でしたけど、わたしは「山麓亭」の旅館はやらないで、食堂と土産物店として「山麓亭」を再スタートさせたんです。

当時はまだ食べ物がやや不足気味の頃でしたから、何でも飛ぶように売れましたよ。客は三峯神社へ参拝する人が殆どで、毎年決まったお客さんが必ず寄ってくれましたけど、他のお客さんも来てくれましたから、お陰様で店は結構繁盛しましたねえ。

お爺さんがやっていた頃は旅館もやっていたから泊まり客がありましたけど、わたしの代になってからは、休憩の人達を受け入れ、そうした人たちは殆ど「三峯神社」の宿坊へ泊まったんです。うちの店へよく寄ってくれた講中は「神田講中」とか「築地講中」とか、東京の決まった人達でしたよ。

それにうちでは店の方も繁盛しましたけど山もえらあったから、当時はまだ戦後復興の勢いが残っていた時期でもあり、杉や檜の木材が飛ぶように売れましたから山の方でも結構儲かり、建築材が間に合わないくらい売れたんですよ。

山でも人を使い、畑の方も二人専門に使い、「山麓亭」では常時従業員を五、六人は使っていましたから、当時わたしは金には困りませんでしたねえ。

わたしは昭和三十六（一九六一）年に二十七歳で結婚したんだったと思うけど、女房は滝沢ダム建設で消えた「滝の沢」という所から二十歳の娘を貰ったんです。

大輪から三峯神社の近くまでケーブルが引けたのは昭和十四（一九三九）年で、それは「秩父鉄道」が計画して作ったんです。まあ、当時の秩父鉄道としては素晴らしい事業で、随分思い切ったやり方をしたと思いましたねえ。ケーブルは約二千メートルの線が二本あり、一本は東京製綱で、もう一本はドイツから輸入したんだそうですよ。

昭和40年代の三峯ロープウェイ（『大滝もの知り電話帳』より）

ケーブルが引けてからは随分便利になり、利用者が急激に増えましたから、暫くの間はお客さんで大変賑わっていましたよ。それ以前は、大輪から三峯神社までの間は「お籠（かご）」がありまして、年寄りや足の悪い人達は神社まで歩いて登れないから

1961年、三峰集落の水運び
（『大滝村誌』より）

そのお籠を利用していたんです。お籠は大輪から神社までは急な山道だったから地元の人が担ぎ手となり、結構商売にもなったんですよ。

それに、三峯神社には宿坊がありまして、以前は千人位泊まる施設がありましたから、食糧の調達も大変なもので、ケーブルが引ける以前は「荷駄（にだ）」といい、馬の両脇に荷物を付け大輪から神社まで馬で荷物を運んでいたんです。

それに宿坊では水が不足していましたから、ひとつの集落が水上げ専門に雇われ、そうした仕事はおもに女衆が多くやっていたようでした。水汲みの方法は、まず樽は特別に作り、樽の蓋には端へ穴を空け、水は樽一杯に汲み蓋の穴に栓をして、水がピシャンピシャンと揺れないように水はきっちりと入れ、背板は普通の背板より足を二本長く作り、立ったまま休めるよう「人棒（にんぼう）」という棒を背板の中心へ置き、いろいろ工夫した物を使っていたようです。

大輪にある三峯神社の鳥居の先に太鼓橋がありますが、この橋は「登竜橋（とうりゅうばし）」といい、現在掛かっている橋は三代目で、二代目は昭和二十九（一九五四）年に建て替えたらしいけど、最初の太鼓橋は明治の頃作ったんだと聞いています。当時の太鼓橋は急カーブで橋の手前に立つと、向こう側の登り口に居る人が全然見えなかったそうですよ。

現在、大輪にある三峯神社の鳥居は大正末（一九二六）年に旧荒川村の贄川（にえがわ）から移設したとも言われていますが、もっと以前は荒川村の白久に一の鳥居があったんだそうですよ。一の鳥居は、東京木場の「竪川講」という講中が作った鳥居で、竪川講は三峯神社が非常に苦しかった時に多大な寄進をして、三峯神社には大きな貢献をしたという話を聞いています。

三峰神社には八講という八つの講があり、この講については神社でも特別大事にしていますが、その講の筆頭が竪川講になっているんです。

大輪付近にある三峯神社一の鳥居

わたしが子供の頃、三峯神社には十歳位な奉公人が幾人も居て、そうした奉公の子供たちは、八講の人達が三峯神社へ来る時は事前に連絡が入っていますから、「三峰口駅」（秩父鉄道）まで迎えに行き、荷物持ちなどをして三峯神社まで案内し、翌日、八講の泊り客は帰るので、また荷物を持ち三峰口駅まで送り届ける。こうした事を「辺忠館送り」と言い、奉公人がやっていたんです。それは旧荒川村（現在・秩父市）の白川橋手前に、辺忠館という旅館があったんですよ。

それぞれの講中に対して送迎場所の名前があり、あの講中は辺忠館送りで、この講中は「麓送り」、それにこっちの講中は「中道送り」と決まっていたんです。麓送りとは大輪のことで、中道送りとは三峯神社に近い場所の事を言い、麓から三峯神社までは五十二丁あり、中道送りは二十五丁目位な所でしたよ。

以前は中道までしか女性は登れず、中道から上は女人禁制だったけど、明治以降は解禁となったようです。それに中道辺りの周辺に住んで居た人達は敏感でしたよ。「今日あたり竪川講は来るかさあ」なんてねえ。

だから羽振りのいい人が来る訳ですよ。子供達だって先輩の子を見習って、「ビッケ頂戴、ビッケ頂戴」と、講中の人たちに声を掛け、昔の「味噌銭（みそせん）」じゃあないけど、ばら銭のような小銭を貰ったんですねえ。つまり「小遣い頂戴」という意味で、羽振りのいい人は子供たちに小銭をくれたから、子供達も荷物持ちの手伝いなんかを一生懸命やっていたんだいねえ。

大輪から三峯神社まで歩くと二時間近くは掛かりましたけど、昭和十四（一九三九）年にケーブルが引けてっからは、大輪から三峯の終点までたったの八分で行けましたから……。

最初のロープウェイは二十人乗りだったから大輪の食堂で朝食を済ませ、行列でロープウェイを待ち三峯神社へ登ったんです。昭和三十九（一九六四）年にケーブルを七十一人乗りに掛けかえると、一時は利用客も多かったですよ。

そのうち時代の流れでだんだん車社会になり、三峯神社まで車が入るようになってからはケーブルの利用者が激減し、ケーブルは赤字続きとなってしまい、平成十九（二〇〇七）年には廃止となり、平成二十八（二〇一六）年にロープウェイは全面取り外しをしたんです。

それでも昭和三十五（一九六〇）年位までは、講中のなかに昔を懐かしんで「お籠を出してほしい」と言う人がいましたから、大輪からケーブルの入り口までと、「通し籠」は、大輪から三峯神社までお籠に乗せて送っていましたよ。料金は当時「通し籠」で、片道八千円で、大輪から六丁目の「ケーブル入り口」までが片道三千円だったと思います。

私も若い頃先輩にお籠の担ぎ方を教えてもらい、何度かお籠を担いだ事がありましたけど、先輩が「俺が前をやるからお前は後ろをやれ。俺が右足を出したらお前も右足を出し、左足を出したら左足を一緒に出すんだよ」なんて言われてやってみたんだけど、まあ、なかなか慣れないから難しいし、お籠を休む時は籠の前後に突っかい棒をして、担ぎ手は立ったまま休んだんですよ。

大正時代、登竜橋を渡るお籠（『大滝村誌写真集』より）

それである時婆さんみたいな客をお籠に乗せた時の事なんだけど、「今日の籠屋さんは下手だねえ。あっちへ揺れたりこっちへ揺れたり大変だよ」なんて怒られたりして……。

まあ、わたしの場合は「山麓亭」の客で、たまたま使用人が休んで居なかった時に、ピンチヒッターとしてわたしが担いだから、どうしてもへたくそなんだいねえ。

わたしはそんなにやりたい仕事じゃあなかったから、人手がいねえ時手伝ったぐれえだから、上手にはならなかったいなあ。

昭和四十年代（一九六五〜七四年）頃まで大輪には店が十二軒ほどありましたよ。それは、「橋本屋」に「紅屋」「吉田屋」「磯田商店」「タバコ屋」「増田屋」「大多屋」「大谷屋」「山口屋」「おけさ屋」「大島屋」に「山麓亭」と……。どこの店も昭和三十年代（一九五五～六四年）から四十（一九六五）年頃までは随分盛りましたねえ。

お客さんは関東一円が多かったけど、東北や関西からも来てくれたんですから……。昭和四十二（一九六七）年に「三峰観光道路」が開通してからは、車で三峯神社まで行けるようになったから、それ以後お客さんの数は激減してしまったんです。

戦後大滝は木材も売れたし、三峰神社にも参拝客が大勢来たり「日窒鉱山」も一時は盛んだったから、昭和四十年代（一九六五～七四年）頃まで大滝はもの凄く活気がありましたからねえ。

大滝だって機屋の旦那べえ（ばかり）じゃあねえ、お妾さんを抱えていた人が居たんですから。

それに大滝では、昭和四十年代に入ってからはコンニャク栽培が盛んになり、値段が良くなってくると農家はこぞってコンニャクを植え、たくさん出荷をするようになったんです。

だから高値が続いた時なんか「コンニャク大尽（でえじん）」なんていう言葉が出たぐらいコンニャクの景気はよかった時期があったんですよ。それでもコンニャクの景気はおそらく昭和五十（一九七五）年頃までだったでしょうねえ。

平成十（一九九八）年には山梨県へ抜ける「雁坂（かりさか）トンネル」が開通になりましたけど、大滝村にとっては大きな出来事でしたよ。それまで年寄りだって「峠の向こうは何する人ぞ」と、思っていただけで行って見る事も出来ず、そんな事を思いながら死んでしまった人はたくさん居たんですから……。

そうした中での開通でしたから、ある一面ほっとした部分もありましたねえ。

わたしが大滝村の村長になったのは六十歳の時で、平成六（一九九四）年から平成十四（二〇〇二）

年まで二期八年間お世話になりましたから、丁度「雁坂トンネル」が開通になった時、わたしが現役で村長をやっていた時期で、秩父の西側に玄関口が出来たということは、秩父のみなさんも大滝村民も喜んでいたと思いますよ。

大滝が過疎化してきた一つはねえ「滝沢ダム」。あれは駄目だったなあ。

それにもう一つは、大滝村が秩父市へ合併したという事ですよ。そのことにより村民のやる気を無くしてしまいましたからねえ。

これまで大滝村は村なりに頑張って来たんですよ。

ダムだって村の為には殆どならないんだから……。

まず人口が減った為に村の活力が無くなり、観光だって決してプラスにはならないんです。

ただ水を堰き止めただけのダムなんか、日本中どこへ行っても在るじゃあないですか。わざわざ大滝の「滝沢ダム」まで見学に来るほど特徴のあるダムではないでしょう。

わたしが大学へ行ってた頃は都会に住んでいましたけど、それでも正直これまで一度も「大滝から出て暮したい」なんて考えた事はありませんよ。わたしの友達だって同じ事を言っていますから……。

この大滝という地形は周りが山だけれども、それでも自分の家や土地、それに畑のある人はあまり他所へは出たがらないですよ。わたしのように商売を展開していても波があり、なかなか行き詰まるような事もありましたけど、誰の人生だって同じ事が言えるでしょう。

それでも昔からの家や畑があっても、見捨てて故郷から出て行く……。最近はそうした人達が大分

三峯神社境内付近の「山麓亭」

多くなってきましたから、大滝だって「限界集落」となってしまうんですよ。お互い「一緒に頑張ってやっていくべえやあ」という人が居なくなってしまいましたから……。

それは小泉政権の時なんです。

全国的に合併を促進し、それに対して「助成金をうんぬん」そうした日本中の大きなうねりの中で「秩父もひとつ」という方針が出されましたから……。

わたしはその時そうした事にとても不安があり、なんとなく心の中では反対でしたねえ。

その頃、群馬県上野村の黒沢村長とわたしは懇意だったから、林道も共同で開発した事がありました。当時黒沢村長も町村合併には反対でしたから、群馬の上野村は合併をしませんでした。

都会の人たちは山村の空気がいいとか水がきれいだとか保養所にするとか何とか言うけれど、山村があるだけじゃあ駄目なんですよ。細々でも生活が出来、ある程度住民が安心して住んでいけるような行政にしなければ人は絶対居付かなくなるし、これまで吉田町でも荒川村でも、まして大滝村なんか合併して良かったという人は少ないですよ。

わたしは昭和四十七（一九七二）年に三峯神社境内付近へ「山麓亭」の店を出し、ここでもみやげ物と食堂を始めたんです。大輪からはわたしの店より少し早く「大島屋」が店を出していましたけど、この周辺の土地は三峯神社の土地ですから神社の氏子でなければ店を出す事は出来ないんです。だから誰でも店を出していいという事ではないんですよ。

　わたしは店を出した当初から「中津川いもでんがく」という商品を手掛けて販売していますけど、このジャガイモは「大滝いも」ともいい、普通のジャガイモより小ぶりで煮崩れが無く、煮てから皮ごと食べられる特別なジャガイモなんですよ。

　このいもは大東亜戦争中、大滝の人間が満州から持ち帰り栽培して増やしたとも言われているジャガイモで、その「中津川いもでんがく」を山麓亭では一年中お客様に提供するため、プレハブ小屋の保冷庫で保存しているんです。

　ジャガイモの収穫は六月から七月に掛けてだから、一年中切らさず提供するのも大変な事で、ジャガイモは収穫してから時期が来ると芽が出てくるので、その芽かきも大変な仕事なんですよ。

「いもでんがく」を作るのは、まずジャガイモを茹で、十センチに切った竹串に茹でたジャガイモを四個ずつ刺し、刺した芋は炭火の炉で焼き、焼き上がったジャガイモに特製のタレを掛けてお客様へ出すんですけど、そのタレは山椒と柚子の粉に山の物を入れ、味噌は大滝で作った味噌に皆野町（みなのまち）の「ヤマブ味噌」を混ぜ合わせ、砂糖を入れて作ったタレなんです。

「いもでんがく」は多い時で一日八百本売れたこともありましたから……。

　このジャガイモは年間五千キロも買い占めて置く訳ですから殆ど契約栽培で、農家の人達にお願いして作ってもらっているんです。

　だから今も三峰神社境内の山麓亭では「中津川いもでんがく」を、店の名物として切らさず頑張っ

76歳で開店した蕎麦屋の「山麓亭」

てやっている訳ですよ。

平成六（一九九四）年に三峰の「山麓亭」は息子に譲り、わたしは平成二十一（二〇〇九）年に「雁坂トンネル」手前の六本松へ、七十六歳の時「山麓亭」という蕎麦屋を始めたんです。

七十五歳を過ぎてもやる気はありましたから、蕎麦打ちは時々やっていますよ。それでも従業員も居ますから任せていますけど、私は今でも殆ど毎日店には顔を出しているんです。

わたしはこれまで自分の人生を振り返ってみて、すべてやりきったなあと思いますねえ。やり残した事もないし友達にも恵まれ、自分の人生に悔いはないですよ。

これまで昭和の戦前・戦後、そして平成・令和の時代となった訳ですが、いろんな時代の波を潜り抜け、あっという間の八十五年間でしたねえ……。

（二〇一九年六月）

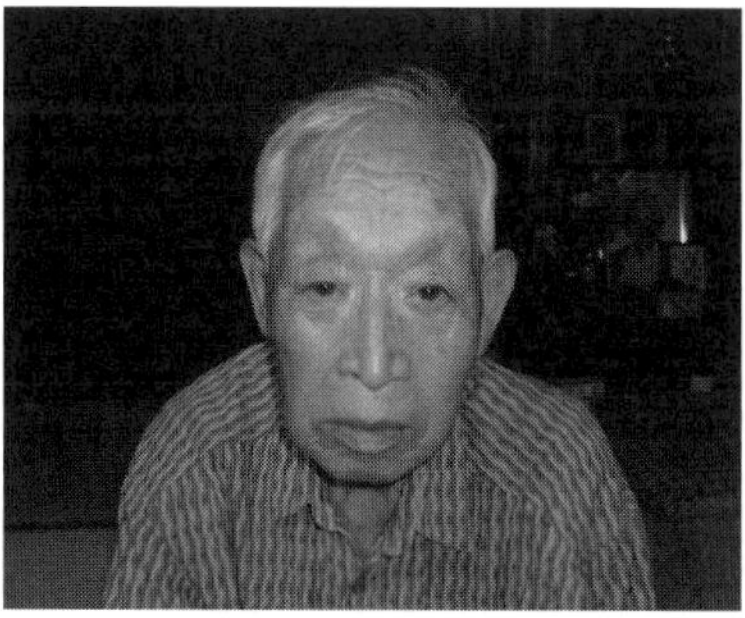

「滝沢ダム」が出来て、やっぱり急速に過疎化が進み、三十軒あったわしらの耕地も、十軒ごっそり無くなりましたからねえ。

秩父市大滝小双里／昭和五（一九三〇）年生　木村一夫

木村一夫さん

わしは大滝の「小双里（こぞうり）」という所で生まれました。

姉弟は十一人も居て、女が九人、男は二人だったけど、わしは長男だったから結構可愛がられて育てられたんです。

わしが子供の頃、小双里は二十四、五軒あって、此処から少し登った所に「廿六木（とどろき）」という集落が十軒ばかりあったんですけど、大正時代に入ってから、廿六木は小双里とひとつの行政としてお付き合いをする事になり、その耕地の事を「こぞろぎ」と呼び、一緒に付き合いをしてきたんです。

小双里の方は山も畑も少なかったから暮らしは貧しかったけど、廿六木は山も畑もあり大尽家が多かったからなかなか意見が噛み合

滝沢ダムにかかるループ橋（2018 年）

わない事が多く、廿六木は人数が少なかったけど実権はあったんですよ。

ところが平成に入ってからこの上に「滝沢ダム」が出来まして、そのダム下には廿六木耕地がありましたから、そこに滝沢ダムのループ橋が出来た事により、廿六木は十軒全戸移転してしまったんです……。

小双里の手前には「鶉平（うずらだいら）」という場所がありまして、そこには以前「大滝小学校」の本校が在り、わしはその本校を出たんです。小学校に上がった一、二年生の頃、学校へ行くのを非常に嫌がり毎朝ぐずっていたようでした。それは、学校が嫌な訳じゃあなく、家から離れるのを異常に嫌がったらしいんですよ。

大滝という所は高い山が多く面積だけは広いから、村内には六つも小学校の分校があり、本校を入れると全部で七校ありました。下の方から数えると、「光岩分校」「三峰分校」「上中尾分校」「本校」「中双里分校」「中津川分校」、「日窒（にっちつ）鉱山」には「小倉沢小・中学校」があったんです。

現在は子供が減少してしまい、すべて廃校になっていますよ。

小学校が七校在った当時はでかい行事が年に幾度かありまして、そういう時は分校の三年生以上の生徒は全員本校に集り行事をやっていたんです。

とくに秋の運動会は盛大にやりましたねえ。それは大滝中の大会でしたから応援もそれは賑やかで、リレーの時なんか各分校ごとに競う訳ですから、まあ、応援は凄かったんですよ。

三峰分校は人数が少なかったからそうした競技には出場しないで、大勢で一度にやる玉入れなんかの競技に参加をしていたんです。

分校の中でも上中尾と光岩は人数が多かったから、リレーの競技の時なんか激しいものでしたねえ。だから運動会が終ると上中尾のてえ（人達）は山越えをして帰ったんだけど、みんなで「バンザイ、バンザイ」なんて気勢をあげながら帰ったもんだから、本校のてえは面白くなく地団駄踏んで悔しがり、上中尾の連中に向かって大声で怒鳴るやつも居ましたから、実に競争心はありましたねえ。

昔は三峯神社の下に在った集落の事を「三峰部落」と言っていましたけど、あそこに住んで居た人たちは、三峯神社に特別全戸関係していたという事ではなく、昔から独立して生活をしてきた集落なんです。

まあ一、二軒の家では神社内に関係する仕事に就いて居た人も居たようですが、ほかには日雇いとして神社で使う薪作りをしたり、木桶に水を汲み神社まで水運びの仕事をしていた女衆（おんなし）も結構居たと聞いていますけど、宿坊での食事の賄いはすべて男衆（おとこし）がやっていたんですよ。

神社は神聖な場所なので、女性の出入りは固く禁止されていましたから……。

わしの父親は三峯神社に書記として長年お世話になって居たんです。

父親が神社に務め出したのは十歳の頃だったそうで、それは大正の初め（一九一三年〜）頃だったと思います。父親は小さい頃に自分の親父を亡くし、母親は事情があって家を出てしまったから、古いお婆さんに、育てられたんだそうですよ。

三峯神社では明治の頃から「男の子は十歳になれば三峯神社で使ってくれる……」という話は伝わっていましたから、家が貧しく両親も無くせつない生活をしていた父親の事を、お婆さんはよくよく考えて三峯神社様へ頼み込み、十歳になると直ぐに父親は奉公人として上がったんだそうですよ。

まだ十歳位で何も知らない子供が奉公に出されたんだから、大変だったと思いますねえ。

神社に入ってからは、境内の履き掃除や雑巾掛けをしたり、キセルに付いた煙草の脂取りをしたり、書類を綴じる「かんぜ縒（よ）り」なんかもさせられ、声が掛かれば何でもやっていたようです。

その後は三峯神社の宮沢宮司に信頼をもらい、書記として長年活躍し、四十五歳まで三峯神社に務めていたようです。

三峯神社に登るコースは四カ所あり、まず「大輪」から登るコース、「二瀬（ふたせ）」コース、「三十槌（みそづち）」コースに「神庭（かにわ）」コースとあって、神庭コースは、馬が三峯神社へ荷物を運ぶ主要道だったから、米でも酒でも食糧でも、その道を使って行ったんです。

まあ、いずれのコースも険しい山道で、まだケーブルの引けてない昭和十四（一九三九）年以前は、大変な分けでしたよ……。

わしの家から三峯神社までは、歩いて片道二時間ぐらい掛かったようでしたが、普段父親は神社の宿坊に泊まっていましたから、たまの休みに家へ帰って来ると、わしが子供の頃は父親のゲートル巻きの役目で、父親が帰って来るのが嬉しくて一生懸命手伝ったもんでしたよ。

とにかくあの時代は電話も無い時代だったから、何か出来事でもあれば、誰かを頼んで神社まで登ってもらうような騒ぎでしたねえ。

三峯神社はあんな山ん中だけど講中というのが幾つもあって、講の人たちが神社を支えてきたんです。だから参道には寄付をした人たちのでっかい石板が何十基も建ててありますけど、それは東京辺りの有力者が講元になり、みなさんを集めて登って来ましたから、東京は元より、千葉県や茨城、長野の人なんかも来ていたようですけど、大体関東一円の人達が多かったようです。

そういう事もいまは大分崩れてきちゃって、最近は一般客のお札やお守りなんかで神社を支えているようですが、勿論いまでも講中はあると思いますよ。

それに最近は白い「氣守（きまもり）」が有名になり、全国から「氣守」を手に入れようと、毎月一日には国道が長蛇の列となり、一時はものすごく賑わっていたようでしたが、現在はお守りの出し方を替えたようですねえ。

父親は四十五歳で三峯神社を辞め、その後は「大滝村農協」へ勤めたんですけど、当時大滝農協が火災で全焼してしまった事があったんですよ。

その頃父親は農業にも関心がありましたから、「それじゃあ、俺が農協を立て直してやるべえ」と言い、うちの山にあった檜をえら（たくさん）売りさばき、その金は全部農協へ寄付をして、新しく大滝村農協を建て替えたんだそうですよ。

その後、父は大滝村農協の専務理事として勤めをしていたんです。

農協へ勤めて居た頃、父は大滝村にコンニャクを普及するため、相当頑張ったんですねえ。だから父はまず自分で群馬へ行きコンニャク作りの講習を受け、そこで勉強してから大滝の人たちを連れ下仁田（しもにた）（群馬県）で講習を受けさせたり、茨城県から先生を呼び講習会を開いたりいろいろ大滝のためにやっていたんです。

こうして父親は大滝の人たちがコンニャクを出荷出来るようになるまで先頭に立ちやって来ましたから、わしの家でも一時はコンニャクをえら（たくさん）作りましたよ。そのうち植える場所が手狭になって大滝の下方へ畑を借り、そこでも栽培した事がありましたね。その当時はわしと家内で作っていたんです。

そのほか山もありましたから椎茸栽培もして出荷したり、小作人というか一年中一人を頼み、忙しい時期には二、三人手伝ってもらっていたんです。

当時は近所でもあまり金取りをする人は少なかったけど、うちじゃあ父親が三峯神社や大滝農協へ勤めに出ていましたから、多少でも金取りが出来ましたので、僅かであっても使用人へ支払う事ができたんですよ。

うちでコンニャク作りをする前は、養蚕も随分やりましたねえ。蚕はなんと言っても現金収入に繋がりましたから……。この辺りの養蚕は、「春蚕（はるご）」「夏蚕（なつご）」そして「晩秋蚕（ばんしゅうさん）」というように年三回掃き立てましたけど、秩父も場所によっては年五回ぐらい飼う地域があったようですよ。

大滝は日照時間が短いので平地より寒さが厳しいから、「晩々秋蚕（ばんばんしゅうさん）」は飼わなかったんです。それでも家でえら飼っていた頃は途中で桑が無くなる事もあったから、余所まで買いに行き間に合わせた、なんていう事もありましたねえ。

秩父地域全体でも現在人口が減少していると思いますけど、大滝ではいま八百人位になっちゃいましたよ……。

以前、「日窒鉱山」が盛んだった昭和三十年代から四十年代に掛けて（一九五五〜七四年）は、大滝村だけでも八千三百人位の人口はあったんですから……。日窒鉱山は戦前から操業していますけど、一時は鉱山だけでも家族を入れれば二千人は居たと言われた時期もありましたから、時代が変われば酷いことになるもんだいねえ。

日窒鉱山選鉱場（『大滝もの知り電話帳』より）

いま鉱山の規模はすっかり小さくなったけど、現在でも稼働はしているんです。

活気があった頃の日窒鉱山は、独立したひとつの組織として運営されていました。敷地内には診療所があり、映画館や食堂、床屋に飲み屋に雑貨屋が三軒ほどあり、ほかには共同浴場もあって、鉱山関係者であればいつでも無料で入れたんですよ。

そのほか「小倉沢小・中学校」もありましたから、生活していく上ではあんな山ん中でも何不自由なく生活は出来たんです。

鉱山は特殊な仕事でしたから貰う金が違うらしく、この辺の人

日窒鉱山の索道（『大滝村誌』より）

より余っぽど派手な生活をしていましたから、大滝の住人には羨ましがられていましたよ。

　だから終戦後まだ「地下足袋」の買えねえ時分だって、鉱山じゃあみんな地下足袋を履いて仕事をしていたんだから、この辺の人は鉱山の人に頼んで地下足袋を買って貰って履いていた人もありましたよ。

　鉱山へ運ぶ荷物は、旧荒川村の「三峰口駅」近くから三田川（現在・秩父郡小鹿野町）の納宮（おさみや）経由で、日窒鉱山まで索道（さくどう）が引いてあり、毎日その索道を使って鉱山まで荷物の運搬をしていたんです。

　鉱山で荷を下すと搬器が空になるので、その搬器には鉱山で採掘された鉱石を入れ三峰口駅近くまで運び出し、再び空になった搬器には生活必需品を入れて鉱山まで運ばれる。こうして長い距離索道を回転しながら荷物の運搬をしていたんですよ。

　そんな関係もあり、鉱山の従業員は意外に三田川方面の人が多かったようでした。

　索道自体は戦前からあって、それを鉱山で直しながら使っていたようですが、昭和三十年代（一九五五〜六四年）に入ると、鉱山まで車が入るだけの道が出来たから、その後は車が主流となり索道は使わなくなったんですよ。

鉱山では戦前から朝鮮の人を大勢使っていましたから、そうした人達は小双里から少し離れた所に飯場があり、その飯場から朝早くわしの家の前をぞろぞろ歩いて鉱山まで通っていました。そのうち車の通る道が出来てっからは、小型トラックの荷台に腰掛けを作り、そこに座ったり立ったりして鉱山へ向かっていたいねえ。

昔は大滝でも、「中津の鉱山から金が出た」という話を聞いた事がありましたけど、量的には少なかったようですが、それでも金が出たという事実はあったようでした。

江戸時代の中頃、多方面で活躍していた「平賀源内」が大滝へ滞在していた事は有名で、その頃から中津川には「幸島（さしま）家」という旧家がありまして、その幸島家では自宅の屋敷内に「源内居」という住まいを作り、「平賀源内」はそこに暫く滞在して居たようでした。

その頃源内は、小双里の隣りに「鶉平」という場所がありますけど、其処には㊅（マルロク）という実力者が居て、その㊅の家へ平賀源内は中津川から時々金を貰いに歩いて来ていたんだそうですよ。

昔、そんな話をわしは年寄りから聞いた事がありましたけど、幸島さんの子孫は今でも中津川に住んでいますよ。

大滝は山べえ（ばかり）な所だから、戦前は他の県から炭焼きとして大滝へ幾家族も入り、谷間ごとに小屋掛けをして、そこで煮炊きをしながら炭を焼き、焼いた炭を出荷して生活していたんです。やがてその場所に木が無くなるとまた他の谷を見付けそこへ移動し、奥へ奥へと入り炭を焼いていたんだいねえ。

1968年に復元された鉄砲堰放水（『大滝村誌』より）

その頃大滝の奥地には営林署があって、原生林の木材を切り出していたんだけど、当時はまだ木材を運ぶだけの道が無かったから、中津川の上流では水を堰き止め、その水を使って車が入れる所まで木材を放流していたんです。

わしらが子供の頃は、家の前の川にも木材がえら流れてきて、当時は毎日午後二時頃になると中津川の上流に作った堰を一気に取り払い、木材が物凄い勢いで下流へ流れて来たから、わしらが川で遊んでいると、近所の親たちが「はあ（もう）鉄砲水が出る頃だから、川からあがるんだよ！」と、大声で知らせてくれたんだいねえ。

あの頃は浜平（はまだいら）辺りまで車道が出来ていたから、中津川から木材を流すと浜平で木材を引き上げ、そこからトラックに積み込み秩父方面へ運び出していたんです。

それに鶉平にも木材を堰き止める場所があったから、そこでも「デレック」という機械を使って木材を持ち上げトラックに積んだので、わしらが子供の頃は、みんなでよく見に行ったもんですよ。

戦後になると意外に早く日窒鉱山へ通じる道が出来たから、これに伴い営林署でも山から木材を出すという必要性があったから、中津川方面にも昭和三十年代（一九五五〜六四年）頃までには車が入れる道路が出来たんです。その後、木材は車で運ぶようになったけど、栃本方面に車道が出来たのは戦後もかなり経ってからだったから、それまでは街道であっても「トロ道」で、馬が荷物を引くだけの道しか無かったんだいねえ。

大滝は、大正時代に発電所が何カ所も出来たから、小双里辺りに電気が引けたんは割合早く、わしは子供の頃から電気の生活で育ったけど、まだ塩沢（しおざわ）辺りではなかなか電気が引けなかったから、暫くランプ生活が長かったんですよ。

それでも子供の頃電気が引けたとは言っても時々停電があり、いつでも電気が点いた訳じゃあなく、ある一定時間になると点き、夜になるとまた一定時間で切れちゃったんだから、まだ電力量が少なく、電気を送る本元で操作をしていたんだと思いますよ。

小双里には「小里神社」という神社があって、毎年春と秋に祭りをやっていたんです。秋祭りの時は「ひとぎの祭り」といい、各家から持寄った米を石臼で粉に挽き、その粉に水を少し入れ手で練って台の上に置き、麺棒で平に伸ばしてから筒状にして、それを一センチ幅に包丁で切り、参拝者に配ったんですよ。

貰った「ひとぎ」は米の粉だから真っ白で、それを家に持ち帰り囲炉裏にあった鉄器の上で焼いて食ったんだけど、これは実に美味かったいなあ。

だけど母親からは「『ひとぎ』は焼いて食うもんじゃあねえ」なんて怒られたけど、焼いた方が美味いんだよ。

わしは大滝小学校の高等二年を出てから、秩父農林学校の林業科へ入学したんです。

農林学校は秩父の町中に在ったから、わしの家から通うことは出来ねえから、親戚の家に下宿をさせてもらい、そこから学校へ通ったんだけど、その後もう一軒ほかの親戚に代わり秩父農林を卒業したんです。

当時の農林学校は五年間ありましたから今の短大並みで、戦時中から戦後に掛けて通っていました。戦時中の時は勤労奉仕にも出され、秩父の大野原とか高篠村（現在・秩父市）や横瀬村（現在・秩父郡横瀬町）など奉仕作業に出たんですよ。

それは主に兵隊さんの出ている農家で畑の手伝いが多く、帰りに野菜を貰って来た事もあったから、わしは下宿の家へ持ち帰ったら大変喜ばれましたよ。

横瀬村での奉仕作業は「松の根っ子掘り」だったけど、松の根っ子は搾って戦闘機の燃料に使ったんだそうですよ。奉仕作業している時に空襲警報が鳴り出し、横穴に逃げ込んだ事なんかもありましたねえ。

本来ならわしは高校なんか出られるような身分じゃあなかったんです。

父親は両親に早く死に分かれお婆さんに育てられたから、小学校も碌すっぽ出きらない十歳の時に三峯神社へ奉公に上がった訳ですから……。

だからわしは、「学校出てからは家に戻り、家の為に一生懸命頑張る」ということが、父親への恩返しだと常に考えていましたよ。こうしてわしは秩父農林を卒業すると、就職するチャンスは幾らもありましたが、家に戻る決心をしたんです。

その頃父親は三峯神社を辞め、大滝農協の専務理事をやっていましたから、わしが家に入った事をとても喜んでくれました。

その後わしは家で百姓をしたり、人に頼まれれば何でもやりましたね。だけどわしは運がいいというか非常に皆さんには可愛いがられ、いろんな人が仕事を持ってきてくれたんです。たとえば当時の山中村長は、わしの事を絶対信用していましたからねえ。

その頃は山にどんどん植林をする時代でしたから、大里郡や児玉郡から杉や檜の苗木が沢山入荷し、それを大滝で引き取る仕事を頼まれたから、春になると大滝の山奥の谷へ、わしが手配した苗木がえら（たくさん）入荷されたんですよ。

その後は郵便局から「電報配達をしてくれねえかい」と声を掛けられ、電報配達の仕事は幾年もやりましたねえ。わしは主に大滝の本局を拠点に大滝村全体と、荒川村の一部を担当していましたから、範囲は広かったんです。

当時「ポケベル」というのがあって、電話じゃあなくベルが鳴るだけなんだけど、相手側が用事のある時だけ連絡をよこしたから、わしはいつでもポケットに「ポケベル」を入れ、連絡が入ると何処に居ても家に飛んで帰り、落合の本局へ電話を入れ、電報配達をしていたんです。

まあ、大滝ではわしが一番始めに「ポケベル」を使い出したんですよ。

電報の配達は郵便局の赤い自転車で配達していましたけど、そのうち赤いオートバイになり、それに乗って配っていたんです。

昭和四十年代（一九六五〜七四年）頃はまだまだ「日窒鉱山」の景気が良かったから、鉱山では冠婚葬祭の電報が結構ありましたからいい金になったんですよ。

電報配達の賃金は一通幾らではなく、距離の回数で決まっていたから、いい加減な勤め人より余程いい金になりましたから、生活する上では大変助かりましたよ。

その後は「滝沢ダム」が出来る時で、「横穴へボーリングする測量の仕事を見てくれねえかい」と頼まれ、それを監視する仕事もやったけど、それもまあいい金にはなりましたから、わざわざ外へ働きに出なくてもそれなりに金取りができ、家を継ぐ事が出来たんだから、まあ、親孝行が出来たという事ですよ。

わしは昭和三十一（一九五六）年二十六歳の時に、隣の「廿六木」という集落から四歳年下の娘を好きで嫁に貰ったんです。

その娘は長女で、父親が二度も召集された時には、家の仕事をよく手伝っていたんですよ。

冬になると畑仕事が暇になるから、わしん家の隣にその娘の叔母さんが裁縫を教えていたから、その娘は冬場だけ裁縫を習いに来ていたんだいねえ。

わしはその頃青年団の親方をやっていたんだけど、その娘も青年団に入っていたから余計親近感があったというか、まあ、この娘ならわしの家に来てもらっても務まるだろうと思い、嫁に貰った訳なんです。だからわしが見込んだだけあって、うちへ来てからも良く働いてくれましたよ。

そして子供は四人授かったんだけど、家内は昨年（二〇一七）八十三歳で亡くなったんです。

わしはこれまで八十数年間生きてきて、まだ百年も経ってねえっつうのに、時代も大滝も随分変わったいねえ。

平成二十（二〇〇八）年には大滝に「滝沢ダム」が出来ましたけど、やっぱり急速に過疎化が進み、三十軒あったわしらの耕地も十軒ごっそり無くなりましたからねえ。

それでも「金をもらって下に出られたから良かったよ」という人も結構いた事は事実ですよ。

かつて鉱山が盛だった頃は大滝でも人口が八千三百人も居たのが、いま大滝の人口は八百人足らずに減少してしまったんですから……。

それでまあ、平成の時代に入ってからは国の方針で「平成の大合併」という政策が打ち出されたから、大滝村も平成十七（二〇〇五）年には秩父市へ合併した訳ですが、いままでの「大滝」という事が通用しなくなっちゃいましたよ……。

これまでは役場に行って物申しても取り上げてくれた意見も、合併後は一応職員が受付けても意見はそこまで、ほとんど個人の意見なんか聞く耳をもたないですから……。

やっぱりもう、「大滝なんか蚊帳の外」という感じがしますねえ。

わしはこの「大滝の小双里」に生まれ、十一人兄妹であっても長男だったから「この家を守り抜く」という使命感を持ってこれまでやってきたんです。

こうして長年皆さんに信頼されながら生き抜いて来たという満足感はあり、自分の人生を振り返ってみても、後悔は少しもないですねえ。

わしの人生はいい人生でしたよ……。


（二〇一八年十月）

中津川は本当に山奥だけど、鉱山が近くにあったお陰で、「文明は奥から」という言葉のように、新しい文化がどんどん入ってきました。

秩父市大滝中津川／昭和十三（一九三八）年生　山中寛二郎

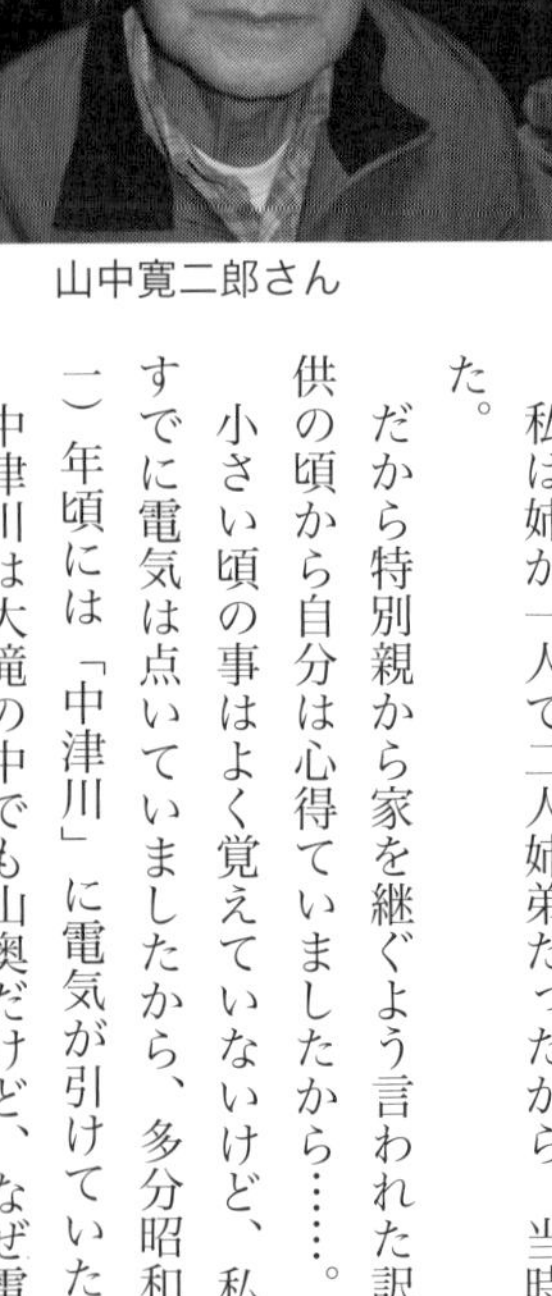

山中寛二郎さん

私は姉が一人で二人姉弟だったから、当時としては少ない方でした。

だから特別親から家を継ぐよう言われた訳でもなかったけど、子供の頃から自分は心得ていましたから……。

小さい頃の事はよく覚えていないけど、私が小学校へ上がる頃はすでに電気は点いていましたから、多分昭和十五、六（一九四〇、四一）年頃には「中津川」に電気が引けていたんだと思います。

中津川は大滝の中でも山奥だけど、なぜ電気が早く引けたかというと、ここから三キロほど北へ入った所に「小倉沢」という所がありまして、そこは戦前から「日窒（にっちつ）鉱山」という大きな鉱山が在り、その鉱山では戦前、中津川から三国峠方面へ向かって奥へ一キロほど入った所に、製材工場も経営していましたから、その工場ではすでに電気を使っていましたので、製材工場に近かった中津川地区では、鉱山が全面的に協力してくれ、電気を早く引いてくれたんだと思います。

それに中津川地区は特別電気代まで唯にしてくれていたんだそうですよ……。

逆に秩父から中津川へ来る途中、塩沢とか中双里（なかぞうり）という集落がありますけど、此処よりずっと後に電気が引けましたから、長い間ランプ生活をしていたんです。

「日窒鉱山」は、戦後まもなく急速に鉱山の景気が上向きどんどん規模を拡大していったから、一時は従業員が七百人位居たと言われ、従業員の家族まで入れると二千人は住んで居たらしいですよ。

戦後は鉱山で経営していた製材工場は閉鎖され、空地になっていた跡地には、昭和三十年代（一九五五〜六四年）に入り、其処には「厚生年金融資住宅」という鉱山の社宅が十棟建てられ、この建物は文字通り「厚生年金」より融資を受けて建てた社宅だったと思います。

鉱山では戦後になると家族同伴者が多くなり人口が急激に増えたものの、平地が少なく限られた土地しか無かったので、空いていた製材工場の跡地にも社宅を建てたんですね。

勿論鉱山の在った「小倉沢」には幾棟も社宅はありましたけど、新しく建てられた十棟の社宅も全員鉱山で働く家族が入り、そこにも浴場や売店がありましたから、一寸した物資はそこで十分間に合っていたんです。

奥の社宅から鉱山へ通っていた人たちは、会社の送迎バスで十五分ほど掛け鉱山へ通っていましたけど、社宅から鉱山まで歩くと一時間以上は掛かりましたよ。

現在、中津川に在った社宅は取り壊され平成六（一九九四）年にその跡地には、埼玉県が「彩の国ふれあいの森・森林科学館」という施設を作り、夏場になると観光客で賑わっているようですよ。

当時「日窒鉱山」の主力は小倉沢の鉱山でしたから、奥の社宅は社宅であっても全然規模が違いましたから、当時小倉沢に在った鉱山は「鉱山町」といい、スーパーのように何でも売っていた店が三、四軒あって、そのほか診療所が在り、床屋に飲み屋に大浴場はいつでも無料で開放していたんです。

ほかには従業員の娯楽の為に鉱山の集会所は映画館として使い、週一回無料で映画も上映していたんですよ。

鉱山町では何不自由なく生活できるよう、いろいろ工夫して生活を支えていましたから、店は従業員の福利厚生としてあったので、殆ど原価ぐらいの値段で売っていましたねえ。食料品でも衣料品でも雑貨品でも色々取り揃えてありました。秩父の街中で買うより余程安かったので、鉱山や中津川方面へ用事で来た人は、わざわざ鉱山町の売店へ出向き、沢山買い物をして帰省していたようでした。

私が小さい頃はすでに鉱山は稼働していましたから、私もお袋と鉱山町まで買い物に出掛けた記憶はありますよ。

まあ、当時の日窒鉱山は物凄く活気がありましたから、当時の村長選なんか「鉱山を制した者が当選できる……」なんて言っていた人もいたぐらいでしたからねえ。

だから人口は塊まっていたんですよ。

その他、鉱山町には小中学校があり、その学校は分校ではなく「大滝村立小倉沢小中学校」として、独立をして業務を遂行していたんですよ。昭和三十六（一九六一）年頃の児童数は、小倉沢小中学校だけでも四二二人は居ましたから、学校も随分活気がありましたよねえ。それでも時代の流れには逆らえず、昭和四十九（一九七四）年頃になると鉱山も規模が縮小され、児童数が八十八人にまで激減してしまい、やがて閉校となったんです。

現在、鉱山は、規模を縮小し稼働はしていますけど、全員他所から通いで来ていますから、いま小倉沢には一人も人が住んで居ない状態で、あれ程賑わっていた鉱山町は、僅か半世紀あまりで「ゴーストタウン」となってしまったんです。

ちなみに私も昭和二十九（一九五四）年頃「小倉沢中学校」を卒業したんですよ。

閉校当時の小倉沢小中学校（『大滝村誌写真集』より）

「日窒鉱山」の歴史を少し話してみますと、最初の頃は鉱物資源の開発は遅れていて、どっちかと言えば林業が主力だったようで、中津川の奥には製材工場を作り稼働していたんですから……。

そのうちですよ。地下資源に移ったのは……。

鉱物は江戸時代の中頃から出るという事は分かっていたようですが、昭和十五（一九四〇）年に「日窒鉱山」が採掘権を買い取り、その後本格的に採掘を始めたらしいですよ。

私が住んでいる中津川にも以前は「大滝小学校」の分校がありましたから、私は「中津川分校」へ通っていたんです。分校は家から十分も掛からない所にあり、私の同級生は十人でしたけど、他の学年はもっと大勢いましたから、ピーク時には「中津川分校」だけでも百三十五人は居ましたから、先生方も六、七人は居たんです。

子供の頃は家の手伝いだけでなく、夏になると下の川原で泳いだり魚を取ったりしました。川は上流だから水は冷たく、長く水の中には入ってはいられなかったけど、川遊びは楽しかったなあ。

昭和三十五（一九六〇）年頃になるとこの上に「砂防ダム」が出来たから魚が少なくなり、ダムが出来る前は、ヤマメやイワナやカジカなんかがいっぱい取たんですよ。

川で遊ぶ時は、畑で採れた胡瓜やジヤガイモの塩茹とか梅干しやスモモなんかを持って行き、川原で食うのが楽しみでしたねえ。

中津川は周りが山ばかりだから、近所の子供たちと山へ入り木の枝でパチンコを作ったり、木刀を作ってチャンバラごっこをして遊んだり、落ち葉の中へもぐり込んだり、とにかく遊ぶ道具はみんな自分たちで作って遊んだんだから……。竹馬でも水鉄砲でも子供なりに工夫しながら作り、冬になると「ソリ」まで作って雪の上でもよく遊んだもんでしたよ。

それに学校の直ぐ下には川があったから、冬になるとそこへ先生たちが川を堰き止め「スケート場」を作ってくれ、体育の時間はスケートの練習もやっていたんです。

春になると中津川にも春が来たという事で、この辺りでは四月三日のお節句の日に、男の子も女の子も、中学生以下の子供たちが一緒になって下の川原で「かまん払い」という子供達だけの行事をやっていたんです。

この行事は、子供たちが四、五人のグループに分かれ、石で囲って竃を作り、各自で持ち寄った米でお粥のような柔らかい醤油飯を作り、みんなで食ったり遊んだりして、大人は殆ど手伝いませんでした。

昭和三十年（一九五五〜六四年）代になると、秩父郡・市内では「巡回映写会」というのがあって、中津川の分校でも年一、二回校庭で映写会をやってくれたんです。

その日分校の校庭には白くてでかい幕を張り、夕方うす暗くなってきてから、校庭でいろんな映画を映してくれたんです。

それでも秋口になると夜も冷え込んでくるから、みんな袢纏なんかを、頭から被って観ていたもんでした。

昭和30年代の巡回映写会（写真提供：高岸忠敏氏）

昭和三十年代頃の大滝は、鉱山が盛んで林業が盛んで、山は林野庁の直轄でやっていましたから、営林署が主力になり山の中へ幾つか官舎を作り、そこを拠点に山仕事をやっていたんです。

そうした仕事は幾らでもあり、当時大滝の人間はわざわざ出稼ぎに出なくても、幾らでも仕事には就けましたから、長男が家を継ぎ二男、三男は本家の側に家を建て、それなりに暮らしが出来た時代でしたよ。

だから当時この近辺の人たちは、鉱山に勤めるか山仕事に就くか、そうした人が大半でしたから、「仕事に就けない」というような事はなかったんです。

そのほか長野県境にある三国峠の途中には道路工事をする人たちの飯場が幾つもあり、山の中でも結構活気がありましたけど、飯場の場合は単身で来ていた人が多く、山仕事や炭焼きの人たちは殆ど家族同伴で来ていましたから、そうした家の子供たちは「中津川分校」へも来ていましたよ。

まあ、中津川の集落は本当に山奥だけど、鉱山が近くに在ったお蔭で「文明は奥から」という言葉がありますけど、大滝の中でも新しい文化がどんどん先に入って来ましたからねえ。

鉱山では毎年五月十五日が「山神まつり」といい、「山神様」のお祭りをやっていたんです。

日窒鉱山に活気があった頃の「山神まつり」はとても盛大に執り行い、その日は鉱山を全面的に休業し、当時は日本で一流の芸能人を呼び、すごく賑やかにやっていたんですよ。

だから当時の人気歌手で「大津美子」とか漫談家の「牧伸二」なんかを呼んだんですから、鉱山の景気がいかに良かったかという事が分かりますよ。

山で働いて居た人たちは「山の神様」をとても大事にしていましたから、中津川でも毎月十七日が「山の神様」の日で、昔は中津川でも独自に祭りをやっていたんです。

それは山仕事の人夫を使っていた親方の家へ集まり、当時山仕事が盛んだった頃はそうした親方の家を「庄屋」と呼び、そこには山仕事関係の人たちが大勢集まり、飲み食いをして楽しんでいたんですねえ。

ところが今は、そういう行事も全く無くなっちゃいましたから、まあ、寂しいもんですよ。

むかし木材の輸送手段が無かった頃はささやかな林業だったから、山で木を伐採すると、その木を山から下ろす為に、「木馬（きゅうま）」というソリに積んで下ろしたり、鉄索で木を吊して下ろしたり、トロッコで運んでいた時期もあったんです。

それに車が通れるだけの道路が途中まできりなかった頃は、山から切り下ろした木材は、川を堰き止め、鉄砲水に乗せて車が入る場所まで木材を流していたんですよ。

いずれにしても昭和二十年代から四十年代（一九四五〜七四年）頃までの間は、森林資源、鉱物資源等が大滝では戦後復興の一躍を担い発展してきた事には間違いないんです。

ですから昭和三十年代（一九五五〜六四年）頃の大滝では、八千二百人位の人達が生活していたんですから……。それが今では八百八十人にまで激減してしまいましたよ……。

中津川は山ん中で、金に換えられる物は限られていましたから、蚕にコンニャクにそして当時は木材の値段が良かったから、どこの家でも蚕とコンニャクと山の手入れは一生懸命やっていましたねえ。

蚕の歴史は古いけど、この近所でコンニャクを出荷するようになったのは昭和三十年代頃から本格的に出荷するようになったらしいですけど、中津川周辺の畑は平らな場所が一枚も無かったから殆ど段々畑で、結構山の上まで耕していましたから、収穫した物は全部籠に入れ背負い下ろして来たんですよ。

その後、私の家ではお袋が雑貨屋を始めたんです。

それというのも親父が四十歳で亡くなってしまったから、お袋が途方にくれてしまい、「なんとかしなけりゃあ食ってはいけない……」という事で商売を始めたんだそうですよ。

親父が死んだのは私がまだ小学校へ上がる前でしたから、私は親父の事をよく覚えていないし、親父は若い頃から体が弱かったからお袋は大変苦労をしたんですねえ。

うちでは店を始める前は蚕を飼い畑ではコンニャクを栽培し、そのコンニャク玉を煮れば直ぐ食えるようにお袋は加工して、その加工したコンニャクをお袋は背中に背負って、鉱山まで売りに行っていたんです。

こうして秋も終わる頃になると、コンニャク業者がコンニャク玉を現金で買い取りに来ましたから、その業者はいつも百円札で代金を支払い、お袋は貰った百円札を手に取って真剣に一枚一枚数えているのを覚えていますけど、そんな事をしながら親父を助けていたんだいねえ。

うちで始めた店は「松屋」といい、私が小学校へ上がった頃始めたんだから、戦後間もなく店を開いたんだと思います。

ところが意外にその店は繁盛したんですねえ。

なぜ繁盛したかというと、塩とかタバコを売る専門店以外、中津川には店が一軒も無かったから、まあ、独占的に私の家だけで商売する事ができたという事ですよ。

その後は他の家でも店を始めたようでしたが……。

うちでは殆ど店の仕入れは、秩父の街にあった「いずみや」という百貨店からでした。

とにかく調味料から衣料品、駄菓子に魚介類、野菜に果物そして金物に陶器など、お客さんから注文があれば何でも仕入れ、お袋は秩父まで品物の仕入れにはよく出掛けましたよ。勿論業者も時々注文取りには来ていましたけど、まだ電話が引けて無かった頃でしたから、仕入れをするのも大変な時代でしたよ。

昭和三十（一九五五）年前後になると、鉱山関係や営林署関係のトラックが頻繁に往来していて、そうした車に中津川から「三峰口駅」（秩父鉄道）まで乗せてもらい、そこから電車で秩父の街へ出たんです。

それでも昭和三十年代（一九五五〜六四年）に入ると、中津川にも秩父駅発の定期バスが、一日一本だけ走っていましたけど、それ以外これという交通手段の無かった地域の人たちは、殆どトラックを利用していたんですねえ。だからどこでも道端で手を上げれば誰でも唯で乗せてもらえた時代でしたから……。

当時、鉱山や営林署の車は山へ登る時は空車だったから、お袋が仕入れた物はそうした空車に頼み込み、荷物を運んでもらっていたんです。

あの頃秩父の街では「矢尾」とか「いづみや」というでかい百貨店がありまして、其処は「近江商人」といい滋賀県から大勢来て、でかく商売をやっていたようですけど、うちでは衣類や雑貨の仕入れは殆ど「いづみや」から仕入れていたから、お袋が買い付けに出た日は幾軒も店を回ったので、その晩は仕入れ先の「いづみや」へ泊めてもらった事もあり、そんな時は殆ど私の姉が留守番をやっていたんです。

生鮮食品は秩父の「野村商店」という店から仕入れていましたけど、野村商店の兄さんは「山幸水産」という鮮魚店を別にやり、鉱山町にも店を出していたんですよ。

うちではそのほか金物屋に玩具屋、履物屋に薬屋とか……。まあ、何でもいろんな物を売っていましたから、仕入れ先は殆ど秩父の専門店から仕入れていたんです。

それでも「いづみや」はもう四十年も前に店をたたんじゃったたいねえ。

うちで始めた店はお陰さまで繁盛したから生活は幾分余裕ができ、私は上の学校まで出してもらう事が出来たんです。その当時は秩父郡中でも、高校まで出られた者は何人も居なかったけど、私は短大まで出してもらえたから、お袋には本当に感謝していますよ。

私がむかし小倉沢中学校に在学中だった頃、当時の校長先生から「山中君、君は先生になってくれないかい」と言われた事があったんです。

それは、当時教員になっても中津川や鉱山のような山ん中にはなかなか赴任して来る先生が少なかったから、私はその頃からなんとなく「教員にでもなろうかなあ」とは考えていましたから、それなりに勉強もしてきたんですよ。

小倉沢の中学を出てからは「秩父農工高校」へ入り、中津川からは通えないから、秩父市内の知人宅に下宿をして通っていましたね。

その後は館林に在った「関東短期大学」という短大へ入り、そこで教職の資格を取り教員になったという経緯なんですよ。

だから母親が蚕を飼って畑でコンニャク栽培をやっていただけなら、とても高校まで出る事はできなかったし、それこそ一日も早く中学を出て母親を助けなければならなかったでしょうから。

教員になり初めて赴任したのは昭和三十三（一九五八）年頃で、大滝の鶉平（うずらだいら）に在った「大滝村立大滝小学校」の本校でした。

その頃は、まだまだ道は悪く険しい箇所があちこちにあり、家から学校まで二十キロも離れていて、乗り物は無かった時代でしたから、私は教員住宅へ入居したんです。当時大滝では地元の教員が少なく他所から赴任して来た先生が多かったから、すでに教員住宅は出来ていましたから。

私は教員になり一年くらいしてから村うちの女性と結婚したんですよ。

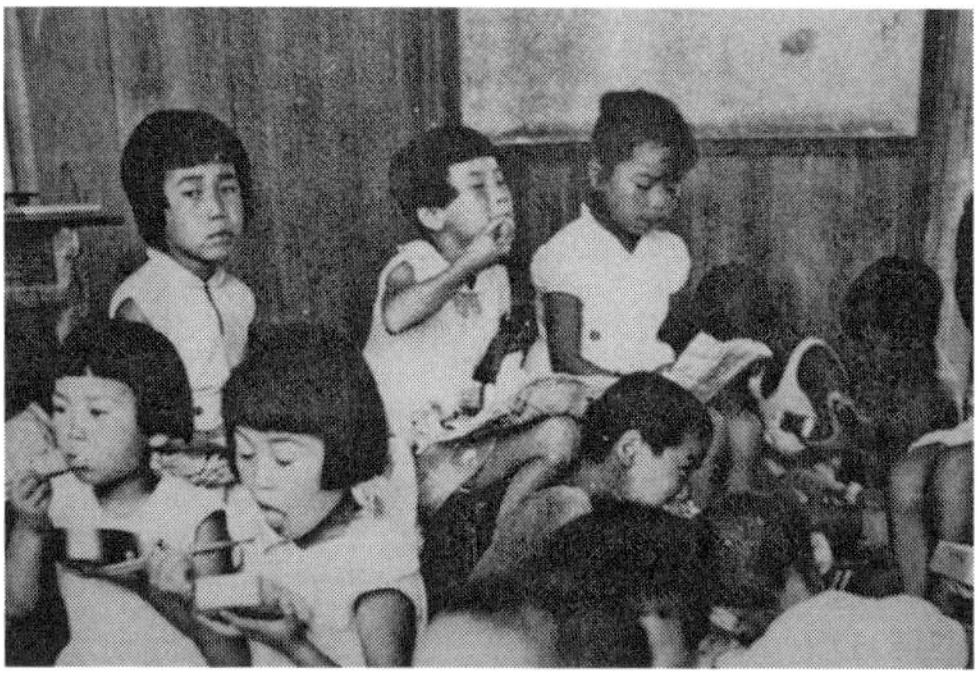

1961年ごろ、中津川分校の昼食風景
(『大滝村誌写真集』より)

結婚しても家から通う事は出来なかったので、女房は中津川の実家にお袋と一緒に住み、私は週一回家に戻る、という生活を続けていたんです。

だけど私が結婚して一年半ほどで私の母親は亡くなってしまったんですよ……。

私は二年間、大滝小学校に勤めてから「中双里分校」へ四年、そして地元の「中津川分校」には十年位は勤めて居たんかなあ。

それでも昭和三十二(一九五七)年に「僻地教育振興法」という制度ができ「僻地手当」が導入され、様々な優遇策が採られるようになってからは、大滝にも教員が希望して来るようになったんです。

昭和四十(一九六五)年頃までは大滝村でも生徒数が多かったけど、四十年代を境に生徒がどんどん減少し、私は昭和五十六

（一九八一）年に大滝から秩父市内の「花の木小学校」へ移動になったんです。だけどやっぱり中津川から市内の学校までは通えないから、学校の近くに一軒家を借りて単身赴任をしていましたよ。

そのうち大滝村でも高校まで進学する子供が多くなりましたから、村では秩父市内へ学生寮を二棟作り、男子寮は秩父市立病院の近くにでき、女子寮は矢尾の近くに作りましたけど、私は男子寮の舎監をしながら転勤先の学校へ通っていたんです。

ちなみに私の子供二人も高校は寮から通いましたね。

その後は「花の木小」から「大滝小」「久那小」「荒川東小」と転勤し、最後に大滝へ戻り「大滝小学校」の校長として三年間お世話になり退職したという事なんです。

退職後は、大滝の教育委員会に関連する仕事を七十歳までやらせてもらい、退職後もそれなりに仕事はしていたんです。

この中津川地区には「諏訪神社」という神社が川向こうにありますけど、毎年お祭りは八月二十六、二十七、二十八日の三日間執り行なわれ、本祭は二十七日にやっていたんです。

それでも八月になると台風が多くなり、台風が来ると神社までは行けなくなるから、そんな時は対岸で拝んだ事もありましたねえ。まあ、こんな山ん中ではなんの娯楽も無い頃だったから、祭りには結構力を入れて盛大にやりましたよ。

だから八月二十六日は朝八時に神社へ集まり、境内の清掃や参道の整備をしたり、二十七日が本祭だからみんなで集会所へ集まり、飲んだり食ったりお喋りしたり楽しんでやっていたんです。

最後の二十八日は何をしたかというと、中津川は秩父から入って来ると行き止まりの集落でも、峠越えをすると群馬や長野との交流が取れましたから、昔は意外に他県との交流が多かったんです。だけど道は険しくあちこち何箇所も悪路があり、通行するのは大変だったから、こうした地域を繋いでいる道路整備を、我々は奉仕でやっていたんですよ。まあ、道普請のようなもので、道路脇の草を刈ったり道の簡単な補修作業もやっていたんです。

コースは五コースあってくじ引きで決めたんだけど、まあ、いろんなコースがあり、まずここから両神村（現在・小鹿野町）へ抜ける「白井差峠コース」。中津川集落から鉱山を抜け赤岩峠を通り群馬県上野村の「野栗沢コース」。もう一つの難所は、私の家の前を通り長野県へ抜ける「三国峠コース」や、秩父往還と合流する「白泰山」へ抜ける道草を刈ったり、本街道をやる班とか、まあ、何ヶ所もあったんですよ。

大正初期の中津川集落（『大滝村誌写真集』より）

だから三国峠のくじを引いた人達は一番大変なコースだったから「なんだ此処かあ」なんて残念がるんだけど、そのコースを引いた人たちは遠いから朝早く出発したんです。

大体一班は八人位で編成され、各自に鎌や鋤簾なんか持って行ったんだけど、昔はいかに他地域との交流を大事にしていたかという事ですよ。

だから群馬県の野栗沢とか、秩父の両神村から中津川へ嫁に来たり、長野県の川上村からも中津川へ嫁に来ていたし、私の叔母さんは中津川から長野県の川上村へ嫁に行ったんですから……。

勿論秩父方面からの交流はありましたけど、中津川は他県に近かった事もあり、秩父の市街地とはまた違った交流がありましたから、こうした地域を繋ぐ峠道はとても大事にしていたんです。最近はそうした地域との交流も殆ど無くなりましたけど、私の従弟は今でも長野県の川上村に住んでいますから、たまには行き来もあるんですよ。

それでも今の中津川は急激に人口が減少してしまい、こうした行事や交流も殆どなくなってしまいましたねえ。

平成二十（二〇〇八）年に「滝沢ダム」は完成しましたけど、以前からダムが出来るということは決まっていましたから、中津川の人々はそれほど抵抗もなかったけど、ダムが出来る以前は「小双里（こぞうり）」辺りから中津川に掛けて人家は殆ど無く、寂しい道を通って来たんです。

ところが「滝沢ダム」が完成してからは道が大変良くなり、アッという間に中津川から秩父の街まで車で一時間も掛からねえで出られるようになりましたから……。それこそ道が悪くて車社会になる前なんか、秩父の街へ行って来るのも一日掛かりでしたからねえ。

ダムが出来た事によってこの土地から出て行った者と、残った者の考え方は違いますよ。大滝から出た人達は同じような場所へ土地を買い、集団で住んでいる人が多いから、便利さに慣れれば「出て良かった」という人達が殆どだと思いますよ。

だけど残された人たちの方が、寂しさを感じるのかも知れませんね。それでも今は、中津川にも大型バスがどんどん入って来るようになりましたから、そんなに不便さは感じなくなりましたよ。

大滝村は、昭和二十年代から四十年代に掛けて（一九四五〜七四年）、鉱山と木材等で驚異的に発展しましたから、お金も大滝には結構落ちまして、その頃の話によると「芸者買いをする人たちは、機屋の旦那か大滝の人か」なんて言われたくらい大滝にも収入があったという事ですよ。

まあ、むかし松尾芭蕉の俳句にもありますけど、「夏草や兵（つわもの）どもが夢の跡」それとまったく同じ事なんです。

廃墟となった日窒鉱山の社宅跡（2021年7月）

いま「日窒鉱山」のあった小倉沢へ行ってみると、あんなに賑わっていた鉱山町には人一人住んで居ないんですよ。古い建物が壊れ掛け、当時の面影は微塵もなく、まったく姿を変えてしまい、当時を知る者でなければこの寂しさはおそらく分からないと思いますよ。

だから九州や北海道の炭鉱と全く同じ事が言えるんです。炭鉱だってかつてはでかい炭鉱ともなれば、何万人もの人が住み、店は勿論学校や病院、映画館に飲み屋街など、そうした大きな産業も、時代の流れにより泡と消えてしまった訳ですから……。まったく時代の先は読めないものですよ。

かつて「日窒鉱山」では、金・銅・鉄・マンガンなど鉱物資源を産出していましたけど、現在の鉱山は規模を縮小し稼働はしていますけど、主力は石灰で、従業員は全員秩父方面から通いで来ているようですから、最盛期だった頃の十分の一以下じゃあないんかなあ。あんなに賑わっていた鉱山町もいまは寂れ、当時の繁栄を知る者でなければ理解できない事だと思いますねえ。

とにかく近年の大滝周辺にはもう何十年も仕事らしい仕事が無い為、折角育った若者達は殆ど下へ出てしまい、人口はどんどん減少していくばかりで、まさに大滝も「限界集落」そのものなんですよ。

こうした現状が過疎地を生み出し、中津川の集落だって現在子供は一人も無く、一人暮らしや夫婦者だけで暮らし、いまは全体で二十戸ほどになってしまいましたよ。

かつて中津川だけでも、百五十戸は在ったんですから……。

それでも私は中津川から離れて暮らしたいと考えたことは一度もなかったなあ。

私の家には山も畑もあり、いまでも畑に囲いをして作物を作っていますけど、妻と二人で食うぐらいの野菜は十分ですよ。

いまも私の家では、毎年一月十五日の小正月には山から木の枝を切ってきて、米の粉で繭玉や米俵に鳥の形を作って木の枝に差し込み、それを神棚に飾り小正月をやっていますけど、そうした伝統行事もいつまで続けられるかなあ。

まあ、これまで翻弄された激動の昭和から平成へと時代は流れ、これからの新しい時代は一体どうなって行くんでしょうねえ。

（二〇一八年十二月）

わたしはこれまで「栃本」からほかの土地へ行って住みてえなんて考えるほど、余裕はなかったいねえ。九十年生きてりゃあいろんなことがありましたよ。

秩父市大滝・栃本／昭和三（一九二八）年生　沢登千代子

沢登千代子さん

わたしは昭和五十（一九七五）年頃、「栃本の関所跡」で留守番というか切符切りを長くお世話になっていたんだけど、今はもう閉館しちゃって見せてないやねえ。

その頃、栃本じゃあ民宿を幾軒もやっていたから、其処へ泊りに来たお客さんが結構見に来てくれたんだけど、入館料はたしか大人一人二百円だったよ。

わたしは昭和三（一九二八）年にこの栃本で生れ、運が悪いっていうか、わたしが三歳の時に父親は三十代で死んじゃったから、わたしは父の顔を覚えていないんです。

その時わたしの母親も三十代で三人の子供を残され、母はその時途方に暮れてしまったと思いますよ……。

だからねえ、わたしの母親は話にならねえ程ほねを折ってきたんさあ。

それは昭和六（一九三一）年頃の事だから金取りをする手段なんか何も無く、まだ小っちぇー子供を三人抱え、ちっとんべえ（少しばかり）な畑を耕し、蚕を飼って僅かな金でやっと生活をしてきたんだから、全く切ねえ思いをしながら人一倍働いてきたっつう事ですよ……。

わたしは三人兄妹で兄さんが二人居たんだけど、二人共小学校を卒業するとすぐ都会へ働きに出て行ったから、兄さん達だって可哀想なもんでしたよ。

こんな辺鄙な所じゃあ、あの時代仕事は何も無かったかんなあ。今だって大滝じゃあ碌な仕事は無いけどねえ……。

1958年、千代子さんの嫁入り

わたしは兄妹の中で一番下だったけど、これまで苦労して育ててくれた母親を残し、自分は家を出る訳にゃあいかねえと思い、結局わたしは家に残り三十歳の時、同じ「栃本」に住んで居た人を婿さんに貰う事が出来たんです。それだって、やっと貰った婿さんも一緒になって八年目の四十代始めには死んでしまったんさあ。

わたしも三十七歳で夫を亡くし全く母親と同じ道を辿り、一時はわたしも途方にくれ何も手に付かねえような状態だったんだよ。

それでも「泣いてべえ（ばかり）いる訳にゃあいかねえし、わたしには子供が二人有るんだから……」と心を奮い起こし、子供たちが成長するまでわたしはがむしゃらに頑張って来たんです。

だから「何でこんなに、苦労ばっかり背負い込まなければならねえ人生なんかさあ」と、つくづく思いましたねえ。

お陰さまで二人の子供たちは元気に成長してくれ、いま長女は荒川（現在・秩父市）で所帯を持ち、週に何度か世話に来てくれるし、もう一人の娘は川越に住んで居るけど、色んな物を送ってくれるんですよ。

わたしが子供の頃の栃本は人が結構住んでいましたから、栃本だけでも同級生は十七人も居たんだけど、少し下った所に「川又（かわまた）」という場所があるんだけど、そこは平地が殆ど無くて石んガラべえ（石ばかり）な所だけど、それでも少し平らな所には小っちゃい家を建て、山仕事とか炭焼きをしていた家族が住んでいたから、川又からも同級生は幾人か居たんですよ。

わたしは大滝小学校の「上中尾分教場」という所を出たんだけど、学校までは歩いて四十分ぐれえ掛かり、小学校は父親が居なかったから行ったり行かなかったりしたんだけど、一応高等科までは出してもらったんです。

二人の兄さんたちはとても仲が良く学校の成績も良かったけど、子供の頃はまだ電気が引けてなかったからランプやローソクの生活で、一人の兄さんは薄明りの中で勉強していたもんだから目を悪くしちゃったんですよ。
もう一人の兄さんは、「学校で先生の話をよく聞いてりゃあ、べつに家へ帰って勉強しなくったってせわあねえやい」と言い、学校で教わった事はみんな頭に入れちゃって、家では殆ど勉強しなかったけど、通信簿は甲・乙・丙と三段階に分かれていたけど、兄はみんな甲だったんだからほんとうに頭は良かったんです。

わたしは、兄さんたち程勉強は出来なかったけど、母親はわたしを頼りにしていたから、母さんを置いて他所へ出る訳にはいかねえから、結局わたしは生まれ育った栃木から他所へは一歩も出ねえで、母親が八十二歳で亡くなるまで面倒をみることが出来たから、自分なりに満足はしているんですよ。

わたしは小学校の高等科を出ると直ぐに土方仕事に出たり、家の手伝いなんかをしていたんだけど、わたしらが子供の頃は、「女っ子はみんな裁縫を身に付けなければ」という決まり事のような習慣があったから、わたしも二十歳になってから、裁縫を習いに秩父の街へ行っていた事があったんです。そこは今の「健生堂病院」の駐車場辺りで「高橋建具店」という建具屋さんがあって、そこへひと冬だけ寝泊まりさせてもらい裁縫を習って来たんです。

家へ戻ってからは、栃木の近くに東電の社宅があり、そこにお裁縫の出来る奥さんが居たからそこでも裁縫を教えてもらい、そのほか青年団も裁縫を教えていたからそこへも行き、五年間裁縫の勉強を必死で覚えたんですよ。

うちには畑が何枚かあったけど場所が狭くて平な所が無かったから、隅から隅までいろんな物を植えたったけど、端っこのけちな場には、ラッキョウとか落花生なんかを作っていたんです。

そのほか山を開墾して焼畑を作り、蕎麦や豆なんかも結構植えたったけど、山には落ち葉がえら（たくさん）有るから腐葉土になり、二、三年おきに肥やしを蒔いただけでも作物は良く育ったんだいねえ。

その他わたしはお蚕も結構やりましたよ。

昭和四十（一九六五）年頃だったと思うけど、わたしは外秩父の大河原（現在・秩父郡東秩父村）の方まで泊まり込みで「種繭（たねまゆ）」（多品種の繭が混ざっていない繭）の鑑別に仕事として行っていた事があったんです。

種繭は原産に近い繭だから、特別鑑別しなくちゃあ、だったんですよ。

その後わたしも自分で種繭を少し飼い出荷してみたったけど、種繭は、普通の繭よりいいお金になったんだいねえ。

そのほか「晩秋蚕（ばんしゅうさん）」は「糸繭」で飼い、糸繭は自分用の着物に作ったりしていたんです。

他には紙漉きに使う「楮（こうぞ）」を植え、育った楮の木は決まった寸法に切り揃え、その楮はでっかい釜で蒸かし、蒸かした楮は冷してから皮を剥ぎ、剥いだ皮は莚の上で天日干しし、干し上がった皮は一束ずつに結わえて出荷もしていたんです。

ほかに萱を刈りその萱で炭俵を編み炭焼きに売ったり、とにかく金になることは何でもやりましたよ。もう否応なくがむしゃらに働きましたから……。

わたしが娘の頃は、盆踊りが栃本辺りでは何カ所かで毎年やっていたんだいねえ。

昭和20年代ころ、上中尾の盆踊り
（『大滝村誌写真集』より）

終戦後の昭和二十年代（一九四五〜五四年）頃は何の楽しみも無かったから、みんなそんな事をして楽しんでいたんですよ。

だから八月の一日が上中尾、三日が栃本、五日が寺井というふうにいろいろな所で盆踊りをやり、花火も上げた事があったけど、娘の頃はみんなで浴衣を着て、あっちの盆踊りこっちの盆踊りとよく出掛けて行ったもんでした。

そうすると若衆も固まって来ていたから、その時いい仲になって所帯を持った娘もいたったいねえ。

平成十（一九九八）年頃になってからは、埼玉県でやっていた「大滝グリーンスクール」の食堂へパートとして働きへ行くようになり、決まった収入が入りその時は大変助かったたいねえ。

暫くして「グリーンスクール」から、お饅頭作りの講師を頼まれた事があったんだけど、その時は半日で五千五百円もくれたんだ。普通半日であんなにいいお金は貰えないけど、県の方から出たんだから、いいお金をくれたんです。だから貰えたんだと思いましたよ。

そのほかわたしは演習林の土方仕事に出たり、東電の水路の清掃もやっていたんです。

他には、演習林の木道に這わせる砂利運びなんかもやりましたけど、その仕事は、砂利を「背負こ（しょいこ）」で背負って運んだんだけど三十キロぐれえはあり、まあ、重たくって大変な仕事だったたいねえ。それは、リンゴ箱ぐれえなでっかい木箱の中に、砂利を一杯詰めて背負い出すんだけど、下ろす時に砂利が少しこぼれちゃうんですよ。そうするとこぼれた分だけ、貰う金は減らされちゃったんだから……。それは「木箱一杯で幾ら」という計算だったんだいねえ。

いくら大変な仕事だって旦那が早く亡くなったから、生活していく為には何処でも使って貰える所には行きましたから、まあ、いろんな仕事をやらせて貰いましたよ。

コンニャク芋運び（『大滝村誌写真集』より）

昭和四十年代（一九六五～七四年）頃だったかさあ、わたしの家まで車が入る前の話なんだけど、わたしはコンニャクもえら（たくさん）植えたったから、コンニャク玉を結構出荷していたんです。その頃はたしか一俵が四十五キロもあり、そのコンニャク玉を上の道まで背負い上げたんだから、まあ、それも大変な事だったいねえ。いまじゃあ五キロの米だって持つなあ大変なのに、まあ、よく背負ったもんだったよ。

そのうち一俵が三十キロになったようだけど……。

そのほか近所のてえ（人達）と、花作りもして花の出荷もしていたんです。

花は「クリンソウ」という花で、鉢植えが出来るようにした物を出荷していたんだけど、背板は特別花用の背板を作ってもらい、その背板で上の道まで背負い上げたったよ。

そのほか「しゃくし菜」は干してから計り、一束ずつにして出荷していたけど、その頃はもう家の近くまで道が出来たから、農協がトラックで持ちに来てくれたんです。

「民家の学校」というのは四、五年前に、以前「民宿こぶし」だった跡地を、何人かが共同で買い取り、共同作業場のような施設を作ったんだいねえ。

そこには東京とか神奈川や千葉とか、いろいろな所からいろんな仕事に就いている人達が二十人近く集まり、その施設を「民家の学校」と名前を付けて、休みの日を利用しながらそこを足場に寝泊まりして活動をしているんだけど、子供は一人も居なくて大人だけなんだよ。

栃本は最近急に過疎地になっちゃったから、「民家の学校」の人たちは「栃本の荒地を開墾する」という目的で活動をしているんだそうだけど、最近は「花の会」を作って花を植えたり、栃本にある「両面神社」の祭りにはみんなで参加してくれるんです。

今度は「両面神社」の鳥居まで作ってくれるんだそうですよ。だから「民家の学校」には大工さんが居たり、いろんな仕事の人達も居るらしいから、その仕事を活かしながらやってくれているようだいねえ。

最近は空いた土地を耕し、ぶどう園作りもやっているようだから、ゆくゆくはワインを作り「栃本ワイン」として売り出すんだそうだけど、まあ、みんな若いから、生き生きと頑張って活動していますよ。

わたしはいま足が悪くなっちゃって動くのがやっとなんだけど、「民家の学校」が出来てっからは皆さんがよく家へ寄ってくれたり、裏の家には川越から若衆が一人で越して来たから、その人もわたしの話相手になってくれますから、安心して此処に住んでいられる訳です。

だからわたしはいまが一番幸せだと思っているんですよ。

そりゃあ、九十年も生きてりゃあいろんな事がありましたよ。わたしはこれまでここの「栃本」からほかの土地へ行って住みてえなんて考えるほど、余裕はなかったいねえ。

全く不幸ばっかり背負って来たんだから、これまで夢中で生きて来たっつう事ですよ。

いまわたしは足が悪くなって碌に動けねえから、いろいろな布でお手玉を作り「民家の学校」の人達にくれる事だけが楽しみで、他の事はもう何んにも出来なくなりましたからねえ。

千代子さんが作ったお手玉（2018 年）

これまでわたしの姪っ子が、いろいろな布やお手玉の中へ入れる豆を送って来てくれたから、お手玉を作る事が出来たんです。今わたしの生き甲斐は、みなさんにくれるお手玉作りだけですよ。

あと何年作れるかなあ……。

（二〇一八年八月）

俺は「栃本」に生まれ住み、「何時が大変だったか」と聞かれれば、以前も、今も、これからも、ここに住むこと自体が大変なことなんだよ。

秩父市大滝・栃本／昭和二十二（一九四七）年生　山中宇一

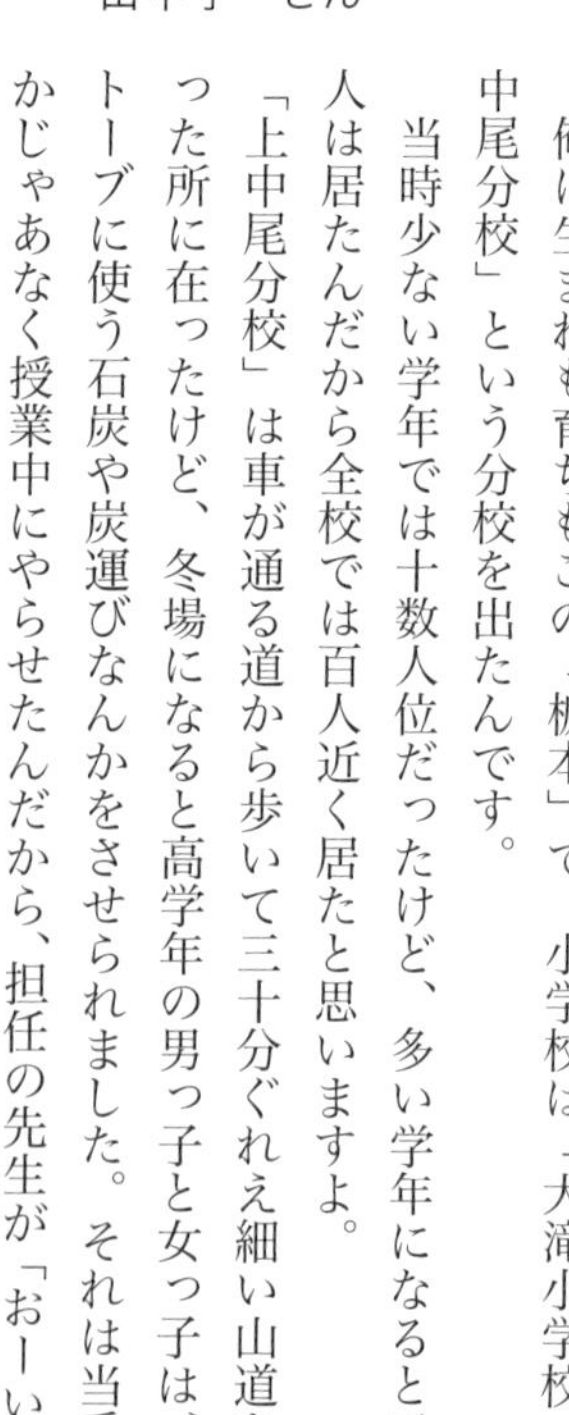

山中宇一さん

俺は生まれも育ちもこの「栃本」で、小学校は「大滝小学校・上中尾分校」という分校を出たんです。

当時少ない学年では十数人位だったけど、多い学年になると三十人は居たんだから全校では百人近く居たと思いますよ。

「上中尾分校」は車が通る道から歩いて三十分ぐれえ細い山道を登った所に在ったけど、冬場になると高学年の男っ子と女っ子は、ストーブに使う石炭や炭運びなんかをさせられました。それは当番とかじゃあなく授業中にやらせたんだから、担任の先生が「おーい、今日は石炭の持ち上げだい」なんて号令が掛かると勉強なんかそっちのけで、計画なしに一日掛かりで何往復も運ばせたんですよ。

それは背板に一斗缶を括り付けその中に石炭や炭をいっぱい入れ、下の車道から学校まで坂道を背負い上げたんだいなあ。背板は各家で子供用の背板を親が作ってくれたからその背板を持って学校へ行き、何時でも使えるように学校の物置へ置いといたんですよ。

だから運ぶ日なんか特別決まっていた訳じゃあなく、石炭や炭が無くなるといつでも運ばされたんだから、まあ、山ん中の分校なんつうもんは、そんな事でもまかり通った時代でしたよ。

栃本からずっと下へ下った所に荒川の源流が流れているんだけど、俺が子供の頃は夏になると近所の子供たちとみんなで水浴びへも行ったいなあ。だけど川へ行くには三十分も道を下らねえと行げねえし、帰りは殆ど登り道で遊びながら帰って来たんだから一時間以上は掛かり、夏でもそんなには行かなかったよ。

炭背負いをする小学生
（『大滝もの知り電話帳』より）

それに以前は荒川の上流に「東京電力」の発電所が在って、そこでは水を溜め水圧で電気を起こして供給していたんだよ。発電所はコンクリートで造られていて普段は門扉が閉めてあったんだけど、当時のコンクリートは質が悪くいつも漏水していたから、川には魚が結構いましたよ。

だから俺たちは川で泳いだり魚を取ったりして遊び、取った魚は河原で焼いて食ったんだけど、何にもねえ時代だったから、川で食う魚は特別美味かったいなあ。

それに川には淵があって、その淵へ飛び込んだり泳いだりして遊んだんだけど、なんたって荒川の源流だから水が冷たく長く水には入ってはいられねえから、少し泳いじゃあ岩の上で甲羅干しをして遊んでいたんですよ。

以前はもう少し上流の川又や赤沢辺りにも、小っちぇー発電所が二カ所あったいねえ。


俺は中学になると、落合に在った「大滝中学校」へ通ったんです。その頃は「日窒鉱山」にも「小倉沢中学校」という中学が在ったから、大滝村には中学が二校あったんですよ。

大滝は山が高く面積が広いから、とても一校だけじゃあ通える距離じゃあなかったかんなあ。

小学校は本校の他に分校が六校あり、比較的「小倉沢中学校」に近い三校は「小倉沢中学校」へ通い、他の四校は「大滝中学校」へ集まって来たから俺も「大滝中学校」へ入ったんだけど、中学へ入ってみたら全校では四百人も居たんだから、俺らの学年はクラスが三クラスもあったんですよ。

それでも俺が三年生になったら二クラスに減っちゃって、それというのは「二瀬ダム」が昭和三十六（一九六一）年に完成したもんだから、そこで働いて居た人たちの子供は、親と一緒に大滝から出て行っちゃったんだいねえ。

二瀬ダムは三峯神社へ登る西側の麓に出来たんだけど、このダムは木材を使用するという条件で造ったダムでしたから、ダムの現場には製材所を作り、そこで製材した木材を使い、下から上まで木の型枠で造りあげたダムなんです。

二瀬ダムを造る時は、ダムの技術者が家族と同伴で移転して来たから、大滝村も一時的に人口が一気に増えたという訳ですよ。

だけど滝沢ダムの場合は近年になって造ったダムだから、技術者だけが単身で現場へ来て、「利益にならなければやりませんよ」というような感じでしたから、二瀬ダムの時とは大分違ったやり方でしたよ。

木材搬出のトラック（『大滝村誌』より）

二瀬ダムは熊谷組が請け負ったんですけど、完成すると技術者は家族と共に、富山県に出来た「黒部ダム」造りのために全員黒部へ行ったんです。

熊谷組の場合は秩父の下請け業者は殆ど使わず、熊谷組の息が掛かった業者を連れて来て造ったダムだから、今の「ゼネコン方式」ですよ。ゼネコンが元受になり、それに携わる人たちが随分入って来ていましたからねえ。

俺らが中学へ通っていた頃の道路は舗装じゃあなくでこぼこの砂利道で、栃本から大滝中学までは十五キロ以上はあったから、その道を自転車で毎日通っていたんです。行く時は殆ど下りだったから一時間ぐれえで行けたったけど、その分帰りはずっと登りだから三時間近くは掛かり、冬場なんか家に着く頃らあいつも真っ暗でしたよ。

丁度その頃、二瀬ダムを造っていた頃だったから、「第一石産」という会社のトラックが年中走っていて、女っ子なんかは途中でその車に乗せてもらい通っていた子も居たったよ。

まあ、当時の道は全部砂利道だから埃がえれえ（ひどい）もんで、「第一石産」のトラックが毎日「三峰口駅」（秩父鉄道）辺りから二瀬ダムの現場まで、骨材（砂ガラス）を積んだ車が四台も五台も連ねて走っていたんだから、俺らはその埃を頭から全身に被り、まあ、ひでえもんで、口の中までむせかえるようだったよ。

雨が降ると、親が有線放送でトラックの運転手の家へ電話を掛け、「息子を途中から乗せて行ってくれねえかい」と頼んでくれたから、当時は上からも材木屋が走って来たんで、そういう車に幾度か載せてもらった事がありましたよ。

だから街場の生徒とは全然生活リズムが違い、通うだけでも容易なもんじゃあなかったから、勉強なんか碌に出来やあしなかったんだい……。

とにかく中学の時は朝早く家を出で、冬場なんか家に帰って来る途中で真っ暗になっちゃったから、途中からは懐中電灯を点けて帰って来たんだからなあ。

栃本に車が入るだけの道が出来たんは、確か昭和四十（一九六五）年近くになってからだったと思うけど、中津川の方は古くから鉱山があったから、結構早く車が通れる道は出来たんです。

俺が中学校の時に学校では羊を二頭飼っていたんですよ。

だから夏休みになると担任の先生が「干し草を刈って持ってこい」なんて言うから、仕方ねえうちの周りの草を刈り、二時間も掛け汗ビッショリで学校へ持って行ったんだいねえ。

その羊の毛をどうするかというと、それは先生方が着る背広に使ったんだよ。

それで学校の夏休みの時の事なんだけど、俺は剣道部の合宿に参加していて、合宿が終わった日にみんなで「スイカを食うべえ」つう事になり、部員全員でスイカを食ったんだいなあ。だけど食ったスイカの皮を捨てる場所がねえから羊の餌に全部やったんだよ。

ところが羊がスイカの皮を食い過ぎちゃって、二頭の羊の腹が膨らみ「鼓腸症（こちょうしょう）」になってしまい、その二頭の羊は死んでしまったんだいなあ。

だから先生方は慌てていたったけど、生徒の方じゃあ「ざまあみろ」っていう訳さあ。

草食動物というのは冬場乾燥している物を食っているから、春先になると新芽が出て柔らかくて美味いもんだから、つい加減を知らねえで食い過ぎちゃうから消化しきれず、腹にガスが溜まって「鼓腸症」になる要因が多くなるんだそうですよ。

だから牛なんかそうなると、飼い主が牛の腹に穴を空けガス抜きをするんだっていうから……。


俺は一応高校は出たんだけど、同級生は三分の一ぐれえしか高校なんか行かなかったいなあ。

俺だって行く所がねえから仕方ねえ行ったんだけど、その頃親父は村会議員とか「大滝村農協」の組合長もやっていたから、まあ、親の為に行くんだと思って学校へ入った訳ですよ。

学校は「埼玉県立秩父農工高校」だったけど、家からは通えねえから、一年の時は親戚へ世話になり、二年生になると大滝村では秩父の「近戸（ちかと）」へ学生寮を作ったから、俺は二年、三年とその寮から

「農工」へ通ったんです。

俺が中学へ通っている時は往復四時間以上も掛り、勉強なんか碌に出来やあしなかったから、高校へ入っても基礎が出来てねえんだから、勉強の内容なんか殆ど分からず面白くもなく、勉強は出来なかったいなあ。

だけどこのまま落第する訳にはいかねえから卒業する間際になって、俺は直接担任の先生のところへ行き、「先生見極めを付けて下さい」と自分で頼み込み、やっと卒業させてもらったようなもんでしたよ。学校側だって、そんな者をいつまでも置きたくねえから卒業させてくれたんだいなあ。

「秩父農工」を卒業してから一旦大滝の家に戻ったんですけど、俺は勉強が出来なかったもんだから、親父が「林業教室へ行ってこい」という訳ですよ。

そこは「林業青年学校」といい国でやっていたようだけど、寄居町（当時・埼玉県大里郡）の鉢形城跡の側に在って、そこには「砂防センター」という寮があり俺はその寮へ入り、一年間その学校で過ごしてきたんです。

実際俺は行きたくはなかったけど、親が決めちゃったもんだからどうしようもねんだいなあ。まだその当時は「原生林を切って、杉や檜を植えましょう」という国策があったから、「林業の青年を育てる」という国の方針でやっていたんですよ。

それでもあの時代が最後だったんべえなあ。

あの頃は、まだ切った原生林の後には「苗木を植えましょう」という気運が全国的にありましたから、結局その頃植えた杉や檜が成長していま国中に花粉を蒔き散らし、全国で大騒ぎになっている訳ですよ。

だから大滝だけの問題ではなく戦後四十年代頃までは国の施策で、全国で植林はやっていましたからねえ。

俺は家に戻り山仕事べえ（ばかり）やっていた訳じゃあなく、土木工事の手伝いに出たり、友達に紹介され狭山のお茶作りに行った事もありましたよ。

昭和40年代の植林作業
（『大滝村誌写真集』より）

だから一応機械でお茶作りを覚えてきましたけど、その頃狭山では四間機の機械を使ってお茶作りをやっていたんだけど、大滝じゃあまだ二間機が三台有っただけでしたよ。

だけど俺も一応「狭山」でお茶作りを覚えてきたから、大滝でも少しお茶作りを手伝った事がありましたねえ。

俺の親父は村会議員や農協の組合長を長くやっていたから家の事は殆どやらず、俺が家の周り全般の事をやり、近所で声が掛ればば手伝いに行ったりしていた位だったけど、栃本では昭和三十年代（一九五五～六四年）の後半頃からコンニャク作りが盛んになり、俺の家でもコンニャクを植えコンニャク玉を出荷していた時期があり、一時はいい金になったんですよ。

それでも昭和四十年代（一九六五～七四年）も後半頃になると、中国から安いコンニャク玉が入るようになったからコンニャクの値段が一気に暴落しちゃって、その頃になると栃本でもコンニャク作りは段々止めてしまった農家が多くなってきたんです。

それで大滝の村役場では、「コンニャクが駄目じゃあ『栃本の関所跡』を売りにして、民宿でもやってみてはどうかい」という提案が出されたんですよ。

まあ、そうした事もあり、うちでは昭和四十五（一九七〇）年にお袋が「民宿西川」という看板を立て、民宿を始めてみた訳ですよ。

ところがその頃になると栃本でもこぞって民宿を始めたんだいねえ。

まあ、民宿とは言ってもまだクーラーもねえ時代で、「山小屋ふうで泊まってもらうべえ」という事で始めたんです。当時はこんな山ん中の狭い栃本だけでも民宿が十二軒もでき、昭和五十（一九七五）年前後になると、大滝村だけでも二十九軒も民宿が在ったんですよ。

大滝なんかじゃあみんなが民宿をやる前なんかは、養蚕やコンニャクを作って現金収入を得ていただけだったから、うちでもコンニャクをやる前は養蚕もやっていたんだいねえ。

俺は家で民宿を始めた翌年の昭和四十六（一九七一）年二十四歳の時に、二つ年下の女房を秩父の市街地から貰った訳ですよ。

女房は街中で育ったんだけど、よくこんな山ん中へ嫁御に来てくれたいなあ、と思って、感謝しなくっちゃ、つう事だんべえ。

そのうち子供が三人出来て、子育てと民宿の両立だったから女房も結構容易じゃあなかったと思いますよ。それでも昭和四十年代から五十年代に掛けて（一九六五〜八四年）は、お客さんがえら（たくさん）来てくれたから目が回るほど忙しかったんですよ。

それでもうちでは昭和四十五（一九七〇）年から平成二十三（二〇一一）年まで四十年以上も民宿をやってきましたけど、こんな山ん中でも次から次によくお客様が来てくれたいなあ……。

その時分なあ、うちべえ（ばかり）じゃあなく栃本の民宿はみんなどこも忙しかったんだよ。

当時を偲ぶ民宿の看板

だけど俺らはやっぱり素人だから、山小屋風のような待遇しかできなったし、それ以上の要求があっても対応はできなかったいねえ。

まあ、当時俺らは子育て真っ最中だったけど、子供の面倒なんか碌にみてやれなかったから、今でも子供たちには言われますよ。「ちっとも面倒見てくれなかったいなあ」って。

今考えてみると嘘のような夢のような話で、こんな山ん中へあれだけの人が足を運んで来てくれたんだからなあ……。来てくれた人たちは東京、大阪、新潟、千葉に横浜とか、まあ、いろんな所からいろんな人が来てくれましたよ。

それにでかい会社の奥さんが、「ゆっくり休みに来たんですよ」なんて一人で幾日も泊まった事もあったんですから……。

料理だってほんとうに田舎料理を出していたんだから、まあ、よくお客の方が我慢してくれたいなあ。

俺はある時お客さんに聞いたんだよ。「此処へ来てもらって、何か良いところは有るんかい」ってねえ。そうしたら「景色も空気もとてもいいですよ」と、言ったぐれえだったよ。

お客に出す物は、かあちゃんと二人で秩父の街まで仕入れに行ったり、引き売りの車が週に何度か栃本へ登って来たから、そうしたところからも仕入れをしたんだけど、やっぱりお客の人数分だけ揃えたり新鮮な物を出すには、秩父の街まで行って来ねえと揃わなかったいなあ。

それでも俺の家じゃあ畑を少しやっていたから、畑で取れた物を天ぷらに揚げて出したりしていたんです。

ある時、こっちで大判振る舞いをして海老なんか出した事があったんだよ。そうしたら、「こんな山の中へ来て海老なんか出さなくていいですよ。川で取れた魚を食べてみたいんだから」なんて言われた事もあったいねえ……。

まあ、いろんな人との出会いがあり夢中で過ごしてきたんだけど、いま考えてみるとあの頃は楽しかったなあ。

だけど、そのうち消防署や保健所が煩くなり、そうなってくると個人の力じゃあ対応出来なくなってきて、その頃になると秩父の旅館やホテルが安売りをしてきたもんだから客は取られるし、儲からなくなっちゃったんだいねえ。

秩父郡内では「民宿組合を作るべえ」なんていう意見が出た事もあったんですけど、ホテルや旅館の方が設備もいいから、結局お客さんはいい方へ回ってしまったんだいねえ。

そんなこんなしているうちにお客がだんだん来なくなっちゃったから、結局、民宿組合の件も宙に浮いちゃった、つう事なんです。

それでも俺のうちじゃあ四十年も民宿をやってきたんだから、まあ、よく続いたもんだったよ。

栃本耕地（2021年）

いま栃本はひっそ（静か）なもんだい……。

こんな山ん中にゃあ誰も来ねえし、年寄りべえ（ばっかり）になっちゃって……。

若けえ者んは仕事がねえからみんな他所へ出て行っちゃったかんなあ。

俺だって若けえ頃は、こんな辺鄙な所には住みてえとは思わなかったよ。だってこんな場に住んで居たって、何にもメリットはねえんだから……。

だけど俺の家は歴史のある家なんだよ。だから「誰かが家を継がなきゃあ」という頭はいつも俺にはあったし、それに親だって、俺を騙し騙し此処に置いといたっつう事ですよ。

それに俺は三人姉弟で男は俺が一人だったから、まあ、仕方ねえ家を継いだようなもんだったけど、俺の子供は三人とも他所へ出て行っちゃったよ。こんな場所じゃあ仕事にも就けねえかんなあ。

栃本には春と秋の年二回、「両面神社」のお祭りがあるんですよ。

それは四月三日と十一月十三日にあるんです。その日は三峯神社の宮司を呼んで拝んでもらい、そのあと口取りを買って来て直会(なおらい)を少しやるんだけど、以前は耕地の女衆(おんなし)が何やら作って持って来たんだけど、いまじゃあ年寄べえ(ばかり)になっちゃったから、他所から買って来た物を突きながら飲んだり食ったりしてお喋りをする程度ですよ。


「滝沢ダム」は平成二十(二〇〇八)年に完成したんだけど、俺らにゃあ、殆どメリットなんか何も無えよ。あすこは誘致ダムで、現地の人たちが「造って欲しい……」と要望し、嘆願して造ったダムなんですから……。だからそういう人たちはダムを造ってもらい、大金を貰って町へ出て暮らすべえという目的で始まった話なんですよ。

まあ、「二瀬ダム」とは違って「早く造ってもらうべえ」つう考えの人が多かったんだから……。

現在、大滝は「滝沢ダム」完成以後、道だけは良くなったけど過疎化がどんどん進み、大滝そのものが滅びてしまっただけですから……。

だから栃本だって昭和五十(一九七五)年頃までは六十軒以上在った家が、今は二十五軒ですよ。

栃本は、元々原生林だった場所を人々が開墾して山の斜面を切り開き作った土地だったから、土地そのものは痩せていて急斜面だし、そこへ作物を作ったって碌な物は育たない訳ですよ。そうした僻地だけに、何の発展性もない所なんです。

ですからこの地域の生活を存続していくということは、行政からの支援がなければ直ぐにでも滅びてしまい、人々は生活が成り立たなくなってしまうという事が現実ですよ。

それでも以前この地域に住んで居た人達は、原生林を切って下へ出す、そういう仕事をしていた人達が多かったから、まあ、生活は成り立っていましたけど、それが今は無くなっちゃったわけです。収入源が無くなり生活出来ない状態となって、この地域から人々がどんどん出て行ってしまった。そんな要因もあるんですよ。

いまの原生林は限られた所に一部の業者が入り、チエンソーとか特殊技能の免許を持っている人でないと、山には入れないのが現状なんです。

俺は栃本に生まれ住み、「何時が大変だったか」と聞かれれば、「以前も、今も、これからも、ここに住むこと自体が大変な事なんです」とこたえますねえ。

たとえば農産物を育てて出荷しようとしても、動物に食われてしまうから売りには出せない……。そして栃本の人口は減少して高齢者ばかりとなり、自分の家で食う「せんぜい物」(自家野菜)ぐれえしか植えなくなったから畑地は荒れ、最近は猿にも見放され、猿も碌に来なくなりましたよ。

それでも猪や鹿は今でも多く出て来るから、結局農作物を作るところには全て囲いをして作っていますけど、そうしないと全部動物に食われちゃいますからねえ。

自給自足の頃と違って生産能力は全くないですから、取ってみての勝負なんです……。

現在この栃本には三十代の若者が一人居るだけで、あとは全員六十代以上なんですよ。

だいち農業だって林業だって駄目なんだから……。

とにかく安定した収入が無ければ、こんな土地に住む事は出来ねえから、何百年も続いてきたこの栃木も、やがて消えて無くなり原生林に戻ってしまうんかなあ。

まあ、それが現代社会では「過疎地」の宿命というものなんですよ。

寂しいもんだいねえ……。


（二〇一八年三月）

わたしゃあ中津川の「中双里」で生まれ、縁あってこの「栃本」に嫁に来たんだが、「他所へ出て暮らしてみてえ」なんて、一度も思ったこたあなかったよ。

秩父市大滝・栃本／大正十（一九二一）年生　山中禧子

山中禧子さん

わたしゃあこの「栃本」には昭和十八（一九四三）年二十三歳の時、中津川の「中双里（なかぞうり）」という所から嫁御に来たんさあ。

実家は昔っからの家で、家の周りは山だらけだったから男衆（おとこし）は山仕事に出たり、畑も少し有ったから畑もやっていたったけど、余所から男衆も頼んでいたから、山や畑仕事の手伝いをしてもらっていたんだよ。

わたしの父親は近所の世話役のような仕事をやっていたったけど、一時は近衛兵として皇居にも勤めて居たことがあったんだそうですよ。まあ、わたしが子供の頃の実家は自給自足の生活だったから、何でも家で作れる物は作り、畑で取れる物は何でも植えていたったけど、戦

熊を仕留めた猟師たち(『大滝村誌写真集』より)

前だって今ほどじゃあねえけど山や畑にゃあ獣が出て荒らしていたから、実家じゃあ、犬を五匹も飼っていたったいねえ。

父親は猟師の鑑札を持っていたから一人で猟に出たり、幾人かと組んで山小屋へ泊まり込み猟をしていた事があったけど、その時は鹿とか猪や兎なんかを捕って来たったよ。

他の人と組んで猟をした時は、捕れた獲物はその場で捌いて肉にしてから、みんなで分け合って持ち帰ったんだけど、父親は「ドウコ」(アルミの細長い缶)の中へ肉を入れ、自転車の荷台に乗っけて帰って来たんです。

そのほか罠も掛けて置いたから、当時家じゃあ肉は食いきれねえほど有ったけど、昔は冷蔵庫なんつう物は無かったから、捕ってくると親戚や近所にも結構分けてくれたんだいねえ。

中双里には昔っから店は一軒も無かったから、秩父の方から魚屋とか衣料品の行商がよく登って来たんだよ。

魚屋が持って来た物は塩がよくきいた干物が多く、売れ残ったような物を持って来たったけど、そんな物でも近所の者なあ他に店が無かったから、その行商からよく買っていたったよ。

戦前なんか行商の人は、荷物を背負子(しょいこ)に背負って歩いて登って来たんだけど、そのうち自転車に積んで来るようになったたいねえ。

わたしが小いせえ頃らあ明かりはランプだけで薄暗かったけど、そのうち近所に発電機を取り付けたから、小っちぇー電球が一つだけ点いていたったよ。

炭は自分の家でも焼いていたから炭でも煮炊きをした事があったけど、竈は四つもあったし木は幾らも山にあるんだから、やっぱり煮炊きは竈の方が多かったたいねえ。

水は山からゴムホースを引いて瓶に溜めて使っていたけど、ホースは父親が何処からか見付けて来たからいつでも水は豊富に使え、戦前でも風呂は毎晩沸していたから、男衆(おとこし)が山や畑仕事から帰って来ると、いつでも風呂に入れるように沸かして置いたんさあ。

わたしゃあ中双里に在った小学校の分教場を出たんだよ。当時の学校は、お堂を建て増しした寺子屋のような学校だったけど、同級生は男が五人に女が三人で八人居たったよ。

分教場には、男の先生と女の先生が一人ずつしか居ねえで、校長先生は鶉平(うずらだいら)の本校に居たんだけど、分教場には特別な行事でもなけりゃあ校長先生は来なかったたいねえ。

中双里の周辺には沢が五つか六つあって、戦前なんかその沢の近くには、炭焼きとか山仕事をする人が幾家族も住んで居たんだよ。

殆どは群馬の方から入って来た人達が多く、炭焼きをする人は、沢が近くにあって炭にする木が多い場所を選び、其処の近くに炭焼窯を造ったり自分たちが住む小屋も建て、そこで家族が生活しながら炭焼きをしていたんだいねえ。

炭焼きは炭窯の周辺に木が無くなると、また別の場所を見付けて移り住み、そこでも新しく窯と小屋を作り、そんな生活を繰り返しながら暮らしていたんだよ。

　炭焼きの場合は家族も一緒に生活していたから、炭焼きの子供はその小屋から分教場へ通って来た子も居たったけど、子供達は家に帰れば木を運んだり、炭を掻き出す仕事も手伝っていたんだいねえ。炭焼きの掘っ立て小屋はちっとんべえ（少しばかり）なもんだったけど、そこのお上さんは家の周りを箒で掃いたりして、割合こ綺麗な生活をしていたったよ。

　当時、街場の方じゃあ炭を結構使っていたようだったから、炭はいい値で売れたんだいねえ。炭焼きの他には山仕事をする人も来て居たから、その人達は材木の切り出しの仕事をしていたんだけど、山仕事の人達は殆ど飯場で寝泊まりしながら仕事をしていたようで、場所によっては飯場が三カ所も四カ所も在って、一つの飯場には四、五人が寝泊まりし、山仕事の場合は元締めという人が居たったから、その人が仕事を請け負ってみんなに仕事をやらせていたんだけど、飯場は殆ど一人者が多く、家族は連れて来ていなかったよ。

　飯場で使う食糧品は、元締めが街から纏めて買って来てみんなに分け与えていたらしいから、戦時中でもそんな仕事をしていた人の方が、わたしら依り余っぽどいい物を食っていたんだよ。

だけど中双里なんか何処の家でも、畑で採れた物を細々と食っていただけさあ。

　わたしが小せえ頃は、うちの年寄りから「じろ端」（囲炉裏）なんかで、昔話を幾つか聞いた事があったいねえ。

「あのなあ、まじないというものは人に話してしまっては効かなくなるんだよ」とか……。

「中双里の奥にゃあ鍾乳洞があるんだけど、鍾乳洞の傍にはお地蔵様があってなあ。そのお地蔵様は夜になり寂しくなると『地蔵侯ー』『地蔵侯ー』と、大声を出したんだそうだ……」

　むかし山ん中じゃあ、人に「侯（こう）」という敬語を使った事があったそうだよ。

　それになあ、その鍾乳洞の中にはお寺というか小っちゃいお堂が在ってなあ、そのお堂の事を「仏石山（ぶっせきざん）」と言ったらしいけど、わたしらはそのお堂を見た事は無かったから、はあ（もう）ずっと前に朽ち果てたんだんべえ。

仏石山トンネル（2018年）

　鍾乳洞は大人一人がやっと入れる位れえな小っちゃい鍾乳洞だっつうけど、はあ誰も行ってみる者は居ねえだんべえ。最近ダム（滝沢ダム）が出来た頃には中双里の少し先に、そこの名を取って、「仏石山トンネル」というトンネルが出来たそうだが、わたしゃあ一回も通った事たあねえよ。

　わたしゃあ分教場を出てっからは何処にも出ねえで、うちで百姓をやったり家の手伝いをしていたんだけど、十六の時に東京へ女中に行った事があったんだよ。

　そこは小石川区の「白山御殿」という所で、二年ぐれえ働きに出ていたんだけど、その家に行く事になったんは、わたしの父親が大滝村の世話役のような事をやっていたから、埼玉県庁のお役人さんと親しかった事もあり、そんな関係から話があったんだいねえ。

東京の旦那様は、いまでいう農林省のようなお役所勤めをしていた人だったたよ。

その時わたしゃあまだ十六歳で、何も分からねえ小娘だったから、大滝の山ん中から東京の小石川へ行ったもんだから、まあ何もかもがびっくりさあ。近所の家だって豪儀な家が幾軒も並び、何たって人がえら（たくさん）居るし、ちんちん電車も通っていたんだから、東京つう所はえらい（すごい）所だなあと思ったたったよ。

女中をしていた時は、家の掃除や食う物を作って出したりしていたんだけど、分からねえ料理の時は、奥さんに教わりながら作って出したんさあ。

奥さんは偉い人で、「早く仕事をしちゃいなさい。今日は何々を習いましょう」と言い、色々な習い事をわたしに教えてくれたんですよ。

そのうち戦争の気配がしてきたんで、わたしの父親はわたしを返すように頼んでくれ、わたしゃ東京には二年居て、昭和十四（一九三九）年頃大滝へ戻って来たんです。

その時そこの奥さんが「じゃあもう帰りなさい。途中まで送って行きますから……」と言い、熊谷駅まで送って来てくれ、それからわたしゃ一人で秩父鉄道に乗り代え、「三峰口駅」まで電車に乗り帰って来たんだけど、まあ、途中からは一人だったたから心細かったたいねえ。

三峰口からはバスで落合まで乗り、そこから中双里の実家までは歩いて二時間ぐれえ掛け、やっと家へ辿り着いたという訳ですよ。

その後は暫く家の手伝いをしていたんだけど、そのうち秩父の上町にあった親戚の家に和裁を習いに行き、夏場は家で蚕や畑仕事の手伝いをして、農閑期の間だけ延べで二年ぐれえは和裁を習いに行ってたったよ。

そのうち中双里から栃本へ嫁に来ていた親戚の人から、わたしに栃本の「山中」つう家へ嫁御の世話をされたんさあ。

あの頃は、恋愛なんつうもんは御法度で、そんな事になれば「非国民」と言われた時代だったから、殆どの者んはお見合いで結婚したんだいねえ。

それでもわたしゃあ、お見合いなんつう厄介な事はしねえで、子供の頃から栃本の親戚へはよく泊まりへ来て居たから、世話をされた旦那になった人の顔は前からよく知っていたんだよ。

実家の方でも遠くへは嫁にくれたくなかったし、嫁ぎ先も遠い親戚の家だったから縁があったつう事だんべえなあ。全くの他人さまへくれるよりそこの家の事情も分かるし、好きも嫌れえもありゃあしねえ、此処の家へ嫁御に来たんだから……。

それは昭和十八（一九四三）年の秋二十三歳の時で、旦那様はわたしより二つ年上だったから二十五歳の時だったよ。

わたしが此処の家へ嫁に来た時には、舅姑（しゅうと）と古いお婆さんに小姑が二人居て、その時分は戦時中だったから嫁に行って幾らも経たねえうちに、旦那さまには召集令状がきたんさあ。

旦那さまはわたしが嫁に来る前も一度志願で戦争に行って来たんだっつうから、戦争に行くんは二度目だったんだよ。

だからわたしが嫁に行った翌年の、昭和十九（一九四四）年には戦争に行ってしまったですよ。

旦那は「ボルネオ」という所へ行ったんだけど、旦那が出ると間もなく長女が生まれたから、わたしゃ旦那の居ねえ所でお産をし、子育てをしながら舅姑さまや古い姑に小姑まで仕えてきたんだから、まあ、容易なもんじゃあなかったんさあ。

旦那は戦地に三年ぐれえ居て、昭和二十二（一九四七）年の春に帰って来たんだけど、家の者はみんな戦死したと思っていたんだよ。

だからわたしの実家でも「いくら親戚だって、子連れで舅姑さまに仕えているんじゃあいとおしねえから（かわいそうだから）、家へ戻って来てもいいんだよ……」と、わたしの母親が言ってくれたんだけど、それでもと思って歯をくいしばり、この家に留まって居たんさあ。

わたしだって旦那さまが生きて帰って来るとは夢にも思っていなかったから……。

だけどほんとうに寂しかったからなあ。

そんな矢先の事だったよ。

それは昭和二十二（一九四七）年の春。

わたしが戸ぼう（家の入口の戸）を開けて外に出た時の事なんだけど、なんだか汚ねえような格好した変な男が、こっちへ向かって登って来る人が見えたんさあ。

まさか……。

わたしゃあ、暫く立ってようく見ていたんだよ。

そしたらその男は、なんとわたしの旦那様だったんさあ。

まあ、たまげた、たまげた……。

だけどなんて嬉しかった事か……。ほんとうに嬉しかったよう。

あの日の事は今でも忘れられねえねえ。

あの頃はジャガイモの植え付けをするお彼岸の頃だったと思うけど、すっかり栄養失調になって帰って来たんさあ……。

旦那様が帰って来た時長女は三歳になっていたけど、その子供には小っちぇー頃から「父ちゃんは『ボルネオ』つう所に行っているんだよ」という話を何度も聞かせていたから、帰って来た自分の父親の事を「父ちゃん」とは言わねえで、「ボルネオ」「ボルネオ」と呼び、ちっと姿が見えねえと「ボルネオはどこへ行ったん」なんて、暫くは言っていたったよ。

そのうち小姑二人は近所へ嫁に行ったけど、二人とも近所だったから年中家へ来ては「あれが欲しい、これが欲しい。芋を煮てくんりょ」なんて言いたい放題言っていたったけど、わたしゃあ嫁の立場として、構わねえ訳にゃあいがねえから、物のねえ時代だったけど出来るだけの事はやってやったんさあ。

わたしには子供が六人授かってみたったが、途中二人欠けてしまったんさあ。

一人は赤っ子の時で、もう一人は五、六歳になってから赤痢に罹って亡くなったんだけど、その時わたしの旦那がその子を背中に括り付け、荒川村（現在・秩父市）の贄川(にえかわ)にあった「小櫃(おびつ)医院」まで走って連れて行ったんさあ。

だけど走るたって栃本から「小櫃医院」までじゃあ（までは）片道三時間も掛かるんだから、息子は旦那の背中で息を引き取ったんだよ。

まったくいとおしねえ（かわいそうな）事をしたったよ。今の時代なら助かったんべえが、あの時代は赤痢でもえら（たくさん）死んだんだからなあ。


以前栃本には「広瀬商店」という店が一見だけ在って、そこの店は菓子や日用品なんかを売っていたんだけど、ちっとんべえ（少し）しか仕入れなかったから、何でもすぐに売れちゃったんさあ。それで米も「広瀬商店」へ注文したんだけど、金は先払いしたって幾軒か米の注文が入らねえと、秩父の店へは注文を出してくれなかったから、金だけ払っても米は直ぐ手に入らなかったんだよ。だからいつでも少し余裕をもって注文していたんだいねえ。

栃本に車が入れるだけの道が出来たんは昭和三十八（一九六三）年頃で、それまでは栃本の下の方に車が通れるだけの道があったから、そこの道っ端に「広瀬商店」の小屋が作ってあり、その小屋まで秩父から米屋が配達して来たんだよ。

だけど「広瀬商店」からは、「米が入ったよ」という連絡だけで配達してくれなかったから、注文した家の者がその保管小屋まで持ちに行き、米を背板にゆっ付けて、それを背負って自分の家まで背負い上げて来たんさあ。

中継保管小屋（『大滝村誌写真集』より）

米は精米にしてあっても一袋が四十キロもあったんだから、まあ、相当重たかったし、運ぶ時はずっと登り坂なんだから、容易なもんじゃあなかったよ。

それに戦後の話なんだけど、当時は仕事にありつけねえ人とか、土地を持って無えような人に荷物運びを頼み、その人達には米を少し分け与えたり、わざと（少し）駄賃をやって頼んでいたんだいねえ。だけど自分たちだってたまには米運びをやったんだから、そんな時は重たくって後ろへのけぞるようだったよ。

子守りをしながら農作業（『大滝村誌写真集』より）

姑さまは八王子から嫁に来た人だったから、坂道を歩くったってよろけるような格好で歩いていた人だったから、畑仕事なんか出来やあしなかったんさあ……。

以前この家から八王子へ嫁に行った人が、この栃本の家へ嫁御の世話をしたらしいから、姑はそうした縁で此処の家へ嫁に来たんだそうだ……。

だからわたしは嫁に来ると直ぐに畑へ出されたんだけど、それだってこの辺の畑は平らな所なんかちっとも無くて、みんな坂っとうべえ（坂ばかり）な所だから、うっかりすると下の方まで転げ落っこちちゃうような畑で、それでもわたしゃ畑で子供を遊ばせながら畑仕事もやってきたんだから、苦労もしてきたったけど、まあ、そういうもんだと思って働いてきたんさあ。

この辺じゃあ、お産の神様で「産泰さま」のお日待ちは何度かやった事があったけど、当日は、自分の家で取れた蕎麦粉を持ち寄り、宿をした家で蕎麦を打って出したんだけど、そのお日待ちに参加するんだって若い嫁御なんかなかなか出さりゃあしねえんだから、どこの家でもその家の姑さまが参加していたんだよ。

だけどそのうち若い嫁御に代わったけど、何か別事をやるったって多少金が掛かるんだから、毎年はやらなかったいねえ。

それにこの辺りじゃあ、蕎麦は御馳走だったから、どこの家でもお客さまが来ると、蕎麦を打って出したんだよ。

わたしゃあ、中津川の中双里で生まれ、縁あってこの栃本へ嫁に来たんだが「余所へ出て暮らしてみてえ」なんて、一度も思った事たあなかったよ。

旦那さまが戦争から帰って来て一緒に居られ、わたしゃここで子育てをして九十過ぎまで暮らせたんだから、それだけで十分だよ。

今だって息子夫婦に囲まれて生活して居るんだし、わたしゃあ幸せ者んさあ。

だから九十過ぎまで達者で生きられたっつう事なんだよ。

それに生まれた中双里より栃本の方がよっぽど長いし、中双里は山ん中で狭い土地だったけど、栃本は景色がいいし陽当りもいいんだよ。

まあ、嫁に来て最初の頃は容易じゃあねえと思ったけど、そのうち「栃本」の生活にも馴染み、嫌だなんて思わなかったし、此処へ嫁に来て良かったと思う事は、子供が授かり成長していった事ぐれえだいねえ。

これまでの生活は男衆（おとこし）が金は握っていたから、女衆（おんなし）はほとんど小遣いなんか貰ってみる世話はなかったから、たまに実家へ帰った時におっかさんから小遣いを少し貰った事があったけど、実家だって金なんかありゃあしねえんだから、子供の小遣いぐれえなもんだったよ。

わたしゃあ実家へ帰る時にゃあ、よく饅頭を蒸かしてみやげに持って行ったったけど、それも両親が居るうちだけで、両親が亡くなったら実家へは帰りてえとは思わなくなったよ。

はあ（もう）、みんな昔の話になっちゃったいねえ。

それでも今だって草取りぐれえはするんだよ。体が動くうちは何かやらなくちゃあ動けなくなっちゃうからさあ。

なんたって息子夫婦が一緒に住んで世話をしてくれているから、わたしゃあ安気に（安心して）年を取る事ができ、長生きが出来たっつう事ですよ。

（二〇一八年三月）

いま考えてみると、おれは自分で好きな人と所帯を持ち好きな事が出来たんだから、こんな山ん中で一生過ごしてきたけど、まあ、幸福な人生でしたよ。

秩父市大滝・川又／昭和七（一九三二）年生　原田秀雄

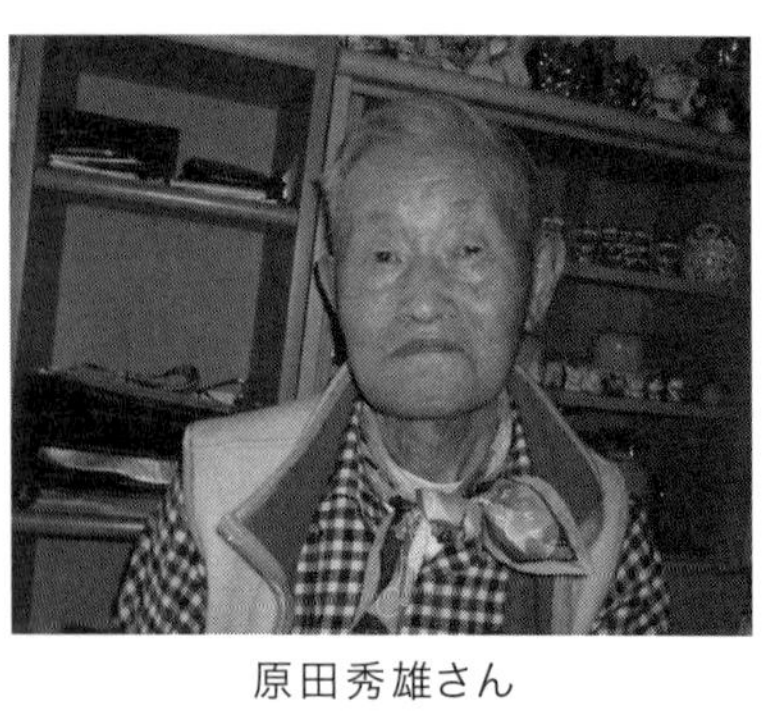

原田秀雄さん

おれの親父は昭和のはじめ頃、群馬の「吉井」（群馬県多野郡吉井町）から炭焼きとして大滝の「入川（いりかわ）」へ入り、そこで炭焼きをやっていたんです。

入川へ入って間もなく親父はお袋と所帯を持ったから、おれは入川で生れました。おれが四、五歳頃になると入川を出て「川又」へ越して来たから、入川の事はよく覚えていないんです。

入川という所は川又から少し下り、さらに奥へ二キロぐれえ入った所にあるんだけど、今はキャンプ場と釣り堀があるぐれえで、もう誰も住んでは居ないんだよ。入川じゃあ大正末期から戦後に掛けて山関係の仕事はえら（たくさん）あったから、一時は大勢の人が住み着き賑わって居たんですよ。

だから昭和の初め頃（一九二六年～）になると、入川には「関東木材合資会社」というでっかい製材所が出来て、その仕事に関係する人たちが他所から大勢家族連れで入って来たんだそうですよ。

その会社は通称「㊌（マルキョウ）」といい、会社では家族が入る社宅を幾棟も作り、社宅には何百人もの人が住んで居たんだから、あんな山ん中でも結構賑やかだったたいねえ。

「関東木材」は大正の初め頃、神奈川県の丹沢山系で山林事業を経営していた人が、その後秩父の両神村小森（現在・秩父郡小鹿野町）へ事業を移し製材所をやっていたようだけど、大正十四（一九二五）年に両神から大滝の入川へ再び事業を起こし、製材の仕事を新たに手広く始めたようでした。

当時大滝では手付かずの原生林が豊富に有ったから、其処へ目を付けたんだと思うけど、入川は荒川の源流でもあるから水が豊富で水力による自家発電を起こし、㊌では「水力発電所」も造ったから、あんな山奥でも昭和十年代（一九三五～四四年）にはすでに外灯が付き、製材所の仕事を運営していたんです。

入川では他に水場のある沢付近には、他県から入って来た炭焼きや、木に関係するいろんな仕事は幾らもあったから、山師も集まって来ていましたよ。だから当時は製材所の家族や炭焼きの家族、それに山仕事の家族なんかがえら（たくさん）住んで居たから、子供も大勢居たんです……。

おれは昭和十四（一九三九）年に「大滝小学校上中尾分校」へ入学したんだけど、丁度戦時中に掛かったから、碌な授業はしなかったたいなあ。

たとえば授業はそっちのけで勤労奉仕とかで、畑の草取りや薪運びに蚕の桑くれなんかに行ったんだけど、当時先生に命令されればいつでも手伝いへ行かされたんだから……。
あの当時の事を他所の学校を出た人に聞いてみても、何処の学校でも多かれ少なかれ勤労奉仕には出ていたようでしたよ。

大滝村は土地が広いから村内には六つか七つ分校があり、上中尾分校は村内でも分校としては比較的でかい方でした。分校の中には寄宿舎があって、分校まで八キロもあった入川の子供たちは全員寄宿舎に入り、寝泊まりして勉強していたんです。

おれも一時は寄宿舎に入った事があったけど、そこの生活が嫌ですぐに寄宿を出て、自分の家から分校まで五キロぐれえだったから、川又の子供たちと一緒に家から通っていたんです。

それでもおれの同級生は当時三十人ぐれえは居て、全校では百八十人も居たんだから、先生方だって十人は居たんですよ。校長先生に教頭先生それに保健の先生に各担任の先生が居たんです。

学校は分校だったけど運動会も遠足もやったから、遠足の時なんか、小学一、二年の頃は「ほうき峠」まで登って行ったんだけど、子供の足では大体一時間位は掛り、「ほうき峠」の頂上に出ると少し平な所があって、そこで弁当を広げて鶉平(うずらだいら)の本校を眺めながら、むすびを食って帰って来たんだいねえ。

三年生以上になると、毎年「三峯神社」へ登ったんだよ。

三峯神社の一般的なコースは四コースあって、おれらは毎年「二瀬(ふたせ)」経由のコースを登って行ったんだけど、神社の参拝コースは何処のコースも結構きつかったよ。

川又の小学生は、毎年二月二十五日に「天神講」という行事をやっていたんです。

天神様は学問の神様として祀ってあったそうだから、川又の子供たちも「勉強が良くできるように」と願ってやっていたんだいねえ。

「天神講」の日は、川又の区長さんの家に子供たちが夕方から集まり、その日は入川の子供たちも来て一緒にやったから、総勢三十人位にはなったいなあ。

当日は、みんなの前で一人ずつ教科書を読んだり、全員で合唱や遊戯なんかをやったんだけど、子供たちの親も何人か手伝いに来ていたから、「かて飯」（炊き込みご飯）なんかを作ってくれ、子供たちに振舞ってくれたんです。

その頃の区長さんは、後におれの女房の親父さんがやっていたんだけど、その人は「山中政四郎」という人だったけど、その政四郎さんは当時川又で店をやっていたり、軌道車が通る枕木の仕事も手広くやっていたから羽振りが良かったんだいねえ。

政四郎さんは自分家の押入れの中に瓶を置き、その瓶の中にはいつも一銭硬貨を一杯入れておいたそうですよ。「天神講」の当日、政四郎さんはその瓶を押し入れから引きずり出し、瓶の中に手を突っ込みわし摑みにして、子供たち一人一人に一銭硬貨を分けてくれたんです。

だから当時おれらあ、銭なんか誰からも貰うことなんか無かったから、嬉しくって大事に家に持ち帰り、その金は全部お袋に渡したんだいねえ。

川又という所は殆ど石ん殻べえ（ばかり）な場所だから畑なんか一枚も無く、こんな山ん中に住んで居ても野菜でも穀物でも何にも作る場所がねえんだから、まあ、貧しい土地柄だったんですよ。

だからおれのお袋なんか、ちっとんべえ（少しばかり）な場所へ薬物なんかを植えていたったけど、とても家族で食えるだけの物は取れず、春先になると山とか道端で山菜取りなんかをしていたようでした。だから今でもこの川又には畑が一枚も無い状態ですよ。

それでも以前は川又に家が四十軒も在ったから結構賑やかで、当時は雑貨屋が二軒あって、その店は「新井商店」と「黒沢商店」という店だったけど、入川の人たちもそこの店をよく利用していたから、二軒とも繁盛していたんだいねえ。

店の仕入れは殆ど秩父の「矢尾」とか「いづみや」から取引していたようだったから、そこの番頭さんが年中川又へ来ていましたよ。それに「新井商店」では食堂もやったり酒や魚なんかも売っていたから、当時は川又だってそれなりに人が住み需要もあったという事ですよ。

昭和三十（一九五五）年頃になると、川又の上の方へ「日窒（にっちつ）工業」がでっかい自家発電所を造ったんです。まず発電所を造るための道路作りから始まり、この時は他所から大勢人夫が入って来たから幾つも飯場ができて、川又も賑やかな時代があったんだいねえ。

当時、「日窒工業」では「大豊（だいほう）建設」という下請けにやらせ、そこは（共）とは違う発電所で、「川又発電所」と言っていたんです。

その後は「日窒工業」から東京発電へ権利を売り渡し、「東京発電所」という名前に変わったんだけど、まあ、（共）の発電所とは全然規模が違うからでかい発電所でしたよ。

その頃になると入川にあった（共）はすでに事業は終わっていたから、結局（共）は、戦前に始め戦後は幾らもやらないで廃業したんだいねえ。

「東京発電」の工事を始めたのは、たしか昭和二十五、六（一九五〇、五一）年頃だったと思います。それは川又から六キロぐれえ奥に入った所に堰堤を作り、それを作るためにも大勢の人夫が入って来たけど、従業員の食糧なんかは、下請けの「大豊建設」が一括して仕入れていたから、地元の店にはそれほど潤わなかったんですよ。

川又という所は、仕事の為に他所から集まって来て住み着いた人が殆どだから、古い祭りは無く、「山の神様」とか入川にある「不動様」の縁日ぐれえだったよ。

「山の神様」は四月十七日が縁日で、その日は三峯神社から宮司さんを頼んで拝んでもらい、その後わざと（簡単に）直会（なおらい）をやったんだけど、「不動様」は昔から入川にあった訳じゃあなく、大正の終わり頃入川へ軌道を作る為に、富山から来た職人が安全祈願のために持って来たらしいですよ。

不動様の縁日は十月二十八日だったけど、おれがまだ子若衆の頃は、栃本に本職じゃあねえ神主の真似ごとをする人が居て、その人を頼んで何回か拝んでもらった事があったけど、その時も「山の神様」と同じように拝んでもらった後、簡単に直会をやったんです。

だけど入川には現在一人も住んで居ねえから、「不動様」はあるけど、もう誰も拝みに行く人は居ねえやなあ。

通行禁止となっている吊り橋（2019年）

親父は昭和の始め頃、群馬から大滝の入川へ炭焼きとして入り、その後は川又の対岸へ新しく窯を造り直し、自分たちが住む小屋も窯の近くへ建て、おれら家族は其処へ住んでいたんです。

川又からは、川を跨いで細い吊り橋を渡って小屋まで行ったんだけど、小屋の近くには他の炭焼きの家族も何棟かあったから、其処の連中とおれは連れだって吊り橋を渡り学校へ通ったんですよ。

吊り橋は、狭くてゆらゆら揺れるから歩きづらかったけど、毎日渡っていたからおっかねえとは思わなかったよ。今でもその吊り橋は掛かっているけど、もう危なくって渡れねえやい。

だけどおれが子供の頃は入川でも川又でも炭焼きは幾軒もやっていたから、そうした子供たちは炭焼き小屋で生活をしていたんです。当時はそうした時代でもあったからそれ程苦にもならなかったし、おれが子供の頃は炭焼きで生計を立てていた人たちが大勢いたんですから……。

それに川又では「新井商店」が炭の元締めをやっていたから、うちの親父も焼いた炭はそこの「新井商店」へ出していたったいねえ。

おれが中学に行った頃はまだ新しい中学はなく、分校の脇にわざと（少しばかりの）中学があったからそこで勉強をしたんだけど、まだその頃の中学は義務教育じゃあなく、中学を出ても出なくても良かったから中学まで出る子の方が少なかったたいなあ。

おれらより三級下から義務教育になり、戦後二、三年経ってから「大滝中学校」は新しく落合に出来たんです。

おれが中学を卒業する頃、川又の近くには東大の「演習林」とか、「秩父木材工業」という会社があり、そこの仕事は主に木を伐採して下の方へ運び出す、という仕事だったんです。

当時、大滝にはそんな仕事ぐれえしか無かったから、近所の子供たちは学校を出ると、殆どどっちかの仕事に就いたんだいねえ。だからおれは昭和二十二（一九四七）年の春、十五歳の時だったけど中学を出るとすぐに、東大の「演習林」の仕事に就いたんです。

「演習林」の仕事は主に植林とか下刈りや除伐なんかをやっていたんだけど、除伐とは枝下ろしの事で、そんな事をしながらそこには三年間勤めていたんです。

その後おれは昭和二十五（一九五〇）年十八歳になってから、「秩父木材工業」という会社に再就職したんですよ。そこでの仕事は、入川で伐採した木材を軌道車に乗せて運搬する、という仕事で、入川で切り出した木を軌道車に乗せ二瀬まで運び出したんです。

軌道車で運ばれる木材
（『大滝もの知り電話帳』より）

入川から二瀬までは十二キロあり、その区間は軌道車が通るだけの路線が引いてあり、その路線は昭和十年代（一九三五～四四年）頃に作ったんだと思うけど、それ以前は馬がトロッコを引き、「馬トロー」が舵を取って木材を運んでいたらしいから、一度に幾らも運べなかったんだいねえ。

おれは軌道の仕事に就いてからは朝六時半頃弁当を持って家を出て、夕方まで仕事をしていたんだけど、盆と正月と雨が降った時に休めたぐれえで、殆ど休み無しで働いていたんです。だから雪が降っても仕事さあ。だいち雪掃きの仕事があったんだから……。

賃金は木材に対して「一石幾ら」という支払方法だったけど、月に一度賃金は支払われ、結構危ねえ仕事だったから当時としては割合いい金をくれたんですよ。だけど幾ら貰っていたんか、はあ（もう）忘れちゃったいねえ。

軌道車で木材を運ぶのは六、七人で運び、そこには「棒頭（ぼうがしら）」というのが一人いて、その棒頭が仕切っていたから、棒頭はその日出た人夫を帳面に付けて置き、賃金を支払っていたんです。

おれは五十歳頃まで軌道車の仕事をやってきたんだけど、そのうち広い道路が奥まで出来たからトラックが入るようになり、それ以後は軌道車に代わりトラックが木材を運ぶようになったんだいねえ。だからその後軌道車の仕事は廃止となり、そこでその仕事は辞めたんだけど、その後おれは、「三峰口駅」（秩父鉄道）の側に「西武木材株式会社」という西武系列の製材工場が新しく出来たから、今度はそこの会社へ入ったんです。

「秩父木材」は「西武木材」の前身で、同じ系列の会社だったから、軌道車から製材所の仕事に直ぐ移れたという事だったから丁度よかったんですよ。その会社は送迎があり、近所の者五、六人と送迎車で会社まで通ったんだけど、平成六（一九九四）年頃には会社が閉鎖になり、六十三歳で「西部木材」を辞めたんです。結局その頃になると安い外材に押され、国産の木材は採算が取れなくなっちゃったんだいねえ。

その後は埼玉県の「大滝元気プラザ」へ警備の仕事として十一年間お世話になりましたから、七十五歳までは勤めをしていたんです。

おれは昭和三十五（一九六〇）年、二十八歳のとき嫁を貰ったんだけど、女房は一つ年下の川又の人間で、まあ、好きで所帯をもったんだから、こんな山ん中でもお互い気持ちが通じたという事だから、いい出会いがあったという事ですよ。

これまでこんな山ん中でも、大滝に仕事があったから生活が出来たという事だけど、女房も「演習林」の宿舎で賄い仕事を長くやっていたし、二人とも仕事に就く事が出来たから、まあ、それほど生活に困るような事はなかったたいねえ。

おれの親父は群馬から炭焼きとして大滝へ住み着き、おれは入川で生れ川又でずっと生活をしてきたんだけど、「この川又から出て生活してみたい」なんて一度も考えた事は無かったいなあ。

まあ、傍で見ればこんな場所にと思うかもしれねえが、学校出てから仕事はずっと有ったんだから住んで居られたんですよ。

これまでおれの人生を振り返ってみて、そんなに辛い人生だったと思った事はなかったし、ごく当たり前の生活が出来ましたから……。

それにおれは山登りとカメラの趣味があったから、女房には随分迷惑を掛けたと思うけど、それでも女房は「無事に帰って来ればいいよ」と言って出してくれたんだから……。

カメラは終戦後、まだみんながあまりカメラを持たねえ頃だったよ。秩父の街なかに「ナカセ」というカメラ屋があって、所帯を持つ前の頃だったけど、カメラを一台買って撮ったりしていたんです。

結婚して子供が出来てっからは、まあ、カメラどこじゃあねえ、家族の事を一生懸命やらなければだったから……。そのうち子供が成長してある程度落ち着いてきてからはまたカメラを始め、五十歳になってからは山登りも再開したんです。

山も随分登ったなあ。若い時は高い山も登りましたよ。「槍ヶ岳」とか「南アルプス」に「穂高」や「北岳」とか……。東北の方は「鳥海山」に「安達太良山」とか……、まだまだ登りましたねえ。

いま考えてみると、おれは自分で好きな人と所帯を持ち、好きな事が出来たんだからこんな山ん中で一生過ごしてきたけど、まあ、幸福な人生でしたよ。

だから女房がよく言っていたったよ。「あんたは好きな酒が飲めて、好きな事が出来たんだから、いい人生だったいねえ」って……。

そんなことを言っていた女房は、一昨年(二〇一七年)八十二歳で亡くなっちゃったから寂しくなったいねえ。だけど人生八十代まで生きられたんだから、まあ、仕方のない事なんです。

おれも、はあ(もう)八十七歳になったから山登りはできねえけど、まあいい人生でしたよ。

大滝には雁坂トンネルが平成十(一九九八)年頃山梨まで開通になったけど、トンネルが開通になったとは言え、別に川又が潤う訳でもねえし、戦後、川又にも活気があった頃は四十軒近くも人家があったけど、いま川又じゃあ人が住んでいる家だけでも五軒きりですよ。その五軒のうち四軒は一人暮らしになっちゃったいなあ。

まあ、トンネルが出来たから人が減ったという訳じゃあなく、若者の就く仕事がねえから若い者が居付かなくなっちゃったんだいねえ。

その後平成二十（二〇〇八）年には「滝沢ダム」が完成したけど、それからというもの、大滝はますます人口が減って寂れる一方ですよ。

道だけは良くなったけど、我々には何の恩恵もなかったよ。

川又もそのうち一軒も家が無くなり、「かつて此処に人が住んで居たそうだ」、何て言う時代になってしまうのかなあ。

（二〇一九年四月）

「川又」は大正時代になってから人が入り、新しく出来た人里だそうだから、まだ百年ぐらいなもんで、明治頃までは原生林の麓だったそうですよ。

秩父市大滝・川又／昭和五（一九三〇）年生　原田政雄

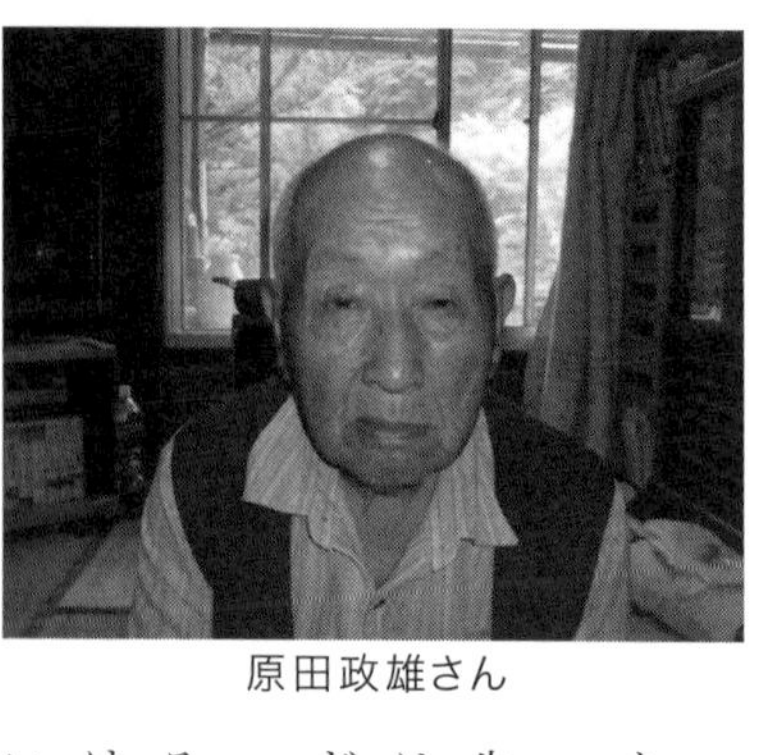
原田政雄さん

俺の女房は七十六歳で亡くなったから、はあ（もう）十三年にもなり、それからずっと俺は一人暮らしなんだよ……。

「川又」の奥には「入川」という所があるんだけど俺は其処で生れ、生家の傍には「不動様」があったそうだが、俺が小いせえ頃に家族は入川から川又へ越して来たから、入川の事はよく覚えていねえけど、今でも不動様はあるんです。

いまの「不動様」は昭和四十（一九六五）年頃、近くに林道が出来る事になって以前あった場所から一段下がった所へ下ろされたんだけど、其処には丁度いい岩穴があったから、今度は雨つゆ凌げていい場所に安置されたから良かったいねえ。

「不動様」は、川又から入川の方へ歩いて三十分ぐれえ奥へ入った所に在るんだけど、以前は毎年十月二十八日が縁日で、当日は耕地の者がみんな集まり、お参りしてからわざと直会（なおらい）もやったんだけど、はあ（もう）とっくに入川には誰も住んで居ねえし、川又だって以前は四十軒も在ったんだけど、今じゃあ五軒だけで年寄りべえ（ばかり）になっちゃったから、もう誰も「不動様」まで拝みには行かねえんだよ。

それでも俺は今でも毎月二十八日には、一人で「おさご」とその辺に咲いている花を摘んで、歩いて拝みに行って来るんだけど、まあ、往復一時間もあれば行って来られるから、運動がてら毎月行っているんです。

「不動様」を初めて入川へ安置したのは大正十四（一九二五）年の頃だったそうで、それは富山県の永井さんという人が持って来たという話だけど、永井さんは大滝の入川から川又までの間に、軌道を作る監督として来たんだそうですよ。

入川に残る不動尊

だから「工事が無事に終わるように」と富山のお寺で「不動様」に入魂してもらい、安全祈願のため富山県からわざわざ貨車で持って来たらしいけど、とにかくでかい石板だから相当大変だったと思いますよ。

当時秩父鉄道は「影森駅」が終点だったから

影森駅で荷を下し、その時川又の人達は数人で大八車を引いて影森駅まで持ちに行き、みんなで大八車に乗せて入川まで不動様を運んで来たんだそうだが、永井さんという人は、軌道の工事が終るまでは川又に住み、工事が終るとすぐに富山へ帰って行ったようでした。

この上には栃本という集落があるんだけど、其処は昔から人が住んでいたから歴史は古く色んな行事があったようだけど、川又は大正時代になってから人が入り、新しく出来た人里だそうだからまだ百年位なもんで、明治頃までは原生林の麓だったそうですよ。

大正時代に入ると川又の上に発電所が出来る事になり、その工事が始まると同時にいろんなところから工事の人夫が大勢集まって来たそうです。その頃大滝では手付かずの原生林が豊富にあったから、他に山仕事や炭焼きの人達も県外から集まってきて、そうした人たちが段々住み着いて出来たのが川又で、考えてみりゃあ北海道の開拓地のようなもんだったんだよ。

だから一時は川又だけでも四十軒ぐれえ家が出来たから、大滝村の中には「川又区」という行政区が出来、我々は村内の一員として、長くお世話になってきたという事なんです。

川又から二キロほど奥に入った所に入川という所があるんだけど、その入川には大正の終わり頃、「関東木材合資会社」、通称「㊌（マルキョウ）」というでっかい製材所が出来たんだそうですよ。

その工場は、昭和の初め頃から終戦直後まで製材所をやっていたったけど、当時は大勢の人達を使っていたから社宅も作り、子連れの世帯が多かったからあんな山ん中でも、入川だけで五百人近くは人が住んで居たらしいですよ。

当時大滝は原生林の宝庫だったから、平地の雑木とは木の種類も年輪も桁外れに違い、当時は年々木材の需要が伸びてきた頃だったから、入川もひとつの行政区として大滝村では扱っていたようでした。だけどやっぱり川又と同じように、全員他所から入って来た人たちで構成していたから、一時はそんなに栄えた入川でも店は一軒も無く、㊡の中には主食のような物だけが置いてあっただけで、ほかの必需品は昭和に入り間もなく川又に店が二軒でき、その店には食料品や雑貨品に衣料品まで置いてあったから、入川の人たちは川又まで買い出しに来ていたらしく、二軒とも結構繁盛していたんですよ。

川又は山ん中で山仕事が殆どだったから、以前は正月の「山の神様」と、お盆の「山の神様」の祭りは、欠かさず毎年やっていたんだいねえ。正月の「山の神様」は一月十七日で、お盆の「山の神様」は八月十七日にやっていたんだけど、昔は入川にあった㊡の製材所でも「山の神様」の祭りは八月十七日に盛大にやったんですよ。

俺がまだ子供の頃の事で昭和十年代（一九三五〜四四年）頃の話だけど、祭りの当日は、入川にある不動様の手前に「八間橋」という小っちぇー橋があるんだけど、その橋まで㊡の工場から道の両端にはぼんぼりを立てて、盛大にやっていたんです。

当日は工場の広場に白くてでっかい幕を張り、夜になると、そこでは映画なんつうものを映して見せてくれたったけど、俺はその時生まれてはじめて映画つう物を観たもんだから、まあ、凄いもんだなあと思ったいねえ。

その祭りの時に使ったぼんぼりのぶっ壊れが、つい最近まで道っ端にあったったよ。

それに㊡の初荷も凄かったなあ。

入川谷の炭焼き（『大滝村誌』より）

やっぱり昭和十年代の事だったけど、十頭ぐれえの馬の両脇には飾りを付け、「馬トロー」が馬の舵をとりながら、入川から宮平まで四里（十六キロ）の長い距離を、初荷を乗せて馬の行列が通ったんですよ。

「馬トロー」とは、馬がトロッコを引くのを操っていた人の事で、当日は十頭の馬に初荷を乗せ、馬トロー十人がそれぞれ馬の手綱を取り、人家のある所まで来るとミカンを蒔いてくれたんだから、みんなミカンを貰いたくって、家の前で待って居たもんでした。

まあ、初荷の時も盛大にやっていましたねえ。

俺の親父は群馬県から昭和の初め頃に炭焼きとして大滝の入川へ入って来たらしいけど、当時は群馬から炭焼きとして多くの人が大滝へ入って来たんだそうですよ。

だから入川には炭焼き小屋が幾軒もあり、昭和の初め頃から三十年代に掛けて（一九二六〜六四年）、大滝では炭焼き専門の人や地元でも炭焼きをしていた家が結構あったから、まあ、あっちこっちの窯から煙がもくもく上がっていたもんでした。

うちでは幾年か経ってから川又の対岸へ窯を造り直し、窯の傍には家族が住めるだけの長い小屋を作って、俺ら家族四人はそこで生活をしていたんです。

家は一間だけの小屋で真ん中には囲炉裏を作り、お袋はその囲炉裏で煮炊きをしていたんだけど、

「炭焼き窯」は山の北斜面に作ったから冬場は小屋の中が寒く、囲炉裏の周りへぐるりと布団を敷き、みんなで刺さって寝て（雑魚寝して）いたんだいねえ。

俺は昭和十二（一九三七）年に「大滝小学校・上中尾分校」へ上がったんだけど、丁度その頃中尾分校には寄宿舎ができたから、俺も二年生ぐれえまでは寄宿舎へ入っていたんです。それに入川に住んでいた子供たちは遠くて通えねえから全員寄宿舎へ入り、多い時は寄宿舎だけでも四十人ぐれえは入っていたんだいねえ。

上中尾分校・寄宿舎の食事風
（『大滝村誌写真集』より）

寄宿舎の部屋は四部屋あって男っ子と女っ子に分かれていて、布団は各家から持って行ったんだけど、ひと部屋に十人ぐれえ入っていたんだよ。

食事は広い畳の部屋でみんな一緒に食ったんだけど、当時炭焼きは思ったより金になったから、戦前でも米の飯を食ったりと結構贅沢な物を食っていたんで、寄宿舎の給食は不味くて、俺は二年で寄宿舎を出てしまったんです。

俺は小学校の高等科になると、親父の炭焼きの手伝いを結構やっていたんだよ。薪を運んだり山から木をまくり落としたり、窯に木を入れる手伝いもやったりしたんだけど、焼けた炭は欠けないように気をつけながら出すんだから、親父が一人で出していましたよ。

窯から出した炭は冷ましてから決まった寸法に切り揃え、炭俵に詰めて出荷をしていたんです。お袋はお勝手をやったり炭焼きの手伝いも結構やっていたんだから、大変だったと思いましたよ。

親父は寒い冬場でも夕飯を食ってから「火の燃え具合を見てくらあ」なんて、手にカンテラを下げて窯の火を見に行っていたいねえ。

戦後になっても俺ん家の小屋には電気が引けてなかったから、結構遅くまでランプ生活をしていたんだけど、川又辺りの家だってまだランプ生活の家が結構あったんだいねえ。それでも昭和二十年代(一九四五~五四年)に入ってから川又には電気が引けたらしいけど、俺ん家の小屋の方まで電線は無かったから電気は引けなかったんです。

それでも戦後幾年かして川又に空き家が出たから、親父がその家を買い取り、それ以後は俺の家でも電気の生活になりましたよ。

戦時中、炭焼きは炭という物を持っていたから、物々交換というか炭と食料品なんかの交換ができたんです。

戦後食糧難の頃は、川又からも女衆(おんなし)が衣類なんかを持って「小前田」(現在・深谷市)辺りまで出掛けて行き、米とか麦や芋なんかと取り替えて来たらしいけど、小前田辺りじゃあ「金を持って来たんじゃあ物は出さねえよ」なんて言われ、女衆はタンスの中から自分の着物を引きずり出し、食糧と交換してきたんだそうですよ。

だけど俺の家の場合は、軍隊へ納める炭を焼いていたから、特別に「特配」という許可証が出ていたんで、電車内で警察に捕まったとしても、許可証を見せれば警察に没収されるような事は無かったんだよ。

当時俺はお袋と一緒に秩父の街まで特配品を貰いに行った事があったけど、うちの場合は「軍隊へ納める炭が何俵に対して何が幾つまで交換できる」という証明書を持って秩父の日野田に在った「東京大学演習林」の事務所へ行ったんだいねえ。証明書の範囲内の物が貰えたから、うちでは米や麦や粉なんかの特配品が貰えたんですよ。

演習林が集めた「炭」は軍の方へ納めていたらしいですよ。その他うちでは川又の「新井商店」にも炭を出していたようだけど、戦時中は殆ど軍へ納める炭を焼いていたんだいねえ。

演習林へ炭を出荷していた頃はまだ川又まで流通経路が無く、その頃は「馬トロー」が馬にトロッコを付け、トロッコの上に炭俵を何俵も乗せて、役場近くの「宮平」という所まで運んでいたんだよ。宮平からはトラックで街の演習林まで運んでいたんだけど、昭和二十年代（一九四五〜五四年）頃までの輸送は、そういう運び方をしていたんですよ。

だから軍関係の炭を焼いていた人たちは食う事には困らなかったけど、一般の炭を焼いていた人は、終戦直後なんか食糧難で大変な事だったと思いましたよ。

大滝には「日窒（にっちつ）鉱山」とは別に、鉱山が二カ所あったんです。ひとつは十文字峠の下の方で長野県に近い所にあった「股の沢鉱山」といい、もうひとつは雁坂峠の下で、山梨県境にあった「妙法鉱山」と言っていたったけど、ふたつとも昭和四十年代（一九六五〜七四年）頃までは採掘をしていたんだそうですよ。

俺が子供の頃、確か昭和十八、九（一九四三、四四）年頃の事だったと思うけど、まだ俺が高等科の頃だから十二、三歳ぐれえの時の事で、友達の親父さんが「妙法鉱山」で働いていたんだいねえ。

ある時友達が『父ちゃんが鉱山へ遊びに来い』と言ったんで行ってんべえ（行ってみよう）。だけど少し手伝いもするんだと……」と、友達に誘われ、俺は夏休みに「妙法鉱山」へ行く事にしたんです。

妙法鉱山までは川又から歩いて大人の足で五、六時間は掛かるから、おれら子供の足じゃあ六時間以上は掛かったと思いますよ。そこへは友達と二人だけで行ったんだけど、一週間ほど泊まり掛けで行って来たんです。

妙法鉱山での手伝いは、坑道の中には落石しないように木で枠が作ってあり、その補強作業の手伝いだったから、枠の原木運びの手伝いをしたんだけど、俺らはまだ子供だったから体は小さくて力は無く、結構大変な仕事だったいねえ。

友達の親父さんのほかには稲葉さんという工夫が一人居て、その稲葉さんの手伝いだったけど、この鉱山には長い坑道が幾つもあったんですよ。それにこの妙法鉱山には、栃本から佐藤さんというお婆さんが炊事に来ていたり、山梨方面からは女衆（おんなし）が二、三人定期的に食料を運んで来ていたんです。

それに妙法鉱山の近くには、埼玉県から山梨県へ繋ぐ索道を作っていて、そこでは鉱山とは別に五、六人の人が働いて居たったけど、索道作りの資金は軍の方から出ていたらしく、食う物も結構いい物を食っていたらしいやいねえ。

他にも木挽きの人も働いて居たんだから、あんな山ん中でも結構いろんな仕事があったんですよ。それで夜になると鉱山付近で働いていた人たちが鉱山の小屋へ六、七人集まり、丁半打ちをやっていたようで、夜あまり賑やかな声がするから何をやっているんかと思い、二人でそっと覗きに行ってみたんだよ。そうしたらそこで丁半打ちをやっていたんだいなあ。

だけどそこに居た人に見付かっちゃって、「おい、ここは子供の来る所じゃあねえ、さっさとあっちへ行ってろ！」なんて怒鳴られてなあ、それを見かねた婆さんが紙に砂糖を包んで「これでも舐めて早く寝ろ」と言われ、俺らに婆さんが砂糖をくれたからその砂糖を舐めながら、寝床に入った事もあったいなあ。

まあ、あんな山ん中じゃあ何の楽しみもねえから、夜になるとみんなで集まり、酒を飲みながら博打なんかをやって楽しんでいたんだいねえ。

妙法鉱山の持ち主は、東京の品川駅近くに「橘旅館」という旅館があったんだそうだけど、そこの社長さんが権利を持っていたそうで、おれらが鉱山から帰る時には「橘旅館」という名入りの鉛筆をくれたったけど、札で金もくれたんだから嬉しかったいなあ。それでもそっくりその金はお袋に渡しちゃったから、幾ら貰ったんだか覚えちゃあいねえなあ。

そのほか山梨の三富村の方からは、牛の両脇に荷物を付けて運んで来た、なんていう話も聞きましたから、戦前でも山梨との往来は結構あったんだいねえ。

股の沢鉱山は、おれが大人になってから、魚釣りや山登りの時にそこの鉱山の脇を通ったことがあったけど、その鉱山も手掘りで掘っていて、そこでは「金」が結構出たらしいですよ。

股の沢鉱山は、群馬の人から資金が出ていたらしいけど、掘って居た人は両神（現在・秩父郡小鹿野町）の人で、その人は以前マンガン堀の経験があったと言っていたいねえ。

そこの鉱山で摂れた金を見せてもらった事があったけど、鉱石の入った叺を一袋持って来て、「叺一袋だってこれだけの金しか取れねえんだよ」と、見せてもらったけど、ふんと（本当）耳かき一つぐれえしか無かったよ。

金を取り出す工程は、採掘してきた鉱石を潰して、板で作ったトヨの先に、鹿の皮を揉んで作った「揉み皮」を敷き、その上に水に混ぜた鉱石を流し込み、揉み皮の上に残った鉱石と金を選り分けて金を取り出していたようだから、金は皮に張り付いていたんかさあ。

そこの小屋には鹿の揉み皮が幾つも軒下に吊るしてありましたよ。

その鉱山も昭和四十年代（一九六五〜七四年）頃まで掘っていたらしいけど、閉山してからも水車の後が有りましたねえ。

だけど、二つの鉱山とも「日窒鉱山」のように大規模にやっていた訳じゃあなく二つとも山ん中で、鉱山の原石を砕きながら手掘りで金を取り出し運んだんだと思うから、実際二つの鉱山とも険しい山道しかなかったから大変な場所でしたよ……。

俺が子供の頃はまだ中学が無かったから、昭和二十（一九四五）年の四月に上中尾の高等科を卒業したんだけど、その頃はまだ戦時中だったから、同級生も四月と五月生まれの子は、殆ど強制的に志願という名目で戦争に行くよう言われていたんですよ。

まだ十四、五歳ぐれえな子供まで駆り出されたんだから、戦争がもう少し長引けば、俺は十一月生まれだから、行かされたかも知れなかったよ。

俺だって「召集がきたらどういう部所を希望するか」なんて聞かれた事はあったんだから。

当時は一般人でも、全く訳の分からねえような戦争でしたよ。

それに学校へ行ってる頃は戦争中だったから、高等科を出たとは言っても最後の方なんか勉強らしい勉強なんか殆どしなかったいねえ。

教科書だって、A・B・Cなんていう文字が出てくると、先生が「外国人が使うAだのBだのなんつう文字は覚える必要はない」なんて言い、文字が見えなくなるまで墨で塗り潰させたんですよ。

俺は高等科を出た後は、まず親父の炭焼きの手伝いを暫くやっていたんです。だけど幾年か経ってから勤めに出た方が良かんべえと思い、昭和二十三（一九四八）年頃だったと思うけど、「東京大学演習林」の仕事に日雇いとして出たんですよ。

演習林の仕事は川又からずっと山奥で、はじめは殆ど造林の仕事だったけど、その後は拡大造林といい、木を切った後に、杉や檜に落葉松なんかをえら（たくさん）植えたんだいねえ。だからあの頃植えた木が、今は花粉が飛んで大騒ぎをしているようだけど、まあ、国の政策だったから全国的に植林をした訳ですよ。

勤め始めの頃は、スカリに弁当を入れ朝七時半に家を出て、歩いて二、三時間掛けて山奥の現場まで登り、それから仕事をしていたんだから、碌に仕事をしねえうちに昼になっちゃったから、そのうち演習林の方でも「家から通うのは時間が掛かり過ぎるから」という事になり、「造林小屋」を三カ所建て、それ以後その仕事に就いていた者は殆ど「造林小屋」で寝泊まりしながら働いていたんですよ。

造林小屋での食料は個人で持ちより、炊事は各小屋ごとに交代でやっていたんです。

造林小屋は各山ごとに在ったから、多い所では七、八人が泊まり込み、少ない場所では三、四人のところもあったいねえ。

俺らの給料は国から出ていたから特別よくはなかったけど、必ずきちんと出たから助かりましたよ。だけど終戦直後なんか民間では酷いもんでしたよ。

俺らだって演習林へ勤め始めた頃は、「予算がねえから冬から春先までは何か仕事を見付けてやってくれ」なんて言われ、冬場は民間の土方仕事にも結構出たんですよ。だところが民間じゃあ、親方から「これだけしか金支度が出来ねえから、みんな中には払えねえ。だから所帯持ちには優先的に支払うけど、独り者はすこし辛抱してくれ……」なんて言われ、一カ月働いても全然貰えねえような事があったり、たとえば一カ月五千円くらいのところ、「今月おめえは千円で我慢してくれ」なんて言われたりしてねえ。

まあ、酷いもんでしたよ。

実際終戦直後なんかは金事情が悪かったけど、俺だって冬場遊んでいる訳にはいかねえから、土木仕事にも結構出ていたんだいねえ。

演習林の仕事も最初のうちは日雇いだったから年金には入って無かったんだけど、暫くしてから我々が組合のようなものを作り「待遇改善をしてくれ……」と、要望書を提出してからは少し改善してくれ、その後は年金にも入れてもらい給料も間違いなく毎月貰えたから、安定して働く事が出来たんです。

おれは独り者の頃、「甲武信岳（こぶしだけ）」の山小屋をやっていた千島兼一（ちしまかねいち）さんと懇意だったから、そこの山小屋へ年中手伝いに行っていたんですよ。

甲武信岳は昭和二十六（一九五一）年に国立公園に指定されてからは登山客が増え賑やかだったから、その頃から俺は山小屋が好きで度々手伝いに行っていたんです。

当時はまだ演習林の仕事は請負で独り者だったから、俺は休みを取り、ボランテアのような感じで行っていたから、金を貰うつもりで行っていた訳じゃあなかったんです。

山小屋にいる時は、毎朝お客さんの握り飯を三十個も握ったり、山小屋の掃除や布団を干したり食事の手伝いもやったり、昭和三十年代（一九五五〜六四年）頃から延べで十年位は行っていましたねえ。

そのほかに、昭和三十年代には東京大学の学生が山に入って研究をするという事もあり、演習林の方から「学生の案内がてら登ってくれ」なんて頼まれ、そんな時は仕事として学生たちを連れ奥秩父の山へ入り、山や木々の説明なんかをやった事もありましたよ……。

甲武信小屋（『大滝村誌写真集』より）

あの頃は楽しかったなあ。

俺は三十一の時、大滝の二瀬(ふたせ)から三十歳の女房を貰い、まあ、二人とも早い方じゃあなかったけど、子供は女の子が二人授かりましたよ。

俺が仕事に就いた頃は日雇いみてえなもんだったから、仕事が無くなると否応なく辞めさせられたんだけど、演習林の職員になってから約二十年間、六十歳で退職するまで働けたから、今では年金が貰えるから本当によかったいねえ。

それで俺が演習林を退職した当時、この上の「雁坂(かりさか)トンネル」で丁度工事をやっていた時だったから、そこで警備の仕事を頼まれたんですよ。その仕事は、トンネル工事の入り口付近で「関係者以外立ち入り禁止」というゲートがあったんだけど、そこの警備の仕事で、そこへは七年間勤めましたよ。

俺はこれまで山仕事べえ(ばかり)だったから車の免許は取らなかったけど、警備の仕事の時は、トンネル工事の車が頻繁に往来していたから、俺はその車に乗せてもらい通っていたんです。警備の仕事は一カ所だけで、俺が一人で立っているだけの仕事だったから、まあ、呑気な仕事で七十歳近くまで働けたんですよ。

雁坂トンネルは平成十(一九九八)年に開通になったけど特別良かったとも思わねえし、ただ道は埼玉から山梨県へ繋がり道路はよくなり便利にはなったけど、川又には殆ど恩恵はないねえ。

むかし大滝では蚕を結構飼っていた家が多かったから、繭が出来ると繭の出荷は秩父方面ではなく、山梨の塩山へ出荷していたそうだから、出来た繭はでかい布袋に入れ、一人で何袋も背負い「雁坂峠」を越えて、山梨の塩山まで運んで行ったんだそうですよ。

それもまあ、大正時代頃までだったんべえが、それでも「繭の道」というのは、もっと古くから幾つかの峠道を越えて、甲州との繋がりがあったらしいですよ。

昭和十年代（一九三五〜四四年）頃まで栃本じゃあ（までは）、春と秋のお祭りには必ず花火を上げていたんだいねえ。

だけど栃本の若衆たちは「秩父の花火より山梨の花火の方がよく上がっていい花火なんだよ」と言い、若衆たちは花火の仕入れにも雁坂峠を越え、山梨の塩山まで花火を買いに行ったんだそうですよ。

だから「山梨の花火はどこがそんなにいいんかい」なんて聞いたら、「打ち上げた時に火花が見えねえで、上がった瞬間にパッと花が開くからそこがいいんだよ」と言っていたったよ。

雁坂峠越えをする繭（『大滝もの知り電話帳』より）

平成二十（二〇〇八）年頃に「滝沢ダム」は出来たんだけど、出来て良かったとも思わねえし、道だけはよくなったけど、大滝はそれ以後どんどん寂れて過疎化になっちゃいましたよ。

俺はこれまで大滝がこんなに人口が減っちゃうとは想像もしなかったし、まさか大滝の学校まで終わりになるとはねえ。

まあ、なんつう時代になっちゃったんかなあ。

何しろ近場に若い人の仕事がねえんだから。

俺らが若い時分には山の仕事がえら（たくさん）あったから、仕事に就けねえなんつう人はいなかったよ。

だから俺らはいい時代に生きて来たっつう事ですよ。

俺は今一人で暮らしているけど、誰とも会わねえような日だってありますよ。

それでも冬場ストーブなんかを焚いていると、「煙が出ていたから寄ってみたい」なんて、知り合いが寄ってくれる事もあるし、今は娘が荒川（現在・秩父市）に住んで居るから週三回は来てくれるし、今のところ不自由な事はないですねえ。

それに、俺は此処が住みづれえなんて一度も思った事はねえし、こういう生活が普通なんかなあと思っていましたから。

これまでこの周辺に住んでいた人たちは殆ど山に関係ある仕事に就いていたけど、もう幾年も前から山仕事が減ってきちゃったから、川又もいずれ入川のように人が居なくなっちゃうんだんべえなあ。

まあ、寂しいもんだいねえ……。

（二〇一九年五月）

おわりに

私が聞き書きという手法で取材を始めてからすでに三十年は経過したことになる。取材として歩き始めたのは、たしか私が二十四、五歳の頃であったから、その頃から数えてみると、すでに半世紀以上も遡ってしまう。

取材当初、私は「デンスケ」（取材用可搬型テープレコーダー）と呼ばれた大きな録音機材を肩に、現地で取材を試みたのだった。

それは一九六四（昭和三十九）年頃からおよそ十年間、全国の各農山村地域に「有線放送電話」という、電話と放送が一体化された設備が普及した時期があり、当時はまだ普通電話（当時の電電公社）が全国に一般化されてない頃で、手軽で格安に設置できた「有線放送電話」は、一時的ではあったが、全国へ一斉に普及したという時代があった。

しかし昭和四十年代（一九六五～七四年）後半頃になると、普通電話の設置が全国的に普及し、「有線放送電話」は僅か十年足らずで姿を消す事となった。

当時秩父郡市内各農協でも「有線放送電話」設備を設置し、この頃秩父市農協では、およそ三千戸の加入件数があり、こうした設備を利用して、私はデスクジョッキーや録音構成等を制作し、加入者宅へ放送時間内に流す、という作業にも数年間携わってきた。

当時は、「全国有線放送番組コンクール」などと銘打ったコンクール等も開催され、私も幾度か挑戦し、賞を戴いた経緯がある。

その後私は、個人で小型映像カメラ（8ミリ）を六、七年関わり、山や祭り、詩をテーマにしたものや、「秩父事件」等のドキュメンタリー作品も手掛けてきた。

後に（一九八九年に入り間もなく）聞き書きという手法に変更したものの、これまで培ってきた取材方法を取り入れた事により、それほどの違和感もなく取り掛かる事ができた。

更に当時親友でもあり大先輩の児童文学作家・富盛菊枝氏の手ほどきを頂き、『村とダム・水没する秩父の暮らし』（一九九七年・すずさわ書店）を初版として刊行することが出来たのが一九九七（平成九）年一月、いまから二十六年前の事になる。

その後は幾通りかの方法で、何冊かの作品を手掛けてきたのであった。

この度の取材は「はじめに」にも書き記したように、現在秩父地域内で最も過疎化が進行している三地区に焦点を絞り、私は二〇一七（平成二十九）年より民衆史の取材を試みたのである。

この時すでに古希を過ぎていた私に、果たして最後まで成し遂げる事が出来るであろうか、そんな不安からのスタートだった。

秩父盆地の南に位置する「浦山地区」にはじまり、北側の「太田部地区」、そして最後に、西に位置する「大滝地区」の取材で終わった。この三地域に於いては、いずれもそれぞれの県境に接し、南は東京都、北は群馬県、西側は山梨県と長野県に隣接していた。

ここで再び秩父側の地形について考えてみると、秩父はまさに盆地であり、極端に平坦地が少なく大半は山間地と呼ばれ、場所によっては険阻（けんそ）と言われるほど険しい条件下の元に集落は存在していた。

こうした特異な地形を持つ秩父地方ではあったが、そこに住む人々の絆は強く、他地域では考えられぬほど心の豊かさを併せ持つ地域性もあり、山間地とはいえそれぞれ自信を持って生き抜いてきたのであった。

そうした強い絆の中ではあったが、時代という大きなうねりの中で人々の生活は徐々に変化し、若者たちは職を求めて土地を去り、残された世帯からは活気の灯は衰え、更に諸事情により長年住み続けてきた終の棲家を、やがて去らねばならぬ事由等が垣間見えていたのであった。

土地を離れた若者たちは郷里への想いを断ち切ることはなく、正月には、盆になると、そして秋祭りがくると、この時ばかりはこぞって帰省し、地元の祭りや伝統行事等を受け継ぎ、今なお存続している集落が、各地に存在していることも事実であった。

しかしここ数年「コロナ禍」の関係で、催事はあえなく中断してしまったが、昨年（二〇二二）夏には、若干終息の兆しがみえたことにより、ここ秩父地方でもこの時期に併せて徐々に祭り復活の声が聞かれ、秩父地域内では川瀬まつりにはじまり、秋祭りや、秩父夜祭り等も三年振りに復活する事ができたのであった。全国各地の祭事復活の声も耳にした。

取材はすでに足掛け五年が経過してしまった事になるが、取材とはまさに困難が付きもので、今回ばかりは一瞬にして私の命が奪われるところであった。

それは二〇一九（平成三十一）年二月も終わるある雨の日の出来事で、私は取材のため大滝の中津川地区へ車を走らせていた。

このときカーラジオからは、「昼のいこい」ののどかな軽音楽が流れていた。

ところが走行途中、突然大きな衝撃音が私の車の後部座席を直撃したのだった。

それは周囲が四十センチ近くもあった大きな岩石で、まるで大砲にでもぶち抜かれたような衝撃だった。幸い運転席で無かったことに安堵したが、後に車は廃車となった。

この雪解け期は、地盤が緩み落石が多い時期であると後にうかがった。

取材とはこうした事態に遭遇する怖さも周知していたが、やはり目的がそこに存在し、地域住民が快く接して下さった事が原動力となり、その後も取材を続行することができたのであった。

しかし昨年（二〇二二年）九月十三日。大きな土砂崩れが中津川地域で発生し、県道のロックシエッド（道路を土砂から守るトンネル状の建築物）に大量の岩石が崩落し、現場周辺のおよそ十二・四キロに渡り通行止めとなってしまった。

このため中津川地区と中双里地区の二地区二十五世帯二十九名の住民が孤立状態となり、生活物資や一時避難住宅などの斡旋窓口は、当面の間秩父市で支援を続けていくようである。

なお仮復旧は今年八月頃の予定とされているようだが、この間地域住民は不自由な生活を送らなければならないようである。

この度の取材では多くの人々に声を掛け、一人ひとりの言葉にどれほど心を動かされ啓発されてきた事であっただろうか。「いつの頃が一番大変でしたか」とある方に尋ねたところ、「いつが大変かと聞かれても……。それは以前も、今も、これからも、ここに住んで居る限り、ずっとこの厳しさは続くんだよ……」という言葉に私は圧倒され、その人の体がまるでその地に構えた大きな山に見え、その山を一身に背負って人々に向かって大きな声で訴えているかのようであった。

それはまさに歴史的にも、地域全体をも、多くの人々が心の目でこの地域を見届けてほしい。

――そんな願いだったのかもしれない。

こうして足掛け五年、浦山地区の取材にはじまり、太田部地区、そして最後に大滝地区等に厚かましくも幾度も足を運び、多くの皆様に快くお話を伺うことができました。心より厚く感謝申し上げます。

この間、残念ながらお亡くなりになられた方々や、施設に入られてしまった方が数人お出でになる事を聞き及んでいます。

ここに改めてお亡くなりになられた方々のご冥福をお祈りするとともに、施設に入居されました方には、一日も長くお元気でお過ごし頂けますことを願っております。

また太田部にお住まいの、郷土写真家・高岸忠敏氏には地元住民を紹介して頂き、更に貴重な写真等を本書に掲載させていただくことが出来ました事、厚くお礼申し上げます。

尚、三峯神社権禰宜・磯野順一様には、本文の訂正など、適切なご指示を頂けましたこと、改めて感謝いたします。

最後になりますが、前著『壊れかけた更年期』に続き今回も私の意図を汲んでいただき、快く刊行を引き受けて下さった一葉社の和田悌二氏、大道万里子氏には、心からお礼申し上げます。大道氏には、打ち合わせ等に於きまして、遠路秩父まで足を運んで下さり、拙著刊行のご指導まで頂けましたこと、深く感謝致します。また、私の秩父への思いを汲み取って装丁にあたって下さった松谷剛氏にも心よりお礼申し上げます。

皆様、本当にありがとうございました。

二〇二三年七月

山口美智子

主な参考文献

『秩父市誌』秩父市（一九六二年）
『吉田町史』吉田町（一九八二年）
『大滝村誌　上・下』秩父市（二〇一一年）
『大滝村誌資料編写真集』秩父市（二〇一一年）
『大滝村もの知り電話帳』大滝村総合竣工祝賀会（二〇〇一年）
『秩父市浦山民俗調査報告書』埼玉県教育委員会（一九六九年）
『浦山——秩父市浦山地区総合調査報告書』浦山地区総合調査会（一九八二年）
『庶民の発見』宮本常一（講談社、一九八七年）
『秩父民俗 耕地の人々』（写真集）清水武甲（木耳社、一九七一年）
『村の記憶・秩父』（写真集）高岸忠敏（秩父プリント社、一九九四年）
『地方文化の隆昌幕末明治期の秩父・吉田』古林保雄（オリンピア印刷、二〇二〇年）
『太田部の花輪踊りを訪ねて』新井幸恵（十文字学園女子大学／まつや書房、二〇一四年）
『農協合併30年 あゆみ』秩父市農業協同組合（一九九二年）
『山の貌』井出孫六（新樹社、二〇一一年）
『秩父路の碑百話——坂本時次民話集』（木蘭舎、一九九四年）

山間のトンネルを抜けるとさらに高い山、山、山。
その頂が塞ぐ狭い空の下には、三つの小さな集落が……。

山口美智子（やまぐち・みちこ）
1945年、埼玉県生まれ。東京アナウンス学院卒業。73年ごろから8ミリカメラでドキュメント作品を撮り始め、『秩父事件』などを制作。『撥の女』で第3回ひろしま国際アマチュア映画祭優秀賞受賞、『塚越の花まつり』で第7回日本映像フェスティバル8ミリの部優秀賞受賞。
著書に、『村とダム――水没する秩父の暮らし』（すずさわ書店）、『壊れかけた更年期――エイジングトンネル―10年の闇、そして光へ』（一葉社）、『機と秩父――戦前・戦後／布文化に生きた53名の記録 機元から職人まで』（さきたま出版会）がある。

天空の限界集落（てんくうのげんかいしゅうらく）
――秩父［浦山・太田部・大滝］に生きる人びと

2023年10月20日 初版第1刷発行
定価　3000円＋税

著　　者　山口美智子

発 行 者　和田悌二
発 行 所　株式会社 一葉社
〒114-0024 東京都北区西ケ原1-46-19-101
電話 03-3949-3492 ／ FAX 03-3949-3497
E-mail : ichiyosha@ybb.ne.jp
URL : https://ichiyosha.jimdo.com
振替 00140-4-81176
装 丁 者　松谷 剛
印刷・製本所　モリモト印刷株式会社

ISBN978-4-87196-092-2